经济管理的
宏观把握与微观透视

李高雅　著

中国原子能出版社

图书在版编目（CIP）数据

经济管理的宏观把握与微观透视 / 李高雅著. --北京：中国原子能出版社，2023.9

ISBN 978-7-5221-2999-0

Ⅰ. ①经…　Ⅱ. ①李…　Ⅲ. ①经济管理－研究－中国　Ⅳ. ①F123

中国国家版本馆 CIP 数据核字（2023）第 177382 号

经济管理的宏观把握与微观透视

出版发行	中国原子能出版社（北京市海淀区阜成路 43 号　100048）
责任编辑	白皎玮
责任印制	赵　明
印　　刷	北京天恒嘉业印刷有限公司
经　　销	全国新华书店
开　　本	787 mm×1092 mm　1/16
印　　张	16
字　　数	262 千字
版　　次	2023 年 9 月第 1 版　2023 年 9 月第 1 次印刷
书　　号	ISBN 978-7-5221-2999-0　　　定　价　**88.00** 元

发行电话：**010-68452845**　　　　　　　版权所有　侵权必究

前　言

　　当前阶段我国市场经济已经渗透到社会生活的方方面面，现代企业中的技术活动与生产运作、市场营销、财务分析、质量控制、投融资等经营管理活动密不可分。目前，我国企业发展较为稳定，在制定发展战略的过程中，常常以经济为中心，通过应用一些经济手段来对企业进行宏观和微观方面的控制和调节。相关的企业管理者开展一系列的管理活动，最终目的是促进利润的获取，推动企业经济的发展。企业的成本控制和生产利润，都属于经济管理的范畴，需要相关的工作人员进行管控。

　　本书先从经济管理的基本理论出发，在深度把握经济管理的发展史与研究方法的基础上，进一步阐述了宏观经济学与微观经济学基础知识、发展史等内容，为后文的阐述奠定了基础。然后对企业经营计划、民营企业经济管理、网络经济管理等进行了宏观与微观的分析。又通过一些实际案例对经济管理进行了分析与探讨。本书以理论研究为基础，力求对经济管理的建设与发展进行全方位、立体化的综合分析，以期为经济管理建设贡献一点微薄之力。本书可供从事相关工作的人员作为参考用书使用。

目　录

第一章 经济管理概述

第一节 经济管理简述

一、经济管理的内涵

经济管理是指经济管理者为实现预定目标，对社会经济活动或生产经营活动所进行的计划、组织、指挥、协调和监督等活动。简言之，经济管理就是经济管理者对经济活动的管理。

经济管理的作用可以归纳为以下几点。

（1）通过管理可以使潜在的生产力变为现实的生产力系统。各不相干的生产力要素，不会自发形成现实的生产力，只有通过管理，使之有机结合在一起，才会变为现实的生产力系统。

（2）管理是当代人类社会加速进步的杠杆。人们征服自然、改造自然的能力，一方面来自具有一定劳动技能的劳动者和生产资料，另一方面来自经济管理水平的提高。经济管理水平愈高，即人与人、人与物、物与物结合得愈科学，生产力诸要素愈能形成现实的生力，能形成一个综合的力量，征服和改造自然的能力也就愈强，从而提高工作效率增大经济效益。

（3）管理可以使科学技术这个最先进的生产力得到最充分的发挥，相得益彰。科学技术是生产力，但无论是本国发明的科学技术还是引进的科学技术，都不会自动形成生产力。只有通过有效的管理，才能使科学技术真正转化为生产力。不仅如此，管理为采用更先进的技术准备了条件，因为技术越是进步，越需要高水平的管理。

（4）管理制约着生产力总体能力的发挥。劳动者、劳动工具、劳动对象、技术和管理这五个生产力要素，并非是简单地相加，它们是以劳动者为主体，

1

通过管理把诸要素有机地结合在一起，形成一个生产力动态系统来运行的。因此，管理水平的高低，就会产生出不同的生产力总体能力。

管理是伴随着人类历史而产生、发展的，管理学作为一门独立学科却是在工业化的 20 世纪初才开始形成和发展起来的。迄今为止，管理的定义尚未得到公认和统一。其中较有代表性的有以下一些观点：按照《世界百科全书》的解释，"管理就是对工商企业、政府机关、人民团体，以及其他各种组织的一切活动的指导。它的目的是要使每一行为或决策有助于实现既定的目标。"美国的唐纳利认为管理就是由一个或者更多的人来协调他人的活动，以便收到个人单独活动所不能收到的效果而进行的活动。美国的卡斯特认为管理就是计划、组织、控制等活动的过程。美国的布洛克特认为管理是筹划、组织和控制一个组织或一组人的工作。美国的罗宾斯认为管理是指同别人一起，或通过别人使活动完成得更有效的过程。而通常可以将管理理解为：管理是管理者或管理机构，在一定范围内，通过计划、组织、控制、领导等工作，对组织所拥有的资源进行合理配置和有效使用，以实现组织预定目标的过程。

二、经济管理的基本特征

（一）管理是一种社会现象或文化现象

管理存在的必要条件是：① 必须是由两个以上的人参加的集体活动；② 有一致认可的、自觉的目标。随着社会的进步和社会需求的提高，管理的目标、工作内容和方法都要随之而变，不存在一成不变的管理模式。

（二）管理的载体是组织

管理的目标和管理的工作存在于一定的组织之中，组成组织的内部要素有人、设备与技术、物质与资金、工艺与方法、信息与环境等。在一个组织内部，尽管这些要素的组成方式不同，但管理活动都要与这些要素发生联系，并使这些要素实现最佳配置，以发挥其最大效能。

（三）管理的主体是人

管理的主体是指具有一定管理能力、拥有相应的权威和责任、从事现实管理活动的人。管理不是个人的活动，对管理者来讲，管理是在其职权范围内协调下属人员的行为，让别人同自己一道去完成组织目标的活动。人是组织中最基本和最活跃的要素，管理工作的中心就是通过调动人的主动性、积极性和创造性，协调人与人之间的关系来实现组织既定目标。

三、管理的职能

管理的职能是指管理工作需要发挥的作用和应当具备的功能。最早提出企业管理职能的是法国的法约尔，他把管理的职能概括为计划、组织、指挥、协调和控制五个方面，即"五职能"划分，以后又有人主张"三职能""四职能"或"七职能"等。其中决策、计划、组织、领导、控制这五种职能是一切管理活动中最基本的职能。

（一）决策

决策是指企业为达到整体目标，根据外部环境和内部条件，确定工作目标，拟定实现目标的方案，并作出选择和决定。决策是经营计划的依据，是决定企业生产经营成败的关键，它贯穿于整个企业供产销活动的全过程和各个环节。决策是现代企业管理的一项首要职能。

（二）计划

计划的任务主要是制订目标及目标实施途径。具体来说，计划工作主要包括：① 描述组织未来的发展目标；② 有效利用组织的资源实现组织的发展目标；③ 决定为实现目标所要采取的行动。计划是管理的首要职能，管理活动从计划工作开始。

（三）组织

组织职能是指根据企业目标和计划，对执行计划的各种要素及其相互关系进行配置、协调和组合，使计划任务得以落实。组织既是一种结构又是一种行为，可以分为静态组织和动态组织两个方面。静态组织是对组织形态而言的，它以提高组织效率为目标，研究组织机构的设置，职责、权力的规定以及规章制度的确立；动态组织是对组织体的动作而言的，它以人际和谐为目标，研究组织行为的变化，组织机构的变革和发展。

（四）领导

领导职能是指运用指导、沟通和教育等手段，统一全体职工和各级组织的意志，调动全体职工和各级组织的积极性，推动企业活动过程按目标要求进行。领导的内容主要包括指导下属顺利地完成本职工作，与下属顺利地沟通信息，发挥下属的潜力，提高下属的素质和能力等。领导是各种职能中最富有挑战性和艺术性的职能。

（五）控制

控制工作是一个过程，包括制订标准、衡量工作绩效和纠正偏差三个要素。控制工作又是管理过程的一个组成部分，在计划工作与控制工作之间，形成了一种周而复始的循环过程。控制的内容包括重新修订目标、制订新的计划、调整组织结构、改善人员配置、改善领导方法等。控制实际上涉及管理的其他工作职能，并使得管理系统成为一个闭环系统。

四、经济管理原理

（一）人本管理原理

在管理活动里最重要、对管理效果起决定作用的因素是人。人本管理就是以人为本的管理。人本管理原理认为管理的核心对象是人。这一原理要求管理者要将组织内人际关系的处理放在首位，要将管理工作的重点放在激发被管理者的积极性和创造性上，努力为被管理者自我实现需要的满足创造各种机会。人本管理原理的思想基础是认为人是具有多种需要的复杂的"社会人"。人本管理原理是现代管理原理中最重要、最基础的原理。人本管理的管理原则包括利益协调原则、行为激励原则、控制适度原则、权责对等原则和参与管理原则。

（二）系统管理原理

管理是一种综合性的系统活动，是由一系列相关活动组成的有机整体，它具有系统的特征。系统管理原理认为任何一种组织都可视为一个完整的开放的系统或为某一大系统中的子系统，在认识和处理管理问题时，应遵循系统的观点和方法，以系统论作为管理的指导思想。系统管理原理的管理原则包括统一指挥原则、分权与授权原则、等级原则、分工协作原则、整体效应原则和信息反馈原则。

（三）科学管理原理

管理的科学化、合理化就是确定工作定额、设计付酬办法，并在管理具体作业时运用管理的定量技术和方法。科学管理是指管理活动应有科学的依据，组织目标的确定、实施计划、组织、控制这一系列管理活动时都应依据科学的原理和方法。科学管理原理要求管理者应具备实事求是的管理作风，在管理过程中，注重调查研究，从客观实际出发，掌握和运用管理规律，制定和实施必要的管理规范，并积极采用先进的管理方法与管理手段，以提高管理工作的效率。

科学管理原理的管理原则包括管理理论与管理实践相结合原则，定性分析与定量分析相结合原则，不断更新管理方法和管理手段原则。动态管理原则管理是由计划、组织、控制等一系列活动构成的动态过程。管理的动态性不仅体现在管理的主体、管理的对象以及管理手段和管理方法上，组织的目标以至管理的目标也是处于动态变化之中。动态管理原理要求管理者应不断更新管理观念，在处理管理问题时避免僵化的管理思想和方法，应根据管理环境的变化，随机应变。动态管理原理的管理原则包括随机制宜原则和弹性原则。

第二节　经济学发展史与研究方法

一、经济学发展史

英语"Economics"来自古希腊的色诺芬，意思是奴隶主财产的管理。1615年法国人蒙克莱田首次使用"政治经济学"一词，意思是国家财富的生产和分配。之后政治经济学成为一门研究财富的性质、生产、使用和分配的科学。19世纪50年代麦克劳德和马歇尔将"政治经济学"改名为"经济学"。20世纪20年代罗宾斯把经济学定义为"研究稀缺资源分配于多种欲望以取得最大福利的学科"。经济学已经有了被研究者广泛接受的经济信念、价值判断和经济学研究方法。经济思想经历了以下几个阶段。

（1）重商主义学派。重商主义是最早期的经济学思想的萌芽。早期重商主义产生于 15—16 世纪中叶。其代表人物为英国的威廉·斯塔福，主张"货币差额论"，即只出口，不进口禁止货币输出，反对商品输入，以储藏尽量多的货币。晚期重商主义产生于 16—17 世纪。其代表人物孟克莱田和托马斯，孟主张"贸易差额论"，强调多出口，少进口，认为金银是一个国家必不可少的财富。若一个国家没有贵金属矿藏，就要通过贸易取得。对外贸易必须保持顺差，以保证国家财富的积累。

（2）古典经济学派。产生于 17 世纪的古典经济学是现代经济学的理论基石。其代表人物为威廉·配第、亚当·斯密和大卫、李嘉图，主张劳动是财富的来源，市场调节比人为调节更能符合社会整体利益，并主张实行经济自由放任政策，即"看不见的手的原理"。

（3）重农主义学派。重农主义学派产生于 18 世纪 50—70 年代。其代表人物为魁奈和杜尔哥，主张农业为财富的唯一来源和社会一切收入的基础，认为保障财产权利和个人经济自由是社会繁荣的必要因素。财富是物质产品。财富的来源不是流通，而是生产。所以，财富的生产意味着物质的创造和其量的增加。

（4）边际效用学派。边际效用学派产生于 19 世纪 70 年代到 20 世纪初。其代表人物为英国的杰文斯，奥地利的门格尔，以及法国的瓦尔拉斯。商品价值是人对商品效用的主观心理评价。价值量取决于物品满足人的最后的，亦即最小欲望的那一单位的效用。边际效用学派首次将人性心理和数学工具系统地应用于经济学研究，被誉为"边际革命"。

（5）新古典经济学派。新古典经济学派产生于 19 世纪末 20 世纪初。其代表人物为马歇尔，主张以均衡价格衡量商品的价值和以均衡价格论代替价值论，把供求论、生产费用论、边际效用论、边际生产力论融合在一起，建立了一个以完全竞争为前提，以"均衡价格论"为核心的完整的经济学体系。

（6）凯恩斯主义学派。凯恩斯主义学派产生于 1936 年。其代表人物为凯恩斯，主张政府对宏观经济进行干预，以有效地解决经济危机和经济失衡，强调财政政策和货币政策要能有效地调节经济，使其平稳运行，否认政府的平衡预算做法，主张公债无害。凯恩斯的经济思想颠覆了西方经济思想，被誉为"凯恩斯革命"。虽然凯恩斯主义受到理论学界的质疑，但是迄今为止全世界还没有一个国家能够放弃凯恩斯主义的大多数宏观经济政策主张。

（7）新古典综合学派。新古典综合学派产生于 20 世纪 50—60 年代。其代表人物为萨缪尔森。主要观点是国家干预经济的主要理论依据是在一定条件下出现的有效需求不足。该学派吸收了哈罗德和多马的经济增长理论，增加了动态的和长期的研究。新古典综合学派继承了凯恩斯的理财思想，强调赤字财政对消除失业的积极作用。

（8）货币主义学派。货币主义学派产生于 20 世纪 50—60 年代。其代表人物弗里德曼，强调货币供应量的变动是引起经济活动和物价水平发生变动的根本的和起支配作用的原因。货币主义学派反对凯恩斯主义主张的国家干预经济的理论和政策。

（9）新制度学派。新制度学派产生于 20 世纪 60 年代，是当代西方经济学的主要流派之一。其代表人物为加尔布雷思、博尔丁和缪达尔。新制度学派认为，经济学正统理论惯于使用的数量分析具有较大的局限性。这种数量分析只注意经济中的量的变动，而忽视了质的问题，忽视了社会、历史、政治、心理、文化等因素在社会经济生活中所起的巨大作用。新制度学派强调采取制度分析、结构分析方法，其中包括权力分析、利益集团分析、规范分析等。

（10）供给学派。供给学派产生于 20 世纪 70 年代。该学派强调经济的供给方面，并认为：需求会自动适应供给的变化；生产的增长决定于劳动力和资本等生产要素的供给和有效利用；个人和企业提供生产要素和从事经营活动是为了谋取报酬，对报酬的刺激能够影响人们的经济行为；自由市场会自动调节生产要素的供给和利用效率，应当消除阻碍市场调节的因素；控制货币数量增长的目的不应只是与经济增长相适应，还应稳定货币价值。

二、经济学研究方法

每个研究领域都有自己的语言和自己的思考方式。数学家谈论公理、积分和向量空间；心理学家谈论自我、本我和认知的不一致性；律师谈论案发现场、侵权行为和意思的真实表示；经济学家谈论供给、需求、弹性、比较优势、消费者剩余、无谓损失。经济学家是如何将这些术语运用到经济世界，又是如何展开自己的思考呢？

有些人会产生质疑，经济学是一门科学吗？确实，与数学、物理学等相比，经济学不像一门科学。但是，科学的本质是科学方法——冷静地建立并检验有关世界如何运行的各种理论，所以经济学是一门社会科学。经济学家致力于弄明白经济世界是怎么回事。为了实现这个目标，他们区分了两类分析：是什么和应该是什么。关于是什么的研究称为实证分析，关于应该是什么的研究称为规范分析。如果采用实证分析方法就称为实证经济学，如果采用规范分析方法就称为规范经济学。因此，经济学按其研究方法可以分为实证经济学和规范经济学。

（一）实证分析与规范分析

实证分析就是摆脱或排斥价值判断，集中描述和分析经济活动如何运行的分析方法。它只研究经济变量之间的内在关系，分析经济规律和经济行为结果。它只回答诸如"是什么""将会怎样"等问题。举例来说，通过数据收集，并以图表、几何图形数学公式等方式，可以描述一种产品的市场价格变动状况，分析这种价格变动的原因，并预测该种产品的未来走势。这种方法即为实证分析方法。

与实证分析不同，规范分析以一定的价值判断（即伦理学视角下的好与坏）为基础，提出处理经济问题的标准，研究实施什么样的经济政策才能符合这些标准。它回答的是"应该是什么""应该做什么"等问题。比如，是否应该开征遗产税、社会可接受的通货膨胀率应该是5%还是10%等均属于规范分析范围之内的问题。作为经济研究的两种基本方法，实证分析和规范分析各有利弊。在经济学发展史上的确也出现过关于这两种分析方法的意见分歧，但极端地认为其中某一种分析方法优于另一种则是有失偏颇的。不过，从目前情况看，起码在微观经济学层次上实证分析方法已经成了主流。

事实上，由于人总是有立场、观点的，因此，研究经济问题时多少总会带有规范分析的味道，但一定要注意，切不可把自己的感情、情绪和态度来代替对客观经济事实的观察和思考。例如，目前我国许多城市房价高企，自己买不起就认为一定是太高，一定会向下调整。如果你认为是太高，一定会下调，就得说出其理由，不能感情用事，而要实事求是。

（二）矛盾统一与均衡方法

任何经济现象内部都包含矛盾，对立统一体。例如，市场中买者总希望价格低点，卖者总希望价格高点，这就是一对矛盾，但讨价还价结果还是会达成一致，形成均衡价格，达到对立统一。市场经济活动中都有这种交易双方矛盾对立走向统一均衡的现象，在经济学中分析这种现象的方法称为均衡分析方法。通常说来，如果经济活动的参与者在经济活动中认为达到某种状态或局面时就取得了最好的效果，那么这种局面或状态就达到了均衡。例如，某消费者用一定货币量选购商品达一定数量时感到已获取了最大满足，他就会决定购买这一定数量的商品，这就是消费者均衡。又如，某企业用一定成本生产商品达一定数量时感到已取得最大效益（利润），它就会决定生产这一定数量的产品，这就是生产者均衡或者厂商均衡。均衡分析就是要研究什么样的条件才能达到经济均衡。均衡分析其实在我们日常生活中处处存在，例如日常讲的按劳分配、按质论价等就是均衡分析，如果不这样，这个世界也就不会存在了。

在西方经济学中还有所谓稳定均衡与不稳定均衡的说法。经济学中所讲的均衡，是指一种不再变动的状态，但这里的"不再变动"，并非指不会变动，而是指没有变动必要，因为这种状态是最好的情况，再变动只会使情况恶化。例如，消费者均衡，就是指消费者用其货币投入购买各种商品一定数量后得到了最大满足的状态，如改变购买，只会降低满足程度。同样，厂商均衡是指厂商花费一定成本生产商品一定数量后能得到最大利润的状态。当然，条件变了，例如，消费者收入增加了，原均衡就会被打破。这时，如果有其他力量使它恢复到均衡，就称为稳定的均衡。如果任何力量都无法使它恢复到均衡位置，则称不稳定均衡。

均衡还可以分为局部均衡与一般均衡。

局部均衡是假定在其他条件不变的情况下，来分析某一时间、某一市场的某种商品（或生产要素）的供给与需求达到均衡时的价格决定。这里讲的其他条件不变，是指这一市场的某一商品的供求和价格等对这一市场其他商品的供求和价格等不发生作用，而这一市场其他商品的供求和价格及其他所有市场的商品供求及价格等对这一市场的该商品的供求和价格等也不发生作用。它把研究范围只局限于某一市场或某一经济单位的某种商品或某种经济活动，并假定这一商品市场或经济单位与其他市场或经济单位互不影响，所以称为局部均衡分析。比如，马歇尔的均衡价格论，就是假定某一商品或生产要素的价格只取决于该商品或生产要素本身的供求状况，而不受其他商品价格和供求等因素的影响。这就是典型的局部均衡分析。

一般均衡用于分析某种商品价格决定时，是在各种商品和生产要素的供给、需求、价格相互影响的条件下来分析所有商品和生产要素的供给和需求同时达到均衡时所有商品和要素的价格如何被决定。所以，一般均衡分析把整个经济体系视为一个整体，从市场上所有商品的价格、供给和需求是以互相影响、互相依存的前提出发，考察各种商品的价格、供给和需求同时达到均衡状态下的价格所决定的。也就是说，一种商品的价格不仅取决于它本身的供给和需求状况，也受到其他商品的价格和供求状况的影响，因而一种商品的价格和供求的均衡，只有在所有商品的价格和供求都达到均衡时才能决定。一般均衡分析方法，是法国经济学家瓦尔拉首创的。它重视不同市场中的商品的产量和价格的关系，强调经济体系中各部门、各市场的相互作用，认为影响某种商品的价格或供求数量的因素的任何变化，都会影响其他商品的均衡价格和均衡数量。因此，一般均衡分析是关于整个经济体系的价格和产量结构的一种研究方法，是一种比较周到和全面的分析方法。但由于一般均衡分析涉及市场或经济活动的方方面面，而这些又是错综复杂和瞬息万变的，因而这种分析实际上非常复杂。所以在经济学中，传统上大多采用局部均衡分析。局部均衡分析对所需结果给出一个初始值，所研究的市场与经济的其余部分联系越弱，这种近似就越好，从而局部均衡分析就越有用。

（三）抽象方法与经济模型

研究经济现象，既不能像研究自然科学那样用显微镜，也不能用化学试剂，而要用抽象方法，即从错综复杂的现象中抽出最重要、最本质的东西来研究经济变化的规律。经济学者常用的一种方法——经济模型，就是这种方法。所谓经济模型，是指用来描述与研究对象有关的经济变量之间的依存关系的理论结构。简单地说，把经济理论用变量的函数关系来表示就叫作经济模型。因此，一个经济模型可用文字说明（叙述法），也可用数学方程式表达（代数法），还可用几何图形式表达（几何作图法）。

经济现象包括各种主要变量和次要变量，错综复杂，千变万化。如果在研究中把所有的变量都考虑进去，就会使得实际研究成为不可能。所以，任何经济模型都是在一些假定前提下，舍掉若干次要因素或变量，把复杂现象简化和抽象为为数不多的主要变量，然后按照一定函数关系把这些变量编成单一的方程或联立的方程组。根据建立模型的目的不同，以及要探讨的变量的相互关系不同，对同一个经济问题的研究，可以建立多个不同的模型，并且把模型涉及的变量区分为内生变量和外生变量。内生变量是模型要决定的变量，外生变量是模型外决定的变量。

（四）数学方法与边际分析

经济现象变化中存在不少经济变量的相互依存关系，研究这种关系很多情况下可以运用数学方法，这使数学在经济学中有了用武之地。例如，利率提高一些，企业投资成本就高一些，在其他情况不变时，投资需求量就下降一些。于是利率和投资需求间就会发生一定依存关系或者说函数关系。再如，经济学研究如何"最优"，这就使微积分中求极值的方法有了用处，经济学家经常用数学模型探讨经济问题的道理即在于此。经济分析运用数学方法在19世纪70年代欧洲产生所谓边际主义革命以后，更形成一种潮流，产生了一种经济学数学化趋势，使不少人认为越是运用高深的数学工具的经济学就越是高级的经济学。这是一种片面的、不正确的认识。这是因为经济学研究的经济现象本身是复杂的，其变化是受多种因素制约的，并且人的经济行为也是多变的，未来总具有不确定性，因此，很难建立一个确定无误的经济数学模型。再说，假定的约束条件是否符合现实，是否会变化，如果不是，就难以推导出正确的答案。总之，经济学研究需要用数学，不重视数学是不对的，但数学只是工具，它本身不是经济学。

经济学的数学分析中经常运用到一个边际分析方法，使微积分在经济学研究中大有用处。其实，经济学中所谓"边际"，是说人们作经济决策只是边际上作选择。比方说，人们在如何花费伙食费时，只会考虑用多少钱于主食，多少钱于副食，而不会全用于主食或副食即极端的非此即彼，也即这样或者那样"多一点"还是"少一点"的问题，这就是边际分析。例如，所谓厂商行为最优时的边际成本等于边际收益，只是说行动到哪一步能达到扣除成本后的净收益（即利润）最大，而不是说不花成本或乱花成本来采取行动。

（五）理性人假定

理性人假定是经济理论分析中关于人类经济行为的一个基本假定。经济学的诸多命题都是在一定的假设条件下推演出来的。作为经济主体的居民、厂商和政府，尽管在经济生活中作用不同，各具特点，但由于理论抽象需要，在理论分析中一般都被视为理性人。它意指作为经济决策的主体（居民户、厂商、政府）都充满理智，既不会感情用事，也不会轻信盲从，而是精于判断和计算，其行为符合始终如一的偏好原则。

假如在经济活动中有 X、Y 两种方案或 X、Y、Z 三种方案需要经济活动的主体加以选择的话，理性人将有如下三种行为特征。① 完整性。他了解自己的偏好，或偏好 X 甚于 Y，或偏好 Y 甚于 X，或对两种偏好无差异，无论什么情况下都只能三者择其一，不可能同时偏好 X 甚于 Y，Y 又甚于 X。② 传递性。倘若他偏好 X 甚于 Y，而又偏好 Y 甚于 Z，那么他必然会合乎逻辑地偏好 X 甚于 Z。③ 有理性地选择。若 X 能给他带来最大的利益，在其他情况不变时，他决不会选择 Y 或 Z。这种理性人所追求的经济目标也体现着最优化原则。具体地说，消费者追求满足最大化，生产要素所有者追求收入最大化，生产者追求利润最大化，政府则追求目标决策最优化。

这种理性人，实际上就是英国古典经济学家亚当·斯密在《国富论》中所讲的"经济人"。但斯密的"经济人"是指"人"，主要指资本家和企业家，而理性人假定则包括经济活动的所有参与者，既有资本家、企业家、工人、生产者和消费者，也包括政府，即理性人假定把政府也人格化了。

在理性人假定中，经济主体行为的基本动力是利益最大化，从而行为准则是既定目标的最优化，当然，这并不意味着经济活动主体在行动中就一定能实现最优目标，也不意味着这一目标一定是好的。在现实经济生活中，人们在作出某项决策时，并不总是能深思熟虑；人们在许多场合，往往是按习惯办事，受骗上当也是难免的；人们在进行经济决策时，除了经济利益外，还受到社会的、政治的及道德等方面的影响或制约。经济分析之所以要作这样的假定，无非是要在影响人们经济行为的众多复杂因素中，抽出主要的基本因素，在此前提下，可以得出一些重要的也是公认的经济原理。

第三节　管理学的特点与研究方法

一、管理学的特点

管理学是系统研究管理活动的普遍规律和基本原理、一般方法的科学。

具有以下特点。

（一）管理学是一门综合性的学科

管理活动是非常复杂的，管理者作为管理活动的主体，需要具备广泛的知识才能进行有效的管理活动。例如，作为公司的总经理，要处理决策、计划、生产等问题，因此必须具备统计学、工艺学、数学、经济学等知识；同时，作为总经理要处理与人有关的问题，因此，必须具备心理学、社会学、生理学、伦理学等知识。可见，管理活动的复杂性、多样性决定了管理学内容的综合性，管理学是一个综合性的学科。

（二）管理学是一门软科学

软科学的"软"字，是借用电子计算机的"软件"的名称而来的。软科学是综合运用现代自然科学、社会科学、哲学的理论和方法，去解决由于现代科学、技术和生产发展而带来的各种复杂的社会现象和问题，研究经济、科学、技术、管理、教育等社会环节之间内在联系及其发展规律，从而为它们的发展提供最优的方案、决策。软科学有以下特点：它是研究生产力诸多要素的科学、它重点研究各个系统、层次的战略性问题。软科学的研究要发挥高度的智能并采取系统的方法：软科学的成功是"软性"的，即方案、决策、规划、策略、方针、政策、方法，等等。管理学均具有这些特征，它是软科学的一个分支。

在生活中，戏剧导演、乐队指挥和公司经理都是研究软科学的。他们不具体扮演戏剧、电影中的角色，也不能逐一地研究企业或科研中的具体有形的课题（如生产工艺等），而是把研究的对象——戏剧、电影、公司等——作为一个整体来探索其固有的规律，并对其进行组织、计划、协调、监督等项工作，目的是提高"整体"的效率和功能，他们从事的就是软科学工作。

（三）管理学是一门应用学科

应用学科的特点是研究如何将基础理论和科学技术成就转化为社会生产力，转化为社会的有效财富。管理学是一门应用学科，它的任务是合理地、有效地组织和利用人力、物力、财力、时间、信息等资源，运用管理方法和管理技术来管理这个转化过程，并在过程中起主导作用。

管理学的应用性质不仅是管理原则、方法和技术的应用，更重要的是管理思想和管理艺术的应用。只有把管理的一般原则同管理对象的具体实际联系起来，运用思想和艺术的力量，才能真正地发挥管理应用学科的作用。

（四）管理学是一门实践性极强的学科

管理学的很多思想来源于实践，通过科学的概况和总结，形成能够反映管理内在规律的理论，再来指导实践。主要体现在它以反映客观规律的管理理论和方法为指导，有一套分析问题、解决问题的科学的方法论。管理学发展到今天，已经形成了比较系统的理论体系，揭示了一系列具有普遍应用价值的管理规律，来指导实践中的管理活动。

（五）管理学是一门不精确的学科

科学分为精确学科和不精确学科。精确学科是指在给定条件下能够得出确定结果的学科。例如，数学就是一门精确学科，只要给出一定的条件，按照一定的方法就能得出确定的结果。但是，管理学不同，在已知条件完全相同时，有可能产生截然不同的结果。例如，两个企业，即使在生产条件、资源等完全相同的情况下，其产生的经济效果也可能相差甚远。

造成管理学是一门不精确学科的原因主要是影响管理效果的因素很多，并且这些因素是不确定的。如国家的政策、法规，自然资源的变化，竞争者的决策，人的心理等因素的不确定性。

随着科学技术的发展，特别是数学和计算机科学的发展，定量分析在管理中得到了广泛的应用，但是，无论如何，管理学都不可能成为一门精确的学科。

二、管理学的研究方法

管理学的研究方法是由管理学的特点决定的，这些特点是从不同侧面反映出来的，从而也形成了各种不同的研究方法。管理学的研究方法主要有历史研究法、案例分析法、比较研究法和归纳演绎法四种。

（一）历史研究法

历史研究法是指运用有关管理理论与实践的历史文献，全面考察管理的历史演变、重要的管理思想和流派、重要的管理案例等，从中找出规律性的东西，寻求对现在仍有重要意义的管理原则、方式和方法。

（二）案例分析法

案例分析法是指在学习与研究管理学的过程中，通过对典型案例的分析讨论，总结出管理的经验、方法和原则。

（三）比较研究法

比较研究法是指把不同或类似的事物加以比较和对照，从而确定它们之间的相同点和差异点的一种研究方法。

（四）归纳演绎法

归纳和演绎是两种不同的推理和认识事物的科学方法。归纳法是指由个别到一般、由事实到概括的推理方法。演绎法是指由一般到个别、由一般原理到个别结论的推理方法。实际研究中，人们通常将归纳法与演绎法结合起来运用，即为归纳演绎法。

第二章　宏观经济与微观经济分析

第一节　宏观经济与微观经济基础知识

一、宏观经济基础知识

（一）宏观经济学的研究对象与任务

1. 宏观经济学的研究对象

宏观经济学这个术语一般认为是挪威经济学家弗里希于 1933 年提出的。宏观经济学中的"宏观"一词源于希腊文，意思是"大"。顾名思义，宏观经济学就是研究"大"问题的，是从国家角度研究整个经济的经济学，即研究整个国民经济活动的经济学。

宏观经济学把整个国民经济作为一个整体来研究，主要研究一个国家的经济总量大小的决定因素，不同国家经济运行绩效差异及其原因，经济运行短期波动的冲击因素，通货膨胀、失业等问题产生的原因及它们之间的相互关系，并且为政府试图解决多种经济问题而制定的经济政策提供理论上的指导。换句话说，宏观经济学在研究一国经济时，旨在分析一国经济内部相互作用和相互抵触的主要经济变量有哪些，是什么力量在经济中发挥作用，经济活动达到了什么样的水平，理想的经济活动水平是什么样的，我们应当怎样实现预定目标等。然而很不幸的是，不同的经济学家由于各自的立场不同，分析问题的视角不同，从而使他们对以上宏观经济问题的看法表现出"横看成岭侧成峰，远近高低各不同"的特征。但是也正是因为宏观经济学理论呈现出多样性和丰富性的特征，使得学习宏观经济学将会是一次充满乐趣的经历。

宏观经济学的政策导向性非常明确，它要揭示政府的经济政策在多大程度上影响国内生产总值（GDP）和总就业水平，政策导向性错误导致物价水平扭曲的程度，什么样的政府政策能够使得通货膨胀及就业水平处于最优的理想水平上。

2. 宏观经济学的三大任务

宏观经济学研究的是总体经济的运行规律，首先面临的就是如何对总体经济的运行状况进行衡量。一般而言，衡量总体经济运行状况的指标较多，常见的有经济增长率、失业率、通货膨胀率、利息率、汇率等。其中经济增长率、失业率和通货膨胀率是最为关键的三个指标。

对总体经济运行状况的衡量只是第一步，为什么经济运行会是指标反映的那个状态？经济是否能够持续向好，还是有可能朝向坏的方向？为什么有时会出现"金发女孩经济"？这就要提出理论、构建模型，对经济运行进行合理解释。因此，宏观经济学的第二大任务便是解释总体经济运行状况。通常用来解释经济运行规律的理论包括收入-支出模型、总需求-总供给模型等。

宏观经济学的第三大任务是改善总体经济运行状况。对宏观经济运行状况的衡量也好、解释也罢，其最终目的是改善宏观经济运行的绩效，以增进人类的福利水平。

宏观经济学的三大任务决定了宏观经济学所要研究的内容及其内在逻辑关系。可将宏观经济学的三大任务（即衡量总体经济运行状况、解释总体经济运行状况和改善总体经济运行状况）及研究内容归纳如图 2.1 所示。

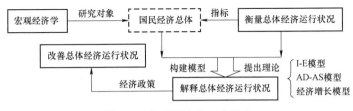

图 2.1　宏观经济学三大任务

（二）宏观经济学的研究方法

1. 宏观经济学研究的前提条件

研究宏观经济学的前提条件为以下四个假设。

（1）市场机制是不完善的。自从市场经济产生以来，世界各国的经济都是在繁荣与萧条的交替中波动发展。单纯依赖市场机制的自发调节，无法克服危机与失业，使资源的稀缺与浪费并存，难以实现稀缺资源的合理配置与充分利用。

（2）政府有能力调节经济，纠正市场机制的缺陷。经济社会的行为目标是追求福利最大化。既然市场机制不完善，政府就可以通过观察与研究来认识经济运行的规律，并采取适当的手段进行调节。整个宏观经济学正是建立在对政府调节经济能力信任的基础之上的。人们普遍寄希望于"两只手"配合运用。宏观经济学正是在克服微观经济体系的不足中逐渐发展起来的理论。

（3）制度是既定的、已知的。宏观经济学分析国民经济时，总是把一定的制度作为分析的前提，不涉及和讨论制度因素。但这并不是说宏观经济否认制度因素在经济中的作用，或者认为制度的变动对于国民经济运行没有影响或影响不大，而是认为，不管制度因素是否重要、其变动可能对国民经济产生何种程度的影响，在进行总量分析时都把这些当作既定前提而不予讨论。

（4）在短期，价格具有黏性；在长期，价格具有灵活性。不同时期价格的特性差决定了总供给曲线的图形差异。

因此，必须注意，宏观经济学中的结论都是在一定的条件下成立的。

2. 宏观经济模型分析

明确了假设前提以后，就要利用数学方法来推导出结论。经济模型是经济理论的数学或图像表现，是实证分析的重要工具。经济模型分析法是指运用函数或几何图形来描述和分析经济变量间的关系及变动规律的方法。现代宏观经济学的发展和应用很大程度上借助于现代数学的发展，已经逐步建立了一套较完备的宏观经济模型体系，并以这种模型体系形成现代宏观经济学基本框架。美国经济学家 N. 格雷戈里·曼昆曾说："经济学家在分析经济事件或公共政策时，总是记着各种模型。"宏观经济学更多地运用模型工具符号、公式等来仿真经济世界中各变量的相互关系，并以此分析"宏观经济是什么"的问题。例如，就通货膨胀问题来说，实证分析首先要揭示的是当前通货膨胀的程度如何，这就需要以某些指标来进行具体的测量；其次要分析的是通货膨胀是怎样产生的，即寻找导致通货膨胀的原因；然后需要研究通货膨胀对经济产生了怎样的影响。运用经济模型的目的就是解释外生变量如何影响内生变量。图 2.2 所示为宏观经济的主要影响因素及运行结果。

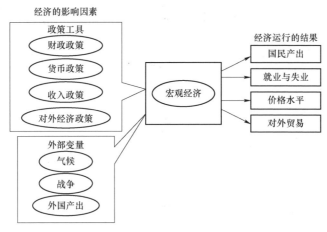

图 2.2 宏观经济的主要影响因素及运行结果

由于一个模型不可能回答所有的经济问题，因此经济学家采用不同的模型解释不同的经济现象。如果模型中的价格是变量，则主要用于解释长期经济运行；如果模型中的价格是常量（具有黏性），则主要用于解释短期经济运行。

宏观经济学中的许多问题模型都是以均衡分析法为基础来解决的。从几何方法看，即通过两条曲线的交点决定均衡值，并通过改变曲线的位置从而改变曲线的交点决定均衡值的改变；从代数方法看，就是观察解中的参数变化一点对解有何影响，即对其求导数。必须注意的是，对于推导重要的是掌握其中的经济含义。

3. 总量分析法

总量分析法是宏观经济学特有的分析方法。总量是反映整个社会经济活动状态的经济变量。其表现为两种情况。一是个量的总和。例如，国民收入是构成整个经济各单位收入的综合，总投资是指全社会私人投资和政府投资的总和；总消费是指参与经济活动各单位消费的总和。二是平均量或比例量。例如，价格水平是各种商品与劳务的加权平均数。宏观经济学所涉及的总量有很多，需要注意的是，从表面上看，对于收入问题，从微观的层面出发要研究的是个体的收入，如生产者的收入、企业的收入、行业的收入等，从宏观的层面出发要考察的则是一国的总收入，即国民收入。国民收入与个体收入有关，但并非是所有个体收入的简单加总，即宏观经济总量并不等于微观个量的简单加总，整体经济规律也并非完全可以由个体的经济规律推导而成。

在经济分析中，许多结论在个量分析时看来是正确的，但放到宏观经济中进行总量分析时却可能得出完全相反的结论。当然在实践中，经济分析不可能是微观和宏观截然分开的，尤其在分析决定一国物质利益的经济变动过程时，必须同时考虑到宏观和微观经济两个方面。

4. 事前变量与事后变量分析

对一个经济变量，可以从事后变量和事前变量这两个角度来把握。事后变量亦称实际量、统计量，是指经济变量的实际取值。事前变量亦称计划量、意愿量，指经济变量在决策时的取值。例如，对储蓄和投资就可以从事前、事后这两个角度进行观察。从事后变量的意义上看，储蓄和投资永远相等，这种恒等只不过反映了对一国总产出的统计，只要遵循统计规则，则无论从总支出的角度还是从总收入的角度统计，所得到的结果总是一致的。但是，从事前变量的意义上看，储蓄和投资可能相等，也可能不相等。二者不相等，表示经济处于非均衡状态，在这种情况下，总产出水平倾向于变动；二者相等，表示经济处于均衡状态，总产出倾向于维持原有水平。

宏观经济学的主要功能之一就是认识和预测宏观经济形势，因此宏观经济学主要通过对事前经济变量的分析揭示宏观经济现象之间错综复杂的因果联系。

（三）宏观经济学研究的主要主题

1. 长期经济增长

经济增长是一个古老的问题，这一古老问题吸引经济学家的关注已经长达几个世纪。古典经济学的代表、现代经济学的奠基人亚当·斯密的《国富论》可以说是研究经济增长问题的开山之作。在书中，亚当·斯密提出了何种因素决定一国财富多寡这个问题。1890 年，伟大的英国经济学家马歇尔将探求经济增长称为"经济学最迷人的领域所在"。罗伯特·卢卡斯在其 1988 年的一篇论文中写道："（经济学家）一旦开始考虑经济增长，就将无暇他顾。"然而对经济增长问题的研究偏误也曾给经济学带来了让人误解的成分。这就是托马斯·马尔萨斯对经济增长前景所作的错误预测，这一错误预测导致了经济学被人们称为"沉闷的科学"。

一般说来，经济增长是指一个国家或一个地区生产的商品和劳务的总量增加，即 GDP 增加（图 2.3）。如果考虑到人口增加和价格变动情况，经济增长应包括人均真实 GDP 的增长。一般用经济增长率来衡量经济增长。

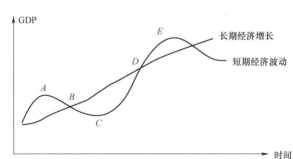

图 2.3　经济增长与经济周期

2. 短期经济波动

1929—1933 年的世界经济大萧条催生了凯恩斯主义经济学，也使得经济学研究的重点从长期经济增长转向了对短期经济波动（即经济周期）的关注。在现代经济学中，经济周期是一个富有成果的研究领域，一批著名经济学家汇集在这个研究领域里，并且作出了卓越的贡献。

所谓经济周期，是指实际的 GDP 相对于潜在 GDP 的稳定增长趋势呈现出或升或降的有规律的波动（见图 2.3）。

经济增长理论与经济周期理论是紧密相关的。经济周期着重研究短期经济波动，而经济增长理论则着重阐明经济的长期发展趋势。经济周期理论主要分析总需求（AD）问题，说明 AD 变动如何引起短期周期性波动；而经济增长主要分析总供给（AS）问题，说明如何增加 AS，以使经济长期稳定发展。经济增长与经济周期实际上是一个问题的两个方面，因为每个经济都是在波动中实现增长的。

（四）宏观经济学的基本内容

1. 宏观经济核算

宏观经济学研究整个社会的经济活动，首先要有定义和计量总产出或总收入的一套方法。任何一个国家宏观经济运行的情况都可以通过一些指标加以测度，就像一个人的身体健康状况可以通过体温、血压等指标加以测度一样。宏观经济核算必然要分析与整个国民经济活动有关的国民收入及相应的经济总量的变动，包括总收入、总支出、总消费、总投资、失业率、物价水平等，主要说明核算体系中各经济总量的含义、计量方法以及各个经济总量之间的关系。

在西方经济学理论体系中，核算国民经济活动的核心指标是国民收入，在没有特指的情况下，国民收入指的是广义国民收入，即国内生产总值（GDP）。因此要重点理解什么是 GDP、如何核算以及与 GDP 有关的一系列概念。国民收入核算理论是分析宏观经济问题的基础。

2. 国民收入决定理论

国民收入水平的高低决定了整体经济中的其他问题，宏观经济学的研究是围绕着国民收入展开的，故又称为收入理论。国民收入如何，决定一个国家一定时期的社会生产，在市场供求机制下，国民收入水平是如何实现均衡的。微观经济学的 DD 和 SS 曲线是指个别商品的数量和价格，是假定国民产出、其他商品的价格等因素维持不变；宏观经济学的 AD 和 AS 曲线体现的是总产出和总价格水平的决定问题，其假定前提是货币供给量、财政政策及资本存量等因素维持不变。如说明税收是如何影响国民产出和所有价格的变动等这类宏观经济问题。

（1）宏观经济中的总需求和总供给

总需求（AD）指的是一定时期内一经济体中愿意支出的总量，包括消费者所购买的汽车和食品、企业购买的厂房和设备、政府购买的武器和计算机等。战争经济学中提到：大炮一响，黄金万两。战争给人们带来灾难的同时，也许会给某些国家带来经济上的繁荣，这可以用经济学中的"破窗效应"来解释，其往往发生在资源闲置、就业不充分的衰退阶段。战争打响后，军工业的兴旺带动相关产业，成为推动经济走出衰退的重要动力。比如，美英发动的阿富汗战争，美英联军仅在第一次行动中就动用了军舰、潜艇，发射了50 枚战斧巡航导弹。这些装备的生产需要新的开支计划，这对经济中的总需求产生积极的影响。这也是凯恩斯主义所关注的重点方面。

总供给（AS）是指一定时期内一国企业所愿意生产出售的商品和服务的总量。总供给会对价格产生影响，进而使经济系统发生变动。由伊朗、伊拉克、科威特、沙特阿拉伯和南美洲的委内瑞拉等国组成的 OPEC（石油输出国组织）于 1960 年成立，石油输出国组织也成为世界上控制石油价格的关键组织。如第一次石油危机，1973 年 10 月第四次中东战争爆发，为打击以色列及其支持者，石油输出国组织的阿拉伯成员国宣布收回石油标价权，并将其积陈原油价格从每桶 3.011 美元提高到 10.651 美元，从而触发了"二战"后最严重的全球经济危机。

总需求和总供给就像一把剪刀的两瓣刀刃，当它们契合在一起时，经济才会达到平衡。宏观经济中的总供给和总需求衡量了一国的宏观经济状况，深刻影响着一国经济的总体运行。

（2）有关国民收入决定的相关模型

国民收入决定理论是宏观经济学讨论的核心。为方便分析，首先要对行为主体进行划分。市场经济中不同行为主体的行为方式及对经济活动的影响各不相同。据此，宏观经济学将它们划分为四类基本主体，即家庭、企业、政府和国外四个部门，并研究它们的行为方式及其相互间关系。在讨论家庭的消费和投资时，认为所有的家庭都是无差异的，从而可以视为一个单独完整的经济部门；在讨论企业时，不考虑它生产的是汽车还是食品；在分析政府的政策和行为时，不区别是中央政府还是地方政府；在分析国外的行为时，不区别是哪个国家。其次，把各种各样的市场划分为四类，即商品市场、货币市场、生产要素市场和国际市场。在商品市场上，发生着对有形产品和无形服务的需求和供给；所有的货币资产都在货币市场上交换，储蓄在这里转化为投资，利率作为资金的价格，调节着资金的供给（储蓄）和资金的需求（投资）；生产要素市场是作为生产要素供给方的家庭和作为生产要素需求方的企业、政府进行交易的地方；国际市场则是我国与世界上其他国家进行交易的地方。四个经济部门在四类市场上相互发生作用，构成了宏观经济学分析的总体框架。在这个框架内分析经济运行的整体情况，以及政府应该采取何种政策来调节经济的发展。

（3）开放的宏观经济模型

现代经济是全球化经济，经济一体化的程度越来越高，既有资本、技术流动带来了技术升级与产业结构提高，也有短期资本流动带来的金融风险。1997年的东南亚金融危机就是典型一例，2007年美国发生的次贷危机更清晰地显示出金融风险的国际化和世界经济一体化的影响力。中国实施改革开放政策以来，对外交流日益发展，外贸出口迅速增长，引进外资的规模也日益扩大。全球经济一体化一方面带来各国间经济优势的互补，也会带来通货膨胀、失业问题的转移。各国经济往来的结果均反映在国际收支上，而国际收支状况是影响汇率变化的直接因素，它们两者又给国内经济带来一定影响，如果一国在一定时期内全部对外交易所得到的收入总额大于支出总额，则为国际收支顺差（盈余），反之为国际收支逆差（赤字）。国际收支顺差会促进经济增长，增加外汇储备，促使本币升值，汇率上升，但同时也意味着对国际市场的依赖度增加，可能加剧国内的通货膨胀。国际收支逆差则使国内经济萎缩，失业率上升，促使本币的贬值，汇率下降。而汇率的变动又影响国内经济的走势。

随着各国之间经济交往的密切，如何平衡国际收支、避免汇率过度波动也成为开放经济条件下宏观经济学研究的主要内容。我国最近几年一直保持着国际收支双顺差，即经常项目和资本项目同时出现巨额顺差，在拉动我国经济增长的同时也带来某些问题。因此如何改善国际收支双顺差成为人们关注的话题。上述宏观经济学研究的主要问题均围绕着国民收入这个最核心的宏观经济总量进行。分析一国国民收入的决定与变动如何影响他国，又怎样受到他国的影响，以及开放条件下一国经济内外均衡的调节问题都是宏观经济学研究的另一重要问题。尤其当前伴随着世界经济体系不断地发展变革，产生了如"反全球化浪潮"等许多前所未有的新问题，这将给未来世界各国经济带来更多更大的挑战。

（4）动态的宏观经济模型

通观世界经济可以发现，在那些国土面积、地理位置、资源禀赋差别并不大的不同国家之间，其国民的生活水平却存在着巨大差异。从经济史角度观察，这些国家的经济水平之所以存在着巨大差异，是因为其中某些国家在历史上曾经历了经济快速增长时期，而另一些国家的经济却在较长时期内处于停滞或增长十分缓慢的状态。目前的发达国家都有过经济快速增长期，而发展中国家的这种时期一般都比较短暂。那么经济快速增长的动力到底来自哪里，这是宏观经济学家竭力探索的问题。无疑，一国劳动生产率的提高是一个重要因素，那么又是什么原因导致了劳动生产率的提高，宏观经济学对此进行了较为广泛而深入的研究。

① 经济增长和经济周期。经济增长就是国民收入的增长，是指一国生产的最终产品和劳务总量的增加。第二次世界大战以后，随着西方发达国家经济的长期持续增长，对经济增长的研究成为宏观经济学的热门话题，研究主要集中在经济增长的模型分析和经济增长的因素分析。前者是运用均衡分析法研究实现稳定均衡增长所需具备的条件，后者是考察一国经济增长的过程。在 20 世纪 50 年代后期到 60 年代中期，为了实现充分就业，经济学家普遍接

受高速增长的模式，各国都非常关注经济增长从而把经济增长作为重要的经济和政治目标。

在现实经济运行中，经济增长率会呈现上升或下降的交替过程，这种经济增长率的波动即为经济周期，又称商业周期。经济增长率的上升是扩张阶段，在此阶段，资源利用程度提高，失业率下降；反之则为衰退阶段。经济周期是经济运行中存在的自然现象，经济永远在繁荣和衰退之间循环往复。从世界范围考察，无论是市场经济国家，还是计划经济国家，或是那些不完全的市场经济国家，其经济运行都毫无避免地出现过经济扩张和收缩相互交替的周期性波动。在经济扩张阶段，需求的膨胀和生产成本的提高都会导致通货膨胀的产生；而在经济收缩时期，又往往会伴随着失业问题。经济运行过程中的两大恶瘤，即通货膨胀和失业，它们会随着经济周期性波动而交替出现，经济发展质量在这种周期性波动中受到极大损害。从长期趋势看，经济增长是在经济周期中得到实现的。因此弄清经济增长的源泉和导致经济周期性波动的原因，搞清经济增长速度国别差异的缘由，并力求从理论视角探求实现经济稳定增长、缩小贫富差距的途径是当代宏观经济学研究的又一重大问题。

与此同时实践证明，较快的经济增长率的确能生产出更多的商品和劳务，但同时也会对环境造成一定的污染。于是从20世纪60年代末70年代初开始，经济学家对经济增长中出现的问题进行广泛的研究和讨论，认为应对经济增长中出现的问题给予足够的重视。到了20世纪80年代中后期，美国经济学家在前人的经济增长理论基础上，形成了新增长理论，标志着现代经济增长理论进入到一个新的发展阶段。

② 失业与通货膨胀。失业问题往往是伴随着经济衰退而产生的一种经济现象。宏观经济学的形成很大程度上来自于经济学家对20世纪30年代大萧条时失业问题的思考和解决方法。凯恩斯主义的一个目的就是消灭大萧条时期出现的周期性失业。在大萧条以前，古典经济学家认为市场机制可以自发促使经济趋向充分就业的均衡。大萧条的现实打破了这一神话，当时美国的失业率达到25%，有些国家的失业率逼近30%。从此，失业问题成为宏观经济学的主要问题之一。

失业率是指失业人数占总劳动力人口的比例，它是反映一国整体经济状况的重要指标，对经济社会有着重大的影响。失业一方面表现为劳动力资源的闲置，另一方面还说明生产能力开工不足，最终导致国民收入水平下降。失业除了带来经济损失以外还会产生一系列社会问题和政治问题。因此，研究失业的原因性质及解决方法就成为宏观经济学研究的重要课题之一。

通货膨胀是一种货币现象，其表现形式是一个经济体中部分商品和劳务的价格在一段时期内持续地、普遍地上涨。在现实经济活动中，物价水平和国民收入是密切联系在一起的。通货膨胀使人们的财富贬值，使国家的积累在短期内被消耗，使大部分人的劳动所得严重受损，也使一国在国际竞争中处于劣势。世界各国在其经济增长过程中都受到过通货膨胀的困扰。"二战"以后，通货膨胀成为全球性的宏观经济问题。美国、拉美地区、苏联和东欧国家等都出现过严重的通货膨胀。世界各国经济发展的实践表明，通货膨胀是经济活动中一个十分敏感的问题，必须重视。那么，到底是什么原因引发了通货膨胀？通货膨胀水平的高低对经济运行的影响是否有差异？政府在治理通货膨胀中能起到什么作用？所有这些都是宏观经济学研究的重要问题。

宏观经济学把失业与通货膨胀和国民收入联系起来，分析其原因及其相互关系，以便找出解决这两个问题的途径。

二、微观经济基础知识

（一）微观经济学的研究对象

在通常的理解上，标准的西方经济学在结构上包括微观理论体系和宏观理论体系两个基本组成部分。微观理论体系又被称为价格理论，竞争机制、供求机制和价格机制是它的三个核心环节，研究的问题是同质个体的理性经济决策行为，即生产什么、如何生产和为谁生产的问题。立足点则是经济主体的福利问题，即如何实现个体效益的最大化。从理论的起源上看，学术界普遍认为：微观经济学起始于以门格尔、维塞尔和庞巴维克为代表的边际效用学派，经过以"合理精神"和"经济骑士道"著称于世的瓦尔拉斯·马歇尔等人的努力，最终发展成熟。

尽管现代微观经济学在数学工具的助推下发展的极为迅猛，但其研究的对象却始终没有变化。这也就是说，人类无限欲望与稀缺资源之间的矛盾，成为微观经济学的研究起点，而如何实现这一矛盾的有效缓解，则构成微观经济学的基本研究对象。如果将这样的表述给予广义拓展，那么，微观经济学的研究对象实质是单个经济单位，如家庭、厂商等的最优化行为。从这一研究对象出发，我们开始进入微观经济学的世界。在那里，稀缺的资源有其特定的含义，阳光、空气等虽然也是生产生活离不开的重要资源，但因其数量如此之大以致使用时不需支付任何费用，被经济学家称为自由资源。而另一些资源在使用上不是免费的，在用途上则是生产和提供各种物品或服务时所必须投入的生产要素，这就成为经济学家眼中的经济资源，包括资本、劳动、土地和企业家才能。具体来讲，劳动是由人类提供的所有努力的统称，包括体力和脑力。土地作为生产要素范畴，是未经人类劳动改造过的各种自然资源的统称，既包括一般的可耕地和建筑用地，也包括森林、矿藏、水面、天空等。本质上讲，土地是任何经济活动都必须依赖和利用的经济资源，比之于其他经济资源，其自然特征主要是它的位置不动性和持久性，以及丰度和位置优劣的差异性。资本也叫做资本品[①]，它是由劳动和土地生产出来，再用于生产过程的生产要素，包括机器、厂房、设备、道路、原料和存货等。微观经济学认为，土地和劳动是"初级生产要素"，它们的存在是由于物理上和生物上的因素，而不是经济上的因素。而且，在生产相同数量的产品时，资本和劳动具有替代性，但劳动、土地和资本三要素必须予以合理组织，才能充分发挥生产效率，因此，为了进行生产，还要有企业家将这三种生产要素组织起来，企业家才能和前三个要素的关系不是互相替代的关系，而是互相补充的关系。在这里，企业家才能特指企业家经营企业的组织能力、管理能力与创新能力。

　　进一步来看，微观经济学所罗列的四种生产要素是稀缺经济资源的理论抽象，在以后的理论发展中，人们还在不断细化对资源的理解，人力资本、文化资本、社会资本等概念都是资本要素细化下的产物。但必须强调的是，这些经济资源无论如何细分，它们都必须是在市场经济的框架下运作的，这也是微观经济学的基本假设，即市场出清、完全理性、充分信息，由此推论则是"看不见的手"能自由调节实现资源配置的最优化。显然，任何试图以非经济手段操控资源稀缺性的做法，都与微观经济学追求效率最大化的目标是相悖的。

　　[①] 西方经济学中资本概念与马克思主义经济学中资本概念是完全不同的。在马克思看来，资本是带来剩余价值的价值，资本不是物，而是一种社会关系，它反映着资本家对雇佣劳动者的剥削。资本在实物形态上不仅包括上述资本品（不变资本），而且包括劳动力（可变资本），后者是产生剩余价值的源泉。

（二）微观经济学的研究方法

西方经济学产生于西方的文化土壤，是西方人文社会科学思想下的产物。从历程上看，它经历了一个从古希腊的理性自由到宗教的意志自由、再到启蒙时期的自由与平等的发展过程。实际上，现在的西方经济学所崇尚的人文精神就是这三者的混合体。从特征上看，它是在科学主义的影响下发展起来的。尤其是受到 18 世纪以来西欧工业与自动化技术的发展和 20 世纪上半叶逻辑实证主义的影响，出现了科学同其他一切知识对立起来的倾向，进而导致了斯诺"两种文化"问题的产生。从结果上看，它试图以自然科学为标准，强调任何知识的主张在原则上都需要得到经验验证的"科学主义"，进而建立起一门采用自然主义研究方法以发现经济规律，并利用这些规律服务社会、确立良好秩序的社会科学。然而，在科学主义冲击下的人文社会科学并没有因此完成了自身的革新。相反，还使得自身出现了扭曲的发展。在实证主义的方法论导向下，经济学基本上全盘接受了"科学主义"取向，在方法论上极力效仿自然科学，试图去追求发现能够解释一切经济现象的普适规律。这样的努力自然为经济学披上科学的外衣，但令人眩晕的数学模型和公式，虽然在视觉上极具冲击力，但思想层面的匮乏却无法规避因缺少人文素养所带来的经济学学科发展危机。

1. 微观经济学中的实证分析和规范分析

实证分析与规范分析在前文中已经做了简单的分析，在微观经济学中，实证分析和规范分析是两种重要的方法，有三点重要的区别：一是规范分析以一定的价值判断为理论前提，来分析经济事物的好坏，它具有强烈的主观性，而实证分析强调经济的客观性，只分析经济变量关系和内在逻辑规律，不涉及价值标准问题；二是实证分析与规范分析要解决的问题不同，实证分析要解决"是什么"的问题，而规范分析要解决"应当是什么"的问题；三是实证分析所得的结论可以通过事实来检验，一般不以人的意志为转移，而规范分析本身客观性较差，所得结论受到不同价值观的影响。

从经济学的发展进程来看，在古典经济学及其之前的时期里，大多数经济学家都会以价值判断为出发点，将经济现象置于社会的大背景后展开研究，古希腊、罗马的经济思想家，中世纪的经济学家，古典学派的亚当·斯密、李嘉图等人，都有自己的价值判断。后来，特别是"边际革命"之后，经济学研究越来越多地使用数理的、数量的方法，把经济变量抽象化、变量间的关系数学化，经济研究进入了以实证研究为主的阶段。数学化、实证化一方面使人们对经济现象的认识越来越精细和深入，另一方面则以割裂许多经济变量之间及其和经济与其他社会因素间的联系为代价，很大程度上造成"对象失真"的问题。然而，在经历了滥用数学工具的阶段以及因此造成的"对象失真"问题之后，经济学又呈现出回归规范为主的趋势，经济学家开始注重企业、政府等经济组织之间的利益冲突和人们之间、社会阶层、集团之间的经济利益分析，研究上大有"政治化、伦理化、制度化"的趋势。显然，西方经济学的研究方法在时间序列上经历了"规范—实证—规范"的深化过程。

由于经济系统是置身于社会大系统中的子系统，所以对其原初状态和终结结果都要以社会大系统为背景，在探讨中，对某一经济问题的规范分析常与非经济领域密切相关，实证分析则是置于两次规范分析之间并将再次返回到规范分析的一个中间阶段。从微观经济学自身来讲，其主要采用的是实证分析方法，但由于福利经济学日益受到人们的重视，故规范分析的重要性也日益体现出来。特别是，制度经济理论和分配理论往往也包含特别强烈的规范判断色彩。

必须强调的是，规范分析和实证分析并非是完全对立和完全割裂的两个方法体系，即便不说研究者本人在展开实证研究时很难去除先入为主的价值判断，仅仅从两种方法的科学关系上看，两者也是相辅相成、互为补充的。

2. 微观经济中的均衡分析

在微观经济中，均衡分析包括一般均衡分析和局部均衡分析。一般均衡分析是由 19 世纪末里昂·瓦尔拉斯提出的，是指在充分考虑所有经济变量之间关系的情况下，考察整个经济系统的价格和产量结构完全达到均衡状态时的状况，以及达到均衡的条件，所以也称为总均衡分析。它虽然是一种比较全面的分析方法，但由一般分析涉及的经济变量太多，而这些经济变量又是错综复杂和瞬息万变的，因而使用起来十分复杂和困难。近年来，在计算机技术的推动下，人们逐步发展出了可计算的一般均衡模型，并将其作为政策分析的有力工具。一个典型的 CGE 模型就是用一组方程来描述供给、需求及市场关系。在这组方程中商品和生产要素的数量是变量，所有的价格（包括商品价格）工资也都是变量，在一系列优化条件下（生产者利润优化、消费者效益优化、进口收益利润和出口成本优化等）的约束下，求解这一方程组，得出在各个市场都达到均衡的一组数量和价格。

局部均衡分析假定在其他条件不变的情况下，考察单一的商品市场达到均衡的状况和条件。这即是说，如果假定某一市场对其他市场不产生影响，其他市场对这一市场也不产生影响，孤立地考察某一市场的某种商品（或生产要素）的价格或供求量达于均衡的情况，就是局部均衡分析，或称局部均衡论。马歇尔是局部均衡论的代表人物，他在其价值论和分配论中广泛运用了局部均衡分析方法。例如，他的均衡价格论，就是假定其他条件不变，即假定某商品的价格只取决于该商品本身的供求状况，而不受其他商品价格、供求状况等因素的影响，这一商品的价格如何由供给和需求两种相反力量的作用而达到均衡。

3. 微观经济中的静态、比较静态和动态分析

静态分析就是静止地分析问题，分析经济现象在均衡状态下的基本特征，以及维持均衡状态需要满足的条件。静态分析可以视为一个静止点的分析，忽略掉了经济现象变化的前因后果及其时间过程。比较静态分析是对两个或多个静止点的情况进行比较，本质上仍然是静态分析，只是它分析的是经济现象从一个均衡状态变化到另一个均衡状态后，对变化的起点和终点进行比较分析。动态分析也称过程分析，这种分析方法研究某个经济现象从一个均衡点变化到另一个均衡点的连续时间进程，可以视为"线段"的分析。

第二节　宏观经济理论与微观经济理论的发展

一、宏观经济理论发展

（一）货币主义

1. 货币主义概念

第一个对凯恩斯理论提出根本性批评的是 20 世纪 60 年代的货币主义学派。从 20 世纪 50 年代中期一直到 80 年代，在货币主义发展历程中很难精确地对货币主义下定义，甚至很难描述其特征，因为"货币主义"一词对不同的人（它的赞成者和反对者）意味着不同的含义。

　　美国罗切斯特大学管理研究院的经济学教授、"货币主义"一词的首创者卡尔·布鲁纳认为，货币主义的中心命题有以下3点：① 货币最要紧，货币的推力是说明产量、就业和物价变化的最主要因素；② 货币存量（或货币供应量）的变动是货币推力最可靠的测量标准；③ 货币当局的行为支配着经济周期中货币存量的变动，因此，通货膨胀、经济萧条或经济增长都可以而且应当唯一地通过货币当局对货币供应的管理来加以调节。美国芝加哥大学教授米尔顿·弗里德曼用更简单的语言解释货币主义这个问题："货币是与名义收入的变化和实际收入的短期变化有重大关系的事情。"托马斯·迈耶和威廉姆·E.米切尔提出了鉴别一个经济学家是不是货币主义者的基本标准，有以下4条。① 强调货币对名义收入变动的决定因素，即货币供应的变化是货币收入变化的主要因素。根据这一标准，为了保持经济的稳定增长，就必须保持货币供应量的稳定增长，货币当局应当而且能够担当起稳定货币供应增长率的职责。② 提出关于传递机制的货币主义模式，认为货币是通过相对价格机制对经济产生直接影响的。③ 相信市场经济具有内在的自动稳定性，根据这一标准，经济波动的主要原因是政府干预的失误造成的。④ 认为由私人经济行为决定的资源配置与货币收入的短期变化无关，因而无须对私人经济行为进行详尽分析就可得出高度准确的总体经济分析。根据这一标准，货币主义者喜欢小的、简单的经济模型，而不喜欢大的、复杂的、多变量的经济模型。

　　美国凯恩斯主义者詹姆斯·托宾在货币主义处于鼎盛期时对货币经济学产生了极大兴趣，并且在这一领域做出了重大的贡献。托宾指出，货币主义因其追随者所强调的论点不同而有如下几种含义。①"财政主义"的替换者。20世纪60年代，"货币主义"一词最初是作为"财政主义"的反义词而提出来的。但托宾认为，主流的美国凯恩斯主义者并未对弗里德曼的"货币最重要"的论点表示怀疑。他们讨厌流行的货币主义与凯恩斯财政主义两分法。他们相信，一般来说，财政政策和货币政策都行得通。② 货币目标。20世纪70年代期间，货币主义者说服最主要的中央银行，使他们的业务活动适应一个或多个中间货币总量目标。"中间货币总量"是指货币当局只能通过对银行行为和一般公众的市场干涉而间接地和不完全控制的一个变量。中间货币目标的采用降低了中央银行对利率，信贷条件、国际储备、汇率及其他各种财政经济信息的注意力。③ 反通货膨胀目标优先。伴随着1979—1980年第二次石油冲击而产生的价格高涨，各主要资本主义国家的政府和中央银行一致开展反通货膨胀斗争。④ 结束反经济周期的需求管理。因 20 世纪 70 年代的灾难，"微调"的经济政策受到谴责。货币主义的那种保持经济稳定的手段替换了反经济周期的需求管理。托宾承认，不管怎样，在以上几种含义上，货币主义已大大影响了过去 20 年间（截至 1985 年）的经济思想和政府政策，大部分影响是持久的。

2. 货币主义理论的起源与背景

早期货币数量论的兴盛时期是 19 世纪末 20 世纪初，主要代表人物是美国经济学家费雪、劳夫林，以及英国剑桥学派的马歇尔、庇古等人。其中费雪和庇古分别以"现金交易说"和"现金余额说"为基础，提出了著名的交易方程式（$MV=PY$）和剑桥方程式（$M=KY$）。按照他们的设想，货币流通速度（V）或人们手中保存的货币量对国民收入的比例（K）在一定时期内基本稳定，即常数，在充分就业的前提下，商品和劳务的总量或国民收入（Y）也是不变的。他们据此通过周密的数理分析，认为物价水平与货币数量是同比例变化的，物价水平的高低取决于货币数量的大小，货币供给如有增长，必定引起国民收入的增长，或引起物价水平（P）的增长，或者使两者都增长。

现代货币主义是从反对凯恩斯主义起家的，是从古典学派和新古典综合派那里移植而来的，如萨伊定律、自由市场均衡论、货币数量论等，并非纯属首创。美国希伯来大学的帕廷金以周密的方式重新阐述了货币数量论，芝加哥大学的弗里德曼和许多他以前的学生提供了货币数量分析的框架，使人们能够对货币数量的变化制约收入变化这个命题进行实证检验。曼彻斯特大学的卡尔·布伦纳和卡内基-梅隆大学的艾伦·梅尔泽又共同提出了货币需求是稳定的这一命题的实证根据。此外，还有美国的哈里·约翰逊，英国的艾伦·沃尔特斯、戴维·莱德勒等，他们对于货币理论分析的侧重点虽然不同，但基本观点是一致的。

从 20 世纪 50 年代到现在，货币主义的形成与发展经历了三个阶段。第一阶段是现代货币主义的理论准备阶段（20 世纪 50 年代），主要标志是弗里德曼在 1956 年发表的《货币数量论一种全新表述》。弗里德曼在这篇文章中提出了现代货币数量论，从而确定了货币主义的理论基础。弗里德曼对早期货币数量论的重新解释引起了理论上的争论。但当时正是凯恩斯主义的全盛时期，弗里德曼的理论在学术界仍没有地位。第二阶段是现代货币主义的形成阶段（20 世纪 60 年代）。在这一时期弗里德曼发表了《价格理论：一个假定题目》《美国货币史》（1867—1960）货币最优数量和其他论文《美国的货币统计》（与希沃茨合作）和《货币分析的理论结构》等著作。使货币主义在理论和政策主张方面都发展成为一个完整的体系。第三阶段是现代货币主义成为"第一个意义重大的对抗革命的革命"（20 世纪 70 年代），作为一个重要的经济学流派与凯恩斯主义分庭对抗的时期。这一阶段的重要标志是：第一，1976 年弗里德曼获得了诺贝尔经济学奖，瑞典皇家科学院高度评价了他的成就；第二，英国撒切尔夫人于 1979 年 5 月执政后全面实施货币主义的政策主张，使现代货币主义由理论变为实践；第三，在 20 世纪 80 年代，货币主义理论有了新的发展，形成了合理预期学派。

3. 货币主义的基本理论

（1）自由市场经济理论

本现代货币主义的基本理论倾向就是经济的自由放任。弗里德曼在 1962 年出版的《资本主义和自由》及在 1979 年出版的《自由选择》（与其夫人合作）中比较系统地表述了他的经济自由的思想。

现代货币主义认为，资本主义商品经济是高度稳定的、最适应于自我调节的制度，它处于有节奏的、均衡增长的自然状态中，资本主义存在无危机发展和增长的内在潜力，无须国家进行干预或调节。现代货币主义认为，生产过剩的经济危机、通货膨胀结构比例失调等都是不合乎规律的偶然现象，与资本主义生产的内在规律并没有联系。弗里德曼虽然反对政府干预，但认为政府并非不应起任何作用，只是这些作用要尽可能的小。弗里德曼把政府作用概括为四点：第一，保护社会，使它不受外部敌人的侵犯；第二，建立司法机关，制定自由社会的公民在进行经济和社会活动时应遵守的规则，以保护社会上的个人不受其他人的侵害或压迫；第三，建设并维持某些私人无力进行或不愿进行的公共事业和公共设施，目的在于维护和加强自由社会，而不是破坏它；第四，保护那些被认为不能保护自己的社会成员。弗里德曼认为，应该建立这样一种社会，"它主要依靠自愿的合作来组织经济活动和其他活动，它维护并扩大人类的自由，把政府活动限制在应有的范围内，使政府成为我们的仆人而不让它变成我们的主人"。

（2）现代货币数量论

在吸收和修正凯恩斯灵活偏好论的基础上，弗里德曼推演出了新货币数

量论。弗里德曼提出的货币需求函数为

$$M = f\left(P, r_b, r_e, \frac{1}{P} \cdot \frac{dP}{dt}, \omega, Y, u\right) \tag{2-1}$$

式中，M 为财富持有者手中保存的名义货币量，P 为一般价格水平，r_b 为市场债券利息率，r_e 为预期的股票收益率，$\frac{1}{P} \cdot \frac{dP}{dt}$ 为预期物质资产的收益率即价格的预期变动率 $\left(\text{为了说明方便，现令 } r_p = \frac{1}{P} \cdot \frac{dP}{dt}\right)$，$\omega$ 为非人力财富与人力财富的比例，Y 为名义收入，u 为其他影响货币需求的变量。

弗里德曼认为，如果表示价格及货币收入的单位发生了变化，那么，所需要的货币数量应同比例变动。例如，用美元表示（2-1）式中的 P 与 Y 时，M 的大小为某一数量；当改用美分来表示 P 与 Y 时，M 的大小必然为该数量的 100 倍；或者说，应将（2-1）式看作 P 与 Y 的一次齐次式，即

$$f(\lambda P, r_b, r_e, r_p, \omega, \lambda Y, u) = \lambda f(P, r_b, r_e, r_p, \omega, Y, u) \tag{2-2}$$

尤其是当 $\lambda = \frac{1}{P}$ 时，则（2-1）式变化为

$$\frac{M}{P} = f(r_b, r_e, r_p, \omega, y, u) \tag{2-3}$$

式中，$y = \frac{Y}{P}$ 为实际国民收入，这是新货币数量论常见的表达形式，由于 $\frac{M}{P}$ 表示财富持有者手中的实际货币量，因此，这一方程代表了对实际货币的需求。

从式（2-3）可以看出，货币需求量主要取决于以下四个方面的因素。

第一，总财富。弗里德曼认为，总财富是决定货币需求的一个重要因素。总财富包括收入或"消费性服务"的一切源泉，其中之一是个人生产或挣钱的能力，也就是弗里德曼早先在消费函数理论中发展的"永久性收入"的概念。由于很难得到总财富的估算值，因此，只能用收入来代替，y 就代表永久性收入。

第二，非人力财富在总财富中的比例。弗里德曼把总财富分为非人力财富和人力财富两部分。非人力财富是指有形财富，包括货币持有量、债券、股票、资本品、不动产、耐用消费品等；人力财富是指个人挣钱的能力，又称无形财富。非人力财富与人力财富的形式可以互相转换，但由于受制度的限制，这种转换有一定的困难，主要是人力财富转为非人力财富比较困难。

例如，萧条时期存在大量失业，工人的人力财富就不容易转变为货币收入，而在转变为收入之前，人们又需要有货币来维持生存。因此，非人力财富在总财富中所占的比例对货币需求量产生影响。人力财富在总财富中所占比例越大，或非人力财富在总财富中所占比例越小，则对货币的需求也就越大；反之则反是。因此，ω就成为影响实际货币需求的一个变量。

第三，各种非人力财富的预期报酬率。弗里德曼认为，人们选择保存资产的形式除了各种有价证券外，还包括资本品、不动产、耐用消费品等有形资产。在各种资产中，货币与其他有形资产之间的分割比例取决于各种资产的预期报酬率。一般情况下，各种有形资产的预期报酬率越高，愿意持有的货币就越少。因为这时人们用其他有形资产的形式来替代货币的形式保存在手中对自己更有利。所以，债券的预期报酬率、股票的预期报酬率和物资资产的预期报酬率便成为影响货币需求的因素。

第四，其他影响货币需求的因素，如资本品的转手量、个人偏好等，均以变量 u 概括。

如果在方程 $M = \lambda f(P, r_\text{b}, r_\text{e}, r_\text{p}, \omega, Y, u)$ 中，令 $\lambda = \dfrac{1}{Y}$，则该方程可转化为

$$\frac{M}{Y} = f\left(r_\text{b}, r_\text{e}, r_\text{p}, \omega, \frac{P}{Y}, u\right) \tag{2-4}$$

式中，$\dfrac{M}{Y}$ 为货币收入的流通速度。

利用货币流通速度的定义，$\dfrac{M}{Y} = f\left(r_\text{b}, r_\text{e}, r_\text{p}, \omega, \dfrac{P}{Y}, u\right)$可改写为：

式中，$V(r_\text{b}, r_\text{e}, r_\text{p}, \omega, y, u) = \dfrac{1}{f(r_\text{b}, r_\text{e}, r_\text{p}, \omega, y, u)}$ 为货币流通速度。

同时，弗里德曼强调，新货币数量论与传统货币数量论的差别在于，传统货币数量论把货币流通速度 V 或 $\dfrac{1}{k}$ 当作由制度决定了的一个常数，而新货币数量论则认为货币流通速度不是常数，而是决定它的其他几个数目有限的变量的稳定函数。也就是说，货币主义在维持传统货币数量论关于 V 在长期是一个不变数量的观点的同时，又认为 V 在短期内可以做出轻微的波动。

（3）通货膨胀理论

在现代货币数量论中，弗里德曼特别强调了货币供应量的变动是物价水

平和经济活动发生变动的最根本的决定因素,主要原因:产量的增长要受物质与人力资本的限制,其增长一般较慢;但是货币(纸币)的增长不受任何限制,当货币的增长速度超过产量的增长速度时,通货膨胀就发生了。通货膨胀在任何时候任何地方都是一种纯粹的货币现象。货币供应量的增加对物价水平的影响在于:① 如果货币数量突然增加,使现有的货币增加了一倍,由于每个人都企图保留有代表性的实际财产,而支出必然增加一倍,假定产量不变时,物价必然随货币供应量的变动而变动;② 假定人们的预期和不确定性完全预定不变,物价就将按货币供应速度呈同比例上升。弗里德曼指出:"特定的物价和总的物价水平的短期变动可能有多种多样的原因,但是,长期、持续的通货膨胀随时随地都是一种货币现象,是由于货币数量的增长超过了总产量的增长所引起的。"如果货币量的增长不快于产量的增长,那就不可能发生通货膨胀"。管住货币水龙头,就可以制止在活动里流溢满地的通货膨胀。

(4)自然失业率理论

弗里德曼针对凯恩斯主义认为资本主义国家存在着非自愿失业,提出了所谓的"自然失业率"。"自然失业率"是指在没有货币因素干扰的情况下,让劳工(劳动力)市场和商品市场的自发供求力量发挥作用时所应有的、处于均衡状态的失业率,是指那种可以与通货膨胀相适应的失业率。只要市场是完全竞争的,工资实际上具有完全的伸缩性,劳工具有流动性,那么,一些有技能而愿意工作的人迟早会得到就业机会,而一些缺乏技能而不被雇主需要的人,无论产量如何变化也得不到就业。正因为存在自然失业,所以凯恩斯的以充分就业为目的的经济政策就无法完全消灭失业,扩张性货币政策的实施只能是增加了货币供应量,引起了通货膨胀,而无法消灭失业。这样就使资本主义国家出现了目前所存在的严重的滞胀局面。现代货币主义者从"自然失业率"理论出发,反对政府增加就业的政策,反对凯恩斯主义的"充分就业"理论。在他们看来,就业水平并不取决于政府采取的措施,而是决定于劳动力市场的一般条件。他们认为,如果消除了工会的"垄断",让工人"自由竞争",自然失业率就会降低。只要政府按照与经济增长率相适应的速度长期、稳定地增加货币供应量,就可以保证资本主义国家的经济繁荣和物价稳定,使失业率保持在自然失业率水平。

4. 货币主义的政策主张

（1）实行"单一规则"的货币政策

货币主义的基础理论是现代货币数量论，即认为影响国民收入与价格水平的不是利息率而是货币量。货币学派的货币政策内容包括货币政策的最终目标、货币政策的中介目标、货币政策的传导机制、货币政策工具、货币政策规范及货币政策效果。

现代货币主义认为，货币政策的首要目标应该是维持物价的稳定，其余的事情（如充分就业、经济增长等）一概听任市场的"内在稳定力量"去解决。货币学派把货币供应量作为货币政策的中介目标。从货币政策工具的角度，货币主义反对存款准备金和再贴现政策，而将公开市场业务视为唯一有效的货币政策工具，力主公开市场业务，理由是公开市场业务具有其他两种政策工具所没有的优点。货币学派认为，货币政策的传导机制主要不是通过利息率间接地影响投资和收入，而是通过货币实际余额的变动直接影响支出和收入。

货币政策制定者面临的一个主要问题是经济对政策变化做出反应的时滞较长而且易发生变化，且经济预测技术水平低。货币主义者认为这些问题难以克服。一般来讲，固定货币规则的运用要大大优于相机抉择的货币政策，他们相信即使在中央银行意识到其稳定经济的主要责任，并对其行动进行调整的情况下，固定货币规则也是最优的。

货币主义者极力反对凯恩斯学派"相机抉择"的货币政策操作理论，提出应推行"单一规则"的货币政策，以使货币不致成为经济波动的根源，从而为经济的发展提供一个稳定的货币环境。货币主义学派的货币政策内容最重要的是其货币政策主张，即"单一规则"的货币政策规范。所谓"单一规则"的货币政策，就是排除利息、信贷流量、超额准备金等因素，以一定的货币供给量作为唯一支配因素的货币政策。该主张的理由，一方面，他们相信经济本身存在自动调节功能，在没有中央银行旨在稳定经济的政策行动情况下，产出可以自动达到充分就业的水平。理论上，经济会表现出一种固有的自我调节机制，随着时间变化，它可以自动消除紧缩和通货膨胀缺口，这一机制源于工资和价格水平具有伸缩性。另一方面，他们认为用来操纵社会总需求的相机努力不起作用，这是货币政策的时滞和经济生活中所存在的不确定性造成的。他们还认为这种相机抉择的货币政策无助于稳定产出和就业，并可能导致很严重的通货膨胀。

代表人物弗里德曼认为，为了保持物价的稳定，国家应尽量减少对经济生活的干预，避免货币政策对经济运行可能产生的消极影响。要使失业和经济增长分别保持在自然失业率和适度增长率上，就要控制货币供给量，保持一个稳定的货币增长速度，将货币供给量的年增长率长期固定在与预计的经济增长率基本一致的水平上。

现代货币主义的主要货币政策主张：由于货币需求是十分稳定的，而货币供给完全由中央银行外生决定；而且经济生活中存在的不确定因素使得相机抉择的货币政策不起作用，因此中央银行应奉行"单一规则"的货币政策，即运用公开市场业务保持货币供应量固定速度的增长，以实现稳定物价的政策目标。

货币主义提出的上述"单一规则"遭到了凯恩斯学派的严厉批评。凯恩斯学派指出，"有能动性的人不应当屈死在规则之下"。弗里德曼的"单一规则"论是以经济波动完全是货币现象这一假设为前提的。实际上，造成经济波动的原因很多，既有货币方面的因素，也有非货币方面的因素，而货币供给只是其中的一个因素。

（2）收入指数化方案

收入指数化是指使各种名义收入，如工资、利息等，部分或全部地与物价指数相联系，自动随物价指数的升降而升降。通常，这种联系及调整被以法律或合同的形式加以制度化和自动化。例如，政府规定工人工资的增长率等于通货膨胀率加上经济增长率。收入指数化可以是百分之百指数化，即工资按物价上升的比例增长；也可以是部分指数化，即工资上涨的比例仅为物价上升的一部分。

20世纪80年代末至90年代初，我国所实施的对居民储蓄予以保值补贴的措施就是一种特殊的收入指数化政策。典型的收入指数化政策是实施工资指数化，即将货币工资与价格水平挂钩，实现物价与工资联动，货币工资随价格上升而增加，从而使货币工资的增长全部或部分地弥补因价格上涨而引起的购买力损失。自20世纪70年代以来，美国等发达国家，以及巴西、智利等发展中国家都相继实施过工资指数化政策，使得工资合同中的"生活费用调整"规定得以贯彻，减弱因通货膨胀引起的收入分配扭曲，避免基于通货膨胀预期引起的不确定性，客观上起到了维持长期工资合同的优势与平衡劳资双方利益的作用。

（3）浮动汇率制度

第二次世界大战后，国际金融体系执行的是布雷顿森林会议所规定的固定汇率制，即美元与黄金直接挂钩，每盎司黄金为 35 美元，各国货币与美元挂钩，直接以美元为基础来确定各国货币的汇率。弗里德曼早在 20 世纪 50 年代后期就反对这一制度，曾大声疾呼"在一个各国不能按照自动调节的金本位制降低或提高汇率的世界中，布雷顿森林会议所规定的固定汇率是极其错误的"，并且断言，固定汇率必将破产，代之以浮动汇率。

1963 年弗里德曼进一步指出，只有实行浮动汇率制度才能既保证国际贸易的平衡发展，又不妨碍国内重要目标的实现，因为浮动汇率是一种自动机制，能保护国内经济使之不受国际收支严重失衡的影响。

20 世纪 70 年代后，当美国和其他主要资本主义国家发生战后最严重的经济危机和通货膨胀时，弗里德曼再次强调西方各国之所以普遍发生通货膨胀，原因之一就是"企图维持固定汇率，这就导致一些国家，特别是西德和日本，从美国转入了通货膨胀"。

（二）新古典宏观经济学

尽管大多数宏观经济学家都认为，货币主义政策至少在短期内可以影响失业和产出，但是古典学派的一个新分支却不苟同。凯恩斯主义宏观经济模型不能为货币政策、财政政策及其他类型的政策的正确制定提供可靠的依据。罗伯特·E. 卢卡斯和托马斯·J. 萨金特的《凯恩斯宏观经济学之后》对这些模型进行微小甚至显著的改动也没有希望改善其可靠性。这种理论有两个分支，是以芝加哥大学的卢卡斯、斯坦福大学的托马斯·萨金特和哈佛大学的罗伯特·巴罗等为代表。这一理论在强调工资和价格灵活性的作用方面，与前面讨论的古典学派一脉相承，但增加了一个新特点即理性预期，用于解释菲利普斯曲线等问题。正是由于卢卡斯对于凯恩斯主义，特别是理性预期的现代观点方面所作出的贡献，1996 年他被授予诺贝尔经济学奖。

1. 新古典宏观经济学和理性预期学派

20 世纪 70 年代初期，西方各国经济陷入了"停滞膨胀"的困境，流行多年的凯恩斯主义经济学发生了危机。以弗里德曼为首的货币主义经济理论和政策主张在改变停滞膨胀局面时，也没有出现预期效果。一部分年轻的经济学家从货币主义分离出来，形成了一个新的经济学流派——理性预期学派。理性预期学派运用理性预期方法从几个方面抨击凯恩斯经济理论和经济政策，被称为"理性预期革命"。20世纪80年代，理性预期的概念被西方经济学界广泛接受，由于理性预期学派的基本政策主张与货币主义、供给学派基本相似，而货币主义和供给学派失去了适宜的"停滞膨胀"的经济环境，这些学派以理性预期学派为主体逐渐融合，理性预期学派获得重要发展。"理性预期学派"的名称不足以体现该学派的特色，所以西方学者称之为新古典宏观经济学。如今，新古典宏观经济学已成为与新凯恩斯主义抗衡的一个重要经济学流派。

理性预期学派在反对凯恩斯主义经济学政府干预政策方面与货币主义相似，但是他们不同意把货币政策放在第一位和实施单一的货币政策。他们把"理性预期假说"引入宏观经济分析，强调理性预期在经济行为者决策中的重要作用，认为理性的经济人在决定其未来的行为时，要计算自己行动的后果，以选择最为有利的行为，从而使政府的经济政策和措施达不到预期效果。

2. 主要代表人物

罗伯特·卢卡斯，1975年任美国芝加哥大学教授，其主要著作有《预期和货币中性》（1972）、《经济周期的均衡模型》（1975）、《经济周期的均衡模型》（1975）、《经济周期理论研究》（1981）、《经济周期模型》（1987）。卢卡斯被公认为理性预期学派或新古典宏观经济学派的创始人。1995年瑞典皇家科学院授予卢卡斯获诺贝尔经济学奖，以表彰他对"理性预期假说的应用和发展"所作的贡献。卢卡斯的主要贡献是建立了理性预期学派理论的基本前提，卢卡斯最早把穆斯首创的理性预期应用于宏观经济问题分析，另外卢卡斯最早提出不完全信息观点，把经济行为主体追求利益行为决策的信息由完全信息改为不完全信息。

托马斯·萨特金，1968年获得哈佛大学哲学博士学位，是卢卡斯的追随者，主要研究理性预期在宏观经济学模型中的应用、动态理论等。罗伯特，巴罗，1969年获得哈佛大学博士学位，曾任芝加哥大学、哈佛大学教授，主要研究就业、经济周期和宏观经济政策等。

3. 新古典宏观经济学的基本假设

新古典宏观经济学为了建立与微观经济学相对应的宏观经济学体系，以理性预期为基础，试图在宏观经济学中恢复古典经济学的"理性经济人"的假设。新古典宏观经济学理论体系建立在个体利益最大化、市场出清和自然率假说的基础上。

（1）个体利益最大化

新古典宏观经济学认为宏观经济现象是个体经济行为的后果，微观经济学表明个体行为的最基本假设是个体利益的最大化。宏观经济理论必须以微观经济理论为基础，要符合利益最大化的假设。

（2）市场出清

市场出清是说，劳动市场上的工资和产品市场上的产品价格都具有充分的灵活性，可以根据供求情况迅速调整。

（3）自然率假说

自然率假说是由货币主义的弗里德曼和费尔普斯分别提出。理性预期学派的"自然率"假说是从货币主义学派"自然失业率"假说发展而来，进一步提出"自然就业水平""自然产量水平"和"自然货币增长率"等概念。该假说认为由于自然率的存在，要把就业率维持在大于或小于充分就业的水平是很难的。根据自然率假说，在短期内，由于人们的预期来不及调整，政府可以以高通货膨胀率为代价来增加就业，这就是短期菲利普斯曲线。而在长期中，由于人们的预期进行了相应的调整，经济的均衡最终会回到自然失业率的水平。自然率假说表明资本主义市场经济具有内在的稳定性，任何外界变化只能暂时影响经济的均衡，影响产量和就业，并不能长期影响经济的平衡。所以，资本主义经济不需要政府干预。

4. 新古典宏观经济学的基本理论

理性预期假说通过卢卡斯等人的系统表述，逐渐发展为一套宏观经济模型，即新古典宏观经济模型。模型包括总需求函数和总供给函数及均衡条件，用于宏观经济分析，以说明产出、就业和失业的总水平。

（1）附加预期变量的总需求函数

理性预期学派对总需求的分析特点是重视对微观基础的分析，社会总需求包括消费需求和投资需求，必须建立在具体的微观消费需求和投资需求基础上。理性预期学派把理性预期理论应用于对收入、消费和投资行为的分析，理性预期学派重视理性预期在决定消费需求和投资需求中的作用，提出了前瞻性消费理论。前瞻性消费理论假设消费者的消费决策取决于其当前和未来的可支配收入，决定当前和未来的消费。前瞻性消费方式使得政府用税收政策改变短期消费支出变得无效。

（2）附加预期变量的总供给函数

新古典宏观经济学的总供给曲线是在传统总供给函数上增加了预期变量。卢卡斯认为，人们的预期对经济行为产生重大影响，从整体和长期看，人们的预期是合乎理性的，即预测值与未来实际值是一致的。卢卡斯在传统总供给曲线中加入了一个预期变量。

5. 新古典宏观经济学的政策主张

理性预期学派主要侧重于对传统经济理论和政策的批判与否定，没有提出具体、系统的经济政策主张，但透过字里行间，人们不难窥知理性预期学派经济政策理论的价值取向。

（1）策无效性命题

政策无效性命题是由萨特金和华莱士首先提出的，这一命题认为，政府的宏观经济政策失灵，货币政策是无效的。因为货币政策变化时，公众的预期也随之变化。

理性预期学派认为，经济当事人都遵循最大化原则，工人追求效用最大化，厂商追求利润最大化，同时，理性的经济人都能收集到尽可能充分的信息，并据此作出理性预期，这种预期结果非常准确，可以与职业经济学家运用数学模型解出来的结果相媲美。这样，人们能够迅速认识政策制定者的意图，并对政府的政策和价格变动事先采取预防措施，结果抵销了政策的预期效果，导致政府政策无法发挥预期效果。

（2）主张经济自由主义，反对政府干预

理性预期学派以追求经济发展的自然水平政策为目标，反对人为地刺激产量和就业水平的增加，理性预期理论包含了"无为而治"的政策思想。

在理性预期学派看来，市场经济具有内在的稳定性，其运行遵循一定的自有规律。自由市场制度能使总产量和总就业水平长期保持在自然水平之上。另外，经济行为主体对未来情况的预期是合乎理性的，只要政府的政策措施是有规则的，经济行为主体就能够预期到这些政策并做出反应，使政府的政策措施难于对经济活动产生实际的影响。既然如此，政府不如放弃实施有规则的政策，让市场机制充分发挥自发调节作用，使经济处于稳定状态。

理性预期学派反对政府通过财政扩张和货币扩张来提高产量和增加就业，这与旨在通过扩大财政开支和货币发行来刺激经济增长的凯恩斯主义形成鲜明对比。不过，理性预期学派并不是完全不要国家干预，只是要求减少国家不必要的、过多的干预，他们主张国家干预应该以市场调节为基础，充分发挥市场经济的自动调节机制。

（3）保持经济政策的稳定性和连续性

理性预期学派认为，政府的政策目标不应是同时解决通货膨胀和失业问题，而是防止和减少通货膨胀，为市场经济提供一个稳定的可以预测的环境。政府越是背离常规，在民众中的信誉就越差，人们就要设法对政府可能采取的措施进行预期并采取对策。要使经济保持稳定，应确定一个有利于人们进行预期的政策规则，如确定一个长期的货币供应量增长率，制定一个使预算保持平衡的税率等。只有这样，人们才能对政府产生信任感，能够根据政府的政策做出相应的调整，使物价水平趋于稳定，失业不增加，从而实现消除滞胀，保持经济持续稳定增长的经济目标。

（三）供给学派经济学

1. 供给学派经济学

供给学派是 20 世纪 70 年代主要在美国兴起的一个经济学流派。这个学派关心增加生产和生产能力的增加，所以，供给学派就是强调供给、主张减税、刺激生产的理论。这种理论认为，在不受干预的市场经济中，供给创造自身需求。

这一学派认为，在经济的供给（生产）和需求（消费）两大方面，供给是主要的。可是，美国的经济政策长时期以凯恩斯主义为指导，人为地刺激需求，使美国经济出现了种种问题。所以，要解决这些问题不能再用凯恩斯主义刺激需求的办法，而应采取措施增加商品和劳务的供给（生产）。

供应学派的主要特征：一是强调供给而不是需求；二是强调重视萨伊定律，相信市场经济的自动调节机制；三是反对国家干预经济，反对凯恩斯刺激总需求的政策；四是主张"健全财政"，强调减税的"生产性"，主张恢复"崇尚节俭、鄙视奢侈"的传统美德。

这一学派的最基本命题是，削减税收可以激发人们更加勤奋地工作和刺激人们多投资，从而可以增加总就业量，最终导致国民收入的增加。

2. 供给学派的形成

供给学派继承了古典的宏观经济分析。实际上，供给学派的分析是在重复传统的宏观公共财政分析。这种宏观公共财政分析首先是重农主义者，以后是大卫·休谟、亚当·斯密和其他重商主义经济学家所研究的，在认识到如平等、公正和再分配这些有关税收问题的同时，古典经济学家主要强调的是税收对总供给和经济增长的效果。后来的萨伊和穆勒则进一步发挥了供给第一的观点，提出有名的"萨伊定律"。供给学派经济学集中研究的是税率对相对价格、总供给和经济增长的影响，税率变动与相对价格、总供给和经济增长的关系。这种研究是以传统的经济思想，特别是以萨伊定律为其理论基础的，因此，传统的公共财政分析和萨伊定律是供给学派的理论根源和基础。

该学派的先驱是欧元之父罗伯特·蒙代尔。20世纪70年代初，蒙代尔多次批评美国政府的经济政策，提出与凯恩斯主义相反的论点和主张。1974年，他反对福特政府征收附加所得税控制物价的计划，主张降低税率、鼓励生产，同时通过恢复金本位、稳定美元价值来抑制通货膨胀。蒙代尔的论点引起阿瑟·拉弗和 J. 万尼斯基的注意和赞赏。拉弗进一步研究并发展了蒙代尔的论点。当时的美国国会众议员 J.E. 肯普也很重视蒙代尔的主张。他任用 P.C.罗伯茨为其拟订减税提案，聘请 N.B.图尔进行减税效果的计量研究。20 世纪70年代后半期，拉弗·万尼斯基、罗伯茨等利用《华尔街日报》广泛宣传他们的论点。肯普也在国会内外竭力鼓吹减税能够促进经济增长。1977 年，肯普与参议员 W.V. 罗斯联名提出 3 年内降低个人所得税 30%的提案。这个提案虽然未经国会通过，但在社会上产生了很大影响。罗伯茨的论文《凯恩斯模型的破产》（1978）和图尔的文章《税制变动的经济效果新古典学派的分析》（1980）提出在税制的经：济效果问题上与凯恩斯主义对立的论点。万尼斯基所著《世界运转方式》（1978）被认为是供给学派的第一部理论著作。G. 吉尔德的《财富与贫困》（1981）阐述供给学派的资本和分配理论，被誉为是供给经济学的第一流分析。20 世纪 70 年代末，供给学派在美国经济学界成为独树一帜的学派。

在供给学派的形成过程中，有些倡导者如 M. 费尔德斯坦、M. K. 埃文斯等在一些论点和政策上与拉弗、万尼斯基、肯普等人的意见差异很大。因为费尔德斯坦、埃文斯的观点比较温和，持论折中，西方经济学界称他们为温和派，而称拉弗、万尼斯基、肯普等为激进派。但后者则自称是供给学派正统派，西方各界通常也把后者作为供给学派的代表，下文所称的供给学派也是指激进派。

3. 供给学派的基本理论

减少税收、刺激生产是供给学派全部理论的精髓，主要体现为拉弗曲线。拉弗曲线分析了税率与收入之间的关系（如图 2.4 所示）。

图 2.4 中，R 代表政府收入，T 代表税率。拉弗认为，政府收入的多少取决于税率和税基这两个经济变量，两者相乘为税收。其基本公式为：

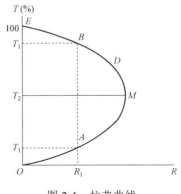

图 2.4　拉弗曲线

$$税收 = 税率 \times 税基$$

拉弗并没有详细地解释税基的确切含义，其一般概念是指经济的活动能力。从微观上看，它泛指厂商和私人的经济活动收益。例如，政府通过企业所得税所获得的收入等于企业利润税税率乘以企业所获利润，企业利润就是纳税的税基。再如，销售税税收额等于销售税税率乘以销售额，销售额就是税基。

拉弗认为，当税率变化后，税收会有两种变化的可能：一是假如税基不变，政府的收入会随着税率的上升而增加；反之则反是。因此，政府收入与税率之间呈正比例关系，这是一种会计效应。二是假如税基变动，政府税收收入也变动。政府收入与税基之间也呈正比例关系，即当税率不变时，税基越大政府收入越大；反之则反是。这是一种经济效应。但是，税率与税基之间呈负相关关系。当税率上升时，私人和厂商的积极性受到压抑，经济活动减少，税基下降；反之，当税率下降时，私人和厂商的积极性受到刺激，经济活动增加，税基上升。因此，当政府变动税率时，会同时有两种相反的效应发生作用，而政府收入的增减则要看是哪一种效应占主导地位。

假如税率为零，政府收入当然也为零，这时税基可能最大，因为经济活动单位没有任何税收负担。当税率由零开始增加时，政府也开始有收入。从会计效应看，税率越高，政府收入也越高，但从经济效应的角度考虑，经济活动能力将随着税率的不断上升而越来越小，政府收入也会被抵消。只要会计效应大于经济效应，政府的总收入就会增加。在图 2.4 中，拉弗曲线的 OM 段表示会计效应大于经济效应，即因税率上升而增加的税收大于因经济活动能力下降而减少的税收，因此，在这一区域，政府的收入将随着税率的上升而增加。当税率上升到 T_2 时，政府收入最大。

T_2 的税率并不一定是 50%，可为任意数，具体要视人们对纳税的态度和反应而定。例如，在战争时期，T_2 可能会接近 100%。当税率超过 T_2 时，经济效应则大于会计效应，从而再继续提高税率，政府收入将会减少，图 2.4 中的 ME 线段就是这种情况。如果税率上升到 10%，这时的情况与税率为零时一样，政府不再有任何收入，因为这时虽然税率最高，但税基为零，私人和企业的全部收入均需纳税，人们也就不会从事任何生产活动了。

拉弗根据该曲线指出，任何数量的政府收入都可以由两种税率获得，既可以通过 T_2 点以上的高税率获得，也可以通过 T_2 点以下的低税率获得。从图 2.4 可以看出，当税率为高税率的 T_3 或低税率的 T_1 时，政府收入都是 R_1。拉弗还把 T_2 和 100%税率之间的区城（T_2M 线以上部分）称为"禁区"。他指出，在"禁区"里，当政府提高税率时，私人和企业的生产活动都会下降，政府的收入也会下降。拉弗在提出"拉弗曲线"时认为，当时美国是处在"禁区"中（如 D 点），拉弗及供给学派正是据此而提出其减税主张的。他们认为，增税只会起到相反的作用。假如采取减税政策，将会鼓励人们从事生产，促进投资和储蓄，从而使国家的经济增长，政府的实际收入增加。

供给学派承认，减税后的确会出现政府收入减少的现象，政府的支出会大于税收，但这种情况仅是短期现象。从长期看，减税一定会产生增加经济活动能力的效果，促进经济增长，从而最终使政府收入增加。

许多西方经济学家，特别是凯恩斯主义者认为，减税的唯一结果是增加消费需求，因为税率降低，个人收入增加，支出和投资也将增加，继而国民收入水平随之增加。对个人来说如此，对企业来说也是如此。因此，当里根政府上台后，曾取得经济上的重大进展。在减税究竟是因为刺激了供给而推动了经济，还是因为刺激了需求而推动了经济的问题上，供给学派和凯恩斯主义争论不休。

4. 供给学派的政策主张

（1）减税

边际税率是供给学派经济理论的中心，降低边际税率也就成为供给学派经济政策主张的核心内容。供给学派的经济学家认为，20 世纪 70 年代美国的税率水平恰好处于上述拉弗曲线的 FG 范围内，高税率是美国储蓄率和投资率下降、劳动供给减少、偷税漏税严重和地下经济盛行的原因，所以应该实行大幅度的减税政策，而且减税并不会减少政府的财政收入。

供给学派提出的减税不同于凯恩斯主义者的减税政策。凯恩斯主义的减税政策重点是削减平均税率以增加低收入阶层的消费需求，而供给学派的减税政策重点是削减边际税率以增加高收入阶层储蓄和投资的能力。此外，供给学派主张的减税不是凯恩斯主义相机抉择（根据情况变化而制定的）暂时的减税，而是大规模的持久的减税。

供给学派认为，减税还有抑制通货膨胀的作用。他们根据传统的货币数量公式 $MV=PY$ 指出：在货币数量 M 和流通速度 V 不变时，提高税率会使总产量 Y 下降，价格水平 P 就会上升；如果降低税率使 Y 上升，价格水平 P 就会下降。这就是说，增税会产生通货膨胀效应，而减税会产生抑制通货膨胀的效应。

（2）减少社会福利支出

供给学派认为减少社会福利支出是促进供给增长的又一重要措施。但他们声称，削减支出的目的不是为了要弥补因减税而造成的政府收入的减少，而是为了减少政府对经济的干预，充分发挥市场机制的作用。供给学派认为，私人经济部门的效率要比公共部门活动的效率高，因而减少政府支出可以避免由此而造成的对私人经济部门的挤出效应。

但是，供给学派所要削减的不是政府支出中的政府购买，而是政府支出中的政府转移支付，如社会福利的支出。供给学派认为，庞大的社会福利支出，需要有相应的社会福利机构和众多的管理人员及烦琐的管理制度。这些不仅会造成社会财富的巨大浪费，还会助长官僚主义弊端。更为严重的是，庞大的社会福利支出削弱了人们工作和储蓄的热情，扼杀了人们的竞争力和独创性，使人们产生了依赖政府的思想，阻碍生产的发展。

（3）减少限制性的规章制度

供给学派对于政府的各项规章制度，并不是主张完全取消，只是主张要精减那些束缚企业主动性和积极性的规章制度。他们认为，第二次世界大战后的美国政府所制定的许多法令、规章，例如，关于价格、工资、生产安全等方面的法规条例，加重了企业的负担，增加了产品的成本，削减了产品在国际市场上的竞争力。

供给学派认为，经济自由的实质在于冒险创业、进步精神的维持。政府管制越少，私人经济运行就越有效率，他们敦促政府要减少限制性的规章制度，让企业尽量自由地经营，让企业家精神得以充分发挥。

（四）新凯恩斯主义经济学

在经过 20 世纪 70 年代西方经济"滞胀"局面的现实挑战和经济学内部对以美国"新古典综合派"为代表的凯恩斯主义经济学的激烈争论后，20 世纪 80 年代出现了一个主张政府干预经济的新学派——新凯恩斯主义学派。这个学派的出现及其迅速发展似乎使人们在经济自由主义思潮席卷西方宏观经济学领域之时看到了已经失势的凯恩斯主义经济学重振其雄风的希望。新凯恩斯主义坚持凯恩斯的基本经济信条，以其独辟蹊径的研究方法和新颖的理论观点来复兴凯恩斯主义。新凯恩斯主义学派的主要成员为格里高利·曼昆、劳伦斯·萨墨斯、奥利维尔·布兰查德、朱利奥·罗泰姆伯格、爱德蒙·费尔普斯、乔治·阿克洛夫、珍妮特·耶伦、约瑟夫·斯蒂格利茨、马克·格特勒、本·伯南克等人。格里高利·曼昆和戴维·罗默主编的《新凯恩斯主义经济学》两卷本是新凯恩斯主义经济学的代表作。

1. 新凯恩斯主义的基本假设

（1）非市场出清假设

新凯恩斯主义保留并继承了原凯恩斯主义的非市场出清假设，认为在市场经济中，当需求和供给出现波动时，工资和价格都不可能通过市场机制作用而迅速得到调整，以至于不能在短期内出清市场。如果通过工资和价格的缓慢调整使经济恢复到自然产出水平则需要一个长期的过程，那么，经济将在数年内保持非均衡水平。

（2）货币非中性假设

凯恩斯认为，由于存在市场对利息率的约束，所以在一般情况下，货币是非中性的；正是因为货币的非中性，要维持经济的稳定，不可能只依靠货币政策，而必须既依靠财政政策，又依靠货币政策。新凯恩斯主义保留并继承了关于货币非中性的假设，认为货币会影响实际产出，至少在短期内如此。

（3）经济当事人利益最大化原则

新凯恩斯主义吸收了传统微观经济学中厂商追求利润最大化、消费者追求效用最大化的原则，在探索市场缺陷时，试图用"摩擦"因素（如菜单成本、交易成本等）解释非市场出清和非均衡现象。新凯恩斯主义者在最大化原则假设下，分析了微观层次上，工人和厂商在追求各自的私人利益时造成的严重社会后果，即资本主义制度下微观层次上协调失灵。

（4）理性限制性预期

新凯恩斯主义借用了理性预期学派的"理性预期"概念，但又与之不同。严格讲，新凯恩斯主义使用的是理性限制性预期。在理性预期学派看来，公众的理性预期会使政府政策无效。而新凯恩斯主义则认为，理性限制性预期在一定条件下，将使政府政策的效力大于与传统静态预期相联系的政策效力，例如，现期政府支出的增加产生溢出效应将提高下期的国民收入，如果预期均衡也是凯恩斯主义的需求约束均衡，那么预期的劳动需求必将增加，这种劳动需求增加的预期将减少当期储蓄，因而增加当期总需求。总的来看，根据理性限制性预期概念，政府政策的效力增强而不是减弱了。

2. 新凯恩斯主义的主要经济理论

新凯恩斯主义者的理论缤纷庞杂，但他们的中心是围绕凯恩斯主义经济学主题——工资和价格刚性的微观基础展开研究，试图对工资和价格粘性做出更多的理论解释。

需要注意的是，黏性工资、黏性价格（或工资粘性、价格黏性）是指当总需求发生变化时，工资和价格缓慢地进行变动和调整，并不是原地不动。工资和价格的调整是缓慢的、滞后的、小幅度的，这就是黏性的表现。

（1）劳动市场与黏性工资

新凯恩斯主义者用劳动合同、工会工资决定、隐性合同、效率工资等解释工资刚性存在的理由。

① 长期劳动合同与名义工资黏性。在发达经济中，长期合同是劳动力市场的一个显著特征，工资不是在现货市场上每天或者每月被决定，而是通过明确的（或隐含的）合同形式预先规定一年或者更长时期内的名义工资率。在采取显性劳动合同的大部分发达工业化国家，劳动合同一般为1～3年。劳动合同可以确定几种决定工资的方式：在合同期内名义工资给定，或者名义工资按照一定方式改变；指数化工资的变动与前期通货膨胀相联系；常常有一个重新开始条款，该条款规定在通货膨胀或其他一些宏观经济变量超过某一水平时，应该就合同内容重新进行谈判。所以，长期合同并不意味着供求因素不会对工资产生任何影响，而是意味着工资不会迅速变动以出清劳动力市场。另外，一个社会不可能同时签订，也不可能同时终止所有的劳动合同，合同是分批到期的（即当一批合同还在谈判中时，另一批合同已经达到期限，

第三批合同已经得到部分执行，等等）。按照新凯恩斯主义的说法，劳动合同的这种分批到期的性质也使得工资不可能快速调整，而具有黏性。

新凯恩斯主义者从微观经济学角度对长期合同的形成进行了分析，认为厂商和工人都能从长期合同中得到私人利益：第一，工人和厂商进行工资谈判，双方都要耗费大量时间和成本，而签订长期合同可以在比较长的时期内不需要重新谈判，减少交易成本；第二，在工资谈判过程中，往往存在很大分歧，有时罢工不可避免，这样的破裂对于厂商和工人双方的代价都比较高，长期合同可以降低罢工的可能性。

② 工会工资安排与名义工资黏性。工资合同一般以一种特殊的制度方式产生，即通过工会和经营者之间的集体谈判而达成。工会通常总是为其成员（参加工会组织的内部人员）的利益而不是全体劳动者的利益进行谈判，劳动队伍中没有加入工会的工人（外部人员）可能希望削减工会工资水平。工会加强了内部人员相对于外部人员的力量，所以当存在自愿性失业时，失业工人无法压低名义工资。

③ 隐性合同理论与实际工资黏性。该理论从另一个角度解释了工资黏性。它认为，厂商发现有必要与工人缔结不成文（隐含的）协议，以维持他们的劳动大军的忠诚，这种"看不见的握手"是在种种工作环境下，用关于劳动关系条件的保证来提供给每个人。假设在工人与雇佣他们的公司之间存在一种基本的不对称性，即企业是风险中性的，而工人则是厌恶风险的。在这种情况下，工资率不仅确定对于劳动服务报酬的标准，而且还充当规避收入变化风险的保险。为了保护厌恶风险的工人，避免其收入变动，企业在面临冲击的情况下也可能同意保持实际工资不变。不变的实际工资使单个工人的消费趋势平稳，而厂商又有能力提供此"保险"，因为在经济波动中厂商比工人处于更好的境况（假设厂商能更好地出入资本市场和保险市场）。厂商与工人的这个协议可能被正式写入劳动合同，或者甚至在没有正式谈判的工资协议的情况下，它也可能会隐含地反映在企业制定工资的行为中。隐含合同理论得出的结论是：实际工资刚性是工人和厂商的共同偏好。

④ 效率工资理论与实际工资刚性。效率工资理论由耶伦、卡茨、哈利、威斯加以全面论述，戈登将该理论说成是"80年代的狂热"。它认为，工资率与工人的生产率（或效率）有一定联系，更确切地讲，实际工资水平与工人的努力程度相互依存。为保持工人的劳动积极性，提高劳动生产率，厂商可

能愿意支付高于市场出清水平的工资；如果企业削减工资，则要承受生产率下降的代价。当企业遭受冲击时，为了保持生产率，企业可能保持工资水平不变。在经济受到冲击时，由此导致的工资刚性会扩大就业波动幅度。

（2）产品市场与黏性价格

新凯恩斯主义的非市场出清假设同时包含劳工市场和商品市场的非市场出清。劳工市场的非市场出清与黏性工资相关，而商品市场的非市场出清则与黏性价格相关。黏性价格假设是新凯恩斯主义关于经济周期和经济波动理论的出发点。

新凯恩斯主义采用成本加成定价理论、菜单成本理论等解释了黏性价格问题。

① 不完全竞争与黏性价格。新凯恩斯主义者认为，完全竞争假设对大多数市场而言不切合，所以他们对整个经济的分析是从不完全竞争开始的。假定制定价格的是不完全竞争厂商，厂商普遍采取成本加成定价，即在按可变投入所构成的平均成本基础上加一定比例。加价的幅度同企业的垄断程度有关。如果某企业降低价格，那么得到好处的首先是消费者，其次是其他企业，原因在于该企业产品价格的降低使得消费者实际收入有所增加，进而对其他商品的需求也增加。这样，该企业不愿意降价。

② 工资黏性与价格黏性。工资是企业产品成本的重要组成部分，工资黏性使得成本不发生变化或者变化幅度不大，故厂商改变价格的动机不强。

③ 菜单成本理论与黏性价格。菜单成本理论又称有成本的价格调整理论，它认为经济中具有一定垄断力的厂商能够选择价格，但菜单成本的存在却阻碍了厂商对价格的调整。菜单成本是指厂商每次改变价格所花费的成本，包括研究和确定新价格重新印刷产品价格表，向客户通报改变价格的信息和理由等所支付的费用。因价格变动如同饭店菜单价目表的变动，所以经济学家将改变名义价格所涉及的各种费用总称为"菜单成本"。新凯恩斯主义者从厂商调整价格的成本与收益的比较角度进行了分析，认为如果改变价格的收益大于成本，厂商则调整价格；相反则保持价格不变。菜单成本的存在，使得厂商在改变价格之前会三思而行，不愿意经常改变价格，于是出现价格黏性。

④ 价格分批变动的性质与黏性价格。社会上所有商品的价格不可能在同一时刻一起变动，一部分价格由于受到合同的限制，不能任意改变，可能导

致价格黏性。即使没有合同限制，某些行业的厂商一般也不会大幅度改变价格，因为如果其他厂商不改变价格，它单独调价可能招致不利后果。出于这方面的考虑，厂商在改变价格时往往采取试探性步骤，仅仅对价格作出微小的变动，这样的做法也使价格具有黏性。

⑤ 厂商信誉论[①]与黏性价格。新凯恩斯主义的厂商信誉论认为，由于信息的不完全性，消费者在购买商品时仅凭"优质产品一定会以高价出售"的信念评价商品质量。这种信念使得价格具有选择效应和激励效应，鼓励厂商为维护声誉而保持产品优质，以达到长期以高价出售的目的。厂商采用弹性价格将得不偿失，因为消费者会认为商品价格下降是由于其质量已经下降，从而减少需求，价格和销售量的双重下降使厂商的利润减少。所以，厂商为维护产品声誉以获得尽可能多的利润，不论是在经济繁荣、总需求扩张时，还是在经济衰退、总需求收缩时，都不愿意降低价格，从而导致价格具有黏性。新凯恩斯主义者指出，价格黏性导致宏观经济中产出和就业的波动。由于价格相对稳定，厂商往往以产量和就业来应付需求的变动。当需求减少时，非意愿存货出人意料地增加，这促使厂商减少产量，降低对劳动的需求，失业和经济衰退由此产生；相反，当需求增加到正常水平以上时，厂商在短期内无力扩大生产规模和增加产量，此时失业仍然存在，只是失业率降低了一些而已。因此，价格刚性会导致宏观经济波动。

（3）资本市场与信贷赔给理论

新凯恩斯主义者除了对劳动市场和产品市场进行分析以外，也十分重视对资本市场问题的分析，其资本市场理论建立在不完全信息基础上，并坚持了凯恩斯主义的非市场出清假设，认为在不完全信息的信贷市场中，利率机制和配给机制都在起作用，资本市场不仅作为储蓄者和投资者之间的媒介，而且还涉及由借贷双方之间关于投资项目的不对称信息而产生的各种问题，信息不对称形成了资本市场上独特的筹资手段——信贷配给，导致信贷市场失灵，需要政府干预。

信贷配给是指，即使在市场运行良好时，借款人也不能借到他所希望的那么多资金。这一概念有两层意思：一是信贷配给发生在一个人不能在现行利率水平借到他所想借到的那么多资金时；二是信贷配给发生在不同的借款

---

① 赵红梅，李景霞. 现代西方经济学主要流派 [M]. 北京：中国财政经济出版社，2002.

者中间，一些人能够借到而另一些人却不能借到资金时。

银行面对过量的资金需求时，为什么不通过提高利率使市场出清，而宁愿选择信贷配给？新凯恩斯主义者对此问题作出了解释。

首先，他们认为，利息率与银行的预期收益之间存在反方向变化关系：高利率将减少低风险借款者的比例，并刺激借款者将款项运用到高风险的活动中。更一般地讲，利率水平越高，特定借款者不还贷款的可能性越大，这既可能是由于他采取了风险更大的行为并伴随着更高的失败率，也可能由于他愿意承受不还贷款（破产）的成本。新凯恩斯主义者还引进合同理论，并在不对称信息合同基础上，用败德行为和逆向选择概念概括了上述可能实行信贷配给的原因。"败德行为"是指当借贷双方之间签订一个允许破产的债务合同且双方所掌握的信息不对称时（借方对投资项目的风险等所掌握的信息较贷方充分），贷方提高利率会增加借方进行风险投资的刺激。"逆向选择"是指银行为了降低风险，不一定以高利率向风险偏好者放贷，而更可能有选择地以较低利率向风险厌恶者放贷，这是由于利率提高时，更加厌恶风险的个人会从借款队伍中退出，而不太厌恶风险的人则会涌入借款队伍，这些偏好风险的人越可能选择破产机会更大的风险项目，从而增加银行承担的风险。

其次，在充分考虑银行厌恶风险的行为之后，新凯恩斯主义者进一步指出，抵押贷款和其他非价格配给机制也不能消除信贷配给的可能性。虽然不断增加的抵押品要求会增加银行的收入，但是，对于那些风险厌恶者而言，抵押品要求可能使其更不倾向于冒风险，更加不愿意借高利率贷款。另外，风险追求者则会采取更加冒风险的计划，并愿意付出更多的抵押品。于是，贷款者（银行）会发现，对抵押品要求超过某点之后，收入会降低。

新凯恩斯主义者在信贷配给理论基础上，对于货币政策的传导机制如何影响经济周期也作了一定的分析，他们提出了"有效供给"概念。有效供给论认为，即使利率没有发生变化，货币数量的变化也将对经济活动产生影响，导致经济周期，其过程是：当外生有效需求增加导致经济扩张时，在信贷乘数的作用下，较多的信贷使厂商有能力增雇工人、增加资本投入，进而促使生产增长、产量水平增加，产量的增加又会提高储蓄，从而进一步增加贷款量。凯恩斯主义的支出乘数进一步强化了这一经济扩张过程和程度。但是，建立在中央银行货币创造和总需求相对强大基础之上的经济扩张，最终必然要受到信贷的限制，需要实行信贷配给。如果信贷限制具有约束力，则外生总需求增加的扩张效应可能分解为两个：一是通过影响传统凯恩斯主义的有效需求来实现；另一个是通过影响新凯恩斯主义提出的有效供给来实现中。就有效供给而言，厂商根据目前经济和对未来价格及消费者收入的预期等来决定生产，但其产品只有在生产出来以后才能销售，所以需要借贷来维持生产。如果在经济扩张期，信贷有限而且是配给的，厂商得不到足够资金以生产它所愿意生产的产品，就会导致布兰德所说的"有效供给不足"。如果衰退是由有效供给下降而不是需求下降所引起的，则价格趋于上升而不是降低，价格上升又导致实际信贷供给减少。布兰德认为，"有效供给理论"可以与传统凯恩斯主义的"有效需求原理"相提并论。

3. 新凯恩斯主义者的主要政策主张

新凯恩斯主义者在具体经济政策方面提出的新见解不多，他们通过数学模型推导出许多公式化的经济对策，但是极少将这些对策具体化并给出操作性比较强的经济政策主张。其基本政策主张是政府必须对经济进行干预，因为微观市场的不完全必然导致宏观经济中的失业和经济波动，自由市场是低效率的。下面主要介绍新凯恩斯主义者的政策主张。

（1）价格政策。新凯恩斯主义者在论述价格黏性成因的基础上，提出了一些价格政策建议，如制定能诱导同步调整价格的政策，减少经济中的交错调整价格，以克服物价总水平的惯性等。这些政策建议的主旨是抑制价格黏性，使得价格更加富有弹性，以修复失灵的市场机制、稳定产量。

当价格有弹性时，它会随着需求的减少（增加）而下降（上升），刺激需求增加（减少），实现市场出清，此时市场机制能调节供求关系，社会资源得以充分利用。价格弹性能吸纳需求的冲击，维持比较稳定的总产量水平。而当价格有黏性时，价格不能随着需求的变化而迅速调整，价格变化调节需求的作用无法发挥，市场也不能出清，最终厂商只能通过改变产量水平而适应需求的变动。所以，在价格具有黏性的情况下，产量是由需求决定的。在经济繁荣阶段，需求上升，企业不必调整价格，只要增加产量就可以实现利润；在经济衰退阶段，需求减少，企业也不必调整价格水平，只要减少产量就可以适应经济形势。然而，对整个社会而言，这两种反应的效果大不相同，经济繁荣阶段，保持价格不变而增加产量水平，既可以实现消费者的购买意愿，又可以增加就业，使社会获得利益；在经济衰退阶段，保持价格水平不变而减少产量，即使不考虑消费者购买意愿是否得以实现，但从社会就业水平来讲，由于失业增加，社会必然蒙受损失。因此，新凯恩斯主义者提出的通过经济政策抑制价格黏性、修复失灵市场机制的建议的确抓住了问题的关键，比较合理。但是，他们提出的建议过于原则化，没有提出具体的政策措施。这些原则性的建议给新凯恩斯主义者留下了相当大的回旋余地，却不利于政策执行者的实际运作。

（2）货币政策。在强调黏性价格的新凯恩斯主义模型中，货币不再是中性的，政策效力至少在原则上被重新确认。新凯恩斯主义者指出，货币供应量的变动对经济是有影响的，在经济衰退阶段，货币供应量的增加能导致总需求增加，并通过需求对产出的决定作用而增加产量，增加就业，进而提高社会福利水平。他们认为，为实现稳定产出的目标，政府最优的货币政策是：货币供应量的调整与影响价格的实际扰动相适应，与引起价格变动的名义扰动反向行事。

（3）信贷政策。前已述及，新凯恩斯主义的信贷配给论认为在信贷市场中，利率和信贷配给机制都在起作用，追求自身利益最大化的银行不愿意将款项贷给那些愿意以高利率借款并将贷款投资于高风险项目的厂商。但是，从整个社会的角度看，这些高风险的项目可能是有效的。当市场利率水平比较高时，厌恶风险的厂商可能退出市场；而愿意冒风险的厂商又不能得到贷款。这样，那些社会效益高、风险大的项目因得不到贷款、资金短缺而无法投产，社会福利将受损失。新凯恩斯主义者对此提出的建议是：政府应从社会福利最大化出发，对信贷市场进行干预，利用贷款补贴或提供贷款担保等手段去降低市场利率，使那些社会效益较高的项目能够获得贷款，顺利投产。

（4）降低失业率的政策。一直对工资刚性展开各种解释的新凯恩斯主义者已经得出一些政策结论，其目标特别在于降低持续的高失业政策。林德贝克、斯诺沃认为，为了降低内部人的权力和使局外人对雇主更具有吸引力，制度改革是必要的。从理论上讲，降低内部人权力的政策主要包括以下方面：① 工作保障法规的软化以便降低雇佣和解雇劳工的流转成本；② 劳资关系的改良以便减少罢工的可能性。有助于给局外人以公民权的政策将主要包括：再培训局外人以便增加他们的人力资本和边际产量；改善劳工流动性的政策，例如更好功能的住房市场；使工资具有更大灵活性的利润分享安排；失业补偿制度的再设计以便鼓励寻找工作。

二、微观经济理论发展

自数学进入经济学，提高了经济分析水平以来，微观经济学经历了三个重要的历史发展高级阶段：边际分析阶段集论、线性经济分析阶段和方法汇合阶段。从方法上看，这三个阶段的分析方法水平是不断提高的。从时间上对这三个阶段提出建议性的划分，时间划分并不意味研究工作的终结，直到目前这些研究仍然是非常重要的。经过这三个历史阶段的研究，经济学的分析水平上升到了一个新台阶，经济学进入了一个新时代。

（一）边际分析阶段

1838 年到 1947 年，是经济学向数学借用武器的一个历史发展阶段，借用的基本武器是微积分，尤其是偏导数、全微分和拉格朗日乘数法。边际分析法是这一时期产生的一种经济分析方法，同时形成了经济学的边际效用学派，代表人物有瓦尔拉、杰文斯、戈森、门格尔、埃奇沃思、马歇尔、费希尔、克拉克以及庞巴维克等人。边际效用学派对边际概念作出了解释和定义，当时瓦尔拉斯把边际效用叫做稀缺性，杰文斯把它叫做最后效用，但不管叫法如何，说的都是微积分中的"导数"和"偏导数"。数理经济学的创始人古诺的主要贡献，是他提出的企业理论和单一市场上企业与消费者的相互作用论。古诺的企业理论的基本假定是企业追求利润最大化，他对完全竞争和寡头垄断作了严格定义和研究。古诺的企业与消费者相互作用论，提出了完全竞争市场上供给与需求相等之思想，他还研究了垄断竞争问题。这一研究至今仍被当作一种标准的方式，并且推广应用于对策论之中。

边际分析阶段，高级微观经济学研究取得的成就可概括为三个方面：形成和发展了一套完整的微观经济活动者行为理论；提出了一般经济均衡问题，建立了一般经济均衡的理论框架；创立了当今的消费者理论、生产者理论、垄断竞争理论、及一般经济均衡理论的数学基础。下面来介绍边际分析阶段形成和发展的一些理论。

1. 企业理论

企业理论研究企业在按一定的价格投入生产要素来提供产品的过程中的行为。19 世纪后 25 年中，生产函数概念的产生，使古诺的利润最大化假设得到了很大发展，形成了一套研究投入需求与产出供给的丰富理论，即企业理论。对此作出重要贡献的学者有瓦尔拉、维克斯弟、维克赛尔、以及克拉克。霍特灵首次详细总结了企业理论方面的研究成果。

2. 消费者理论

消费者理论主要研究消费者行为准则与目的对可见需求的影响。戈森杰文斯和瓦尔拉从效用最大化出发，定义了消费者需求，首次发展了消费者理论，其后由马歇尔作出了进一步的详细论述。斯勒茨基在 1915 年提出了效用最大化需求的一系列性质，希克斯、艾伦、霍特灵、沃尔德等人在 1934—1944 年间又继斯勒茨基的工作进行了深入研究。效用论的基础在几个方面得到了深化，费希尔与帕累托用序数效用替代了基数效用；弗里希与阿尔特提出了基数效用的公理化处理；萨缪尔森提出了显示性偏好。

3. 一般均衡

市场是相互联系的，经济均衡的特征必然是所有市场上供给与需求的相等，这是瓦尔拉在 1874 年提出的一般均衡的基本概念。瓦尔拉不但这样提出问题，而且还把它以联立方程组的形式加以表达，然后声称由于方程组中方程的个数与未知量的个数相等，方程组有解，从而一般经济均衡问题有解。他还提出了一个寻找解的"探索过程"，对解的存在性给出了一个经济意义下的证明。瓦尔拉与帕累托还研究了竞争均衡的最优境界问题。后来人们发现，瓦尔拉给出的一般经济均衡存在性的数学证明是不成立的，但由于一般经济均衡思想的重要性，人们耗费了 80 年的时间来研究它，最后才于 1954 年由阿罗和德布罗真正解决。

4. 均衡的稳定性

均衡的稳定性是指让经济系统实现均衡的一个内部操作过程。瓦尔拉在对他的一般均衡解的存在性进行经济意义下的证明时，虽然没有明确指出，实际上已提出了均衡的稳定性问题，即他所说的探索过程。古诺在 1838 年及马歇尔在 1890 年都分别讨论过单一市场上均衡的稳定性问题，希克斯和萨缪尔森属于第一次严格地提出并研究稳定性问题的人。1958 年以后，关于一般均衡稳定性的研究论文才逐渐增多。

5. 资源最优配置

资源最优配置是微观经济学的核心研究内容。首次使用当今称作消费者剩余和生产者剩余概念来系统研究收益与成本的人是杜普伊特，帕累托在 1901 年对多个经济活动者的最优性概念给出了明确的定义，此后最优性与次优性便成为福利经济学中的重要概念，1938—1941 年间霍特灵、伯格森、希克斯对这方面的研究作了综合和总结。

6. 一般交易理论

一般交易理论研究讨价还价式的"面对面"交易。埃奇沃思在 1881 年首次研究了这样的问题：如果经济系统中不仅仅是等价交换，而是任何类型的商品交易都可以做成的话，经济系统会出现什么后果？埃奇沃思提出了"合同曲线"的概念。并提出了一个猜想：当交易者的人数无限增加时，合同曲线收缩成竞争均衡集合；他还发明了刻画合同曲线的一个矩形图，当今称其为埃奇沃思盒。埃奇沃思的合同曲线在对策论中得到了深入推广，转变成为"核"概念，后来"核"又返回到经济系统中，成为"经济核"。

（二）集论与线性模型阶段（1948—1960）

第二次世界大战以后，国际社会面临着大战带来的经济萧条与危机，出现了许多为当时的经济理论所不能解释的现象，以往的边际分析法已不能适应新问题的需要，迫使经济学家不得不去开创新的经济分析法，集合论与线性模型就是在这样的情况下进入经济学大门，替代原来的微积分手段。以集合论为基础建立的经济理论，更具有广泛性和一般性，原来的"光滑性"要求现在可以去掉；线性模型也是用来研究光滑性所不能解释的经济现象。集论方法的主要工具是数学分析、凸分析和拓扑学，线性模型的主要工具是线性代数和线性规划。

这个时期内，高级微观经济学的研究内容集中在一般经济均衡研究上，连冯诺伊曼这样的大数学家也投身进来为它砌上一块基石，研究成果表现为以下两个方面。

1. 一般经济均衡的严格理论体系

瓦尔拉虽然在 1874 年提出了一般经济均衡问题，但却对一般经济均衡的存在性给出了一个不正确的证明，仅依据方程个数与未知数个数相等就断盲方程组有解。其实在瓦尔拉时代，是不可能证明一般经济均衡的存在性的，因为证明中必需的关于集值映射的角谷静夫不动点定理是 1941 才问世的。后人应该感谢瓦尔拉的数学休养，如果他当时发现自己的证明是错误的，那么就会因为理论无根据而不会公然提出一般经济均衡问题，从而这一光辉思想可能就会被埋没。熊彼特评价道，由于瓦尔拉提出一般经济均衡问题，使得他成为最伟大的经济学家。

沃尔德（1933—1934）首次严格分析了一般经济均衡问题，而突破性的进展则是由阿罗和德布罗于1954年取得的，他们二人用集合论方法，通过公理化分析，重建了瓦尔拉一般经济均衡理论大厦，给出了一般经济均衡存在性的令人满意的严格数学证明。这一光辉成就，为经济学的发展树立了一块里程碑，尤其是1959年德布罗的《价值理论》一书的出版，正式宣布了公理化经济学的诞生。这部著作分七章详细论述了基于集合论基础之上的经济理论体系，展示了公理化分析的巨大威力，用德布罗的话说："经济理论公理化的好处不胜枚举。公理化对理论假设的完全明确化，可用来稳当地判断理论对具体情况的适用范围。公理化还可以在发现了原始概念的新解释时，对新问题轻松地作出回答。经济理论公理化还以另一方式帮助经济工作者们，它向经济工作者提供了能够接受的高度有效的数学语盲，使得他们可以相互交流，并以非常经济的方式进行思考。"

与一般均衡相联系的许多问题在这一时期都得到了深入研究。首先是阿罗和德布公理体系，另一套是不确定环境下的效用函数公理体系，归功于拉姆齐、冯罗伊曼与摩根斯顿、马歇尔、赫斯坦与米尔诺等人。

2. **线性经济模型**

线性模型分析法用线性方程组或者线性不等式组，替代边际分析中的"导数"与"偏导数"，最典型的是列昂切夫发明的投入产出分析法。投入产出分析的实质是依据一般经济均衡理论来研究各种经济活动在数量上的相互关系，用一套线性方程组来描述经济系统内部复杂的结构关系。投入产出分析在1948—1960年间得到了重大发展。

多尔夫曼、萨缪尔森和索洛1958年合著的《线性规划与经济分析》及盖尔1960年著的《线性经济模型理论》两部书，把线性规划、线性一般经济均衡理论和线性经济增长理论发展到了顶峰。与此同时，对策论研究也在前进。纳什对策均衡的研究，成为基础性工作；卢斯和雷法在1957年出版的《对策与决策》一书中又发展了动态对策论。

（三）方法回合阶段（1961—）

公理化经济学的创立，使得经济学家与数学家之间的对话也变得更加频繁。像冯诺伊曼那样，把他的精力的相当一部分放在经济学问题上，这种一流数学家的例子已经不是独一无二的了。同样，经济学也开始影响数学，其典型的例子就是角谷定理集值映射的积分理论、近似不动点计算的算法及方程组的近似解的算法。数学思想开始全面向经济学渗透，经济学也在不断地为自己铸造新的武器，各种经济分析方法汇集一堂，出现了经济学发展史上的大汇合时期。下面介绍自 20 世纪 60 年代以来，高级微观经济学的一些主要研究课题。

1. 不确定性与信息

现实经济活动常常与许多不确定因素有关，如何认识经济学中的不确定性？这是究带有不确定性的经济活动规律时首先要解决的问题。普拉特在 1964 提出了"风险规避理论"，他假定在带有不确定因素的环境中，不确定事件在客观上存着一定的概率，即所谓的"客观概率"。客观概率虽然在一定程度上刻画了不确定性，仍不是真正意义的不确定性。既然客观概率已定，就足以说明事件发生是可以把握的并非真正不确定。于是，戴蒙德和拉德纳用"主观概率"刻画事先无法充分估计概率的不确定性。

主观概率使人们对经济学中的不确定性的认识深刻了一步，它与具体的人所掌握的信息多少及对事件的认识有关，各人有各人的判断，有人信息灵通，对事件发生的概率估计较准，有人消息闭塞，对事件发生的概率估计较差。拉德纳还用它来解释市场是怎样起消息传递作用的。主观概率加深了人们对证券市场保险市场、市场信息及搜集行为的认识，尤其是在经济系统中考虑了信息结构。

2. 大范围经济分析

大范围经济分析把微积分与拓扑学结合在一起，来研究经济均衡的性质及均衡随经济体来变化的规律。在大范围经济分析中，依据微积分和 Sard 定理，一般经济均衡的存在性有了一个构造性证明，取代了不动点方法，并具有实践意义。"正则经济"概念的提出，抓住了均衡价格体系的决定性实质，对于研究均衡的局部唯一性、均衡价格的连续性及比较静态的可能性，都是十分有利的。德布罗在 1970 年对均衡的有限性及正则经济的研究，还使他成为经济大范围分析的先驱。

3. 对偶理论

对偶理论主要研究经济学中的相互确定关系，涉及经济学的诸多方面。产出与成本的对偶效用与支出的对偶，是经济学中典型的对偶关系。经济系统中还有许多其他这样的对偶关系。利用对偶性来进行经济分析的这种方法，就叫做对偶方法。

4. 总需求函数

消费者理论中，依据效用最大化所确定的消费者需求函数必然符合一些严格条件。这些条件或类似的条件对总需求函数是否适用，适用程度有多大？索嫩塞因对此作了研究，指出总需求函数并不受个人需求函数那样的条件限制。此后在 1974 年，曼特尔与德布罗又作了进一步研究，提出了市场需求理论。象消费者需求理论那样，市场需求理论研究市场需求函数所共有的性质。另外，市场需求是可观察的。观察市场需求如何受效用假设的制约，也是市场需求理论中的重要问题。

5. 经济核心与连续统经济

埃奇沃思 1881 年提出的合同曲线与猜想，促进了对策论的研究，出现了对策论中的"核"概念。1962 年，德布罗和斯卡夫反过来又把"核"概念用到经济学中，研究埃奇沃思猜想，提出了"经济核"概念。奥曼提出了经济连续统，并在经济连续统中证明了埃奇沃思猜想。1974 年，布朗与罗宾逊用非标准分析方法把德布罗斯卡夫及奥曼的模型，综合在一种超有限框架之下，并证明了埃奇沃思猜想。美国经济学家安德逊研读了布朗与罗宾逊的论文后，于 1978 年提出了一个标准模型下经济核心配置接近瓦尔拉均衡集的基本不等式。人们对这个不等式似乎更感兴趣。对于经济核的研究，又拓展到动态与无限维经济学中来。动态方面涉及价格调整最优计划过程及均衡的稳定性等问题。无限维经济学方面涉及不确定性、信息及市场的不完全性等问题。

6. 时际均衡

时际均衡是希克斯 1939 年提出的，在 1946 年出版的《价值与资本》著作中得到发展。时际均衡观点认为，交易活动是分期进行的，为了做出决策，经济活动者要根据自己掌握的关于经济目前与过去的信息，来预测未来的经济环境和状态，各短期内价格能迅速变化或至少能够做到价格的局部调整，以实现短期内的均衡。

与时际均衡相对照的是非均衡。二者虽然都认为交易活动分期进行，但前者假定经济活动者能正确地预测未来，短期内能实现均衡，而后者则允许不能正确预测未来，未来的计划可以不协调，短期内可以不实现均衡。不论二者的分歧如何，它们都使得一般经济均衡理论更加接近了现实经济情况。

时际均衡与非均衡都是凯恩斯主义宏观经济学思想的体现。

1964 年莫利什玛在《均衡、稳定性与增长》一书中以耐用商品为重点，深入研究了时际竞争均衡。1966 年德兰大基斯在"论货币经济的竞争均衡"一文中把货币理论置于价值理论体系之中。1971 年阿罗与翰恩在《一般竞争分析》一书中研究了确定性下的时际竞争均衡。史蒂格姆和格兰德蒙特首次研究了不确定环境下的时际竞争均衡。另一方面，由于凯恩斯主义的影响，掀起了对配给制经济时际均衡的研究热潮。格拉斯托夫、尤纳斯及贝纳西等人又把配给制时际均衡置于一般均衡框架之中，并作了系统研究。前人对时际均衡的这些研究工作，引起了后人对这一理论的极大兴趣。

7. 均衡的计算

斯卡夫在 1969 年发表的论文"论均衡价格的计算"，开创了均衡计算的理论与方法。均衡的计算：是作为映射的不动点计算的特殊情况来对待的，只不过不动点被解释为均衡价格向量，计算出来的解向量所决定的配置是一种可行的市场结清配置。

当代微观经济学比以往更加重视一般经济均衡的计算。瓦尔拉的均衡模型广泛应用于发展经济学、国际贸易学宏观经济学、财政金融学等领域，但不幸的是，均衡一般只是不动点，而不是凸优化问题的解。这就带来了两个麻烦：一个是均衡可能难以计算，另一个是均衡可能不至一种。围绕这两个问题，微观经济学发展起来了一套均衡计算理论。

8. 社会选择理论

社会选择问题属于福利经济学的论题，含义是如何通过个人选择来确定社会选择，或者说，如何通过个人的意愿来决定社会的意愿。具体地讨论社会选择问题，就会涉及人们的价值判断问题，但高级微观经济学把此问题抽象化，使其变成定出一套规则，按照这套规则并依据社会上各人的偏好来定出社会的偏好。高级微观经济学不讨论这套规则对谁有利、是否符合道德规范等价值判断问题，因而所作的社会选择问题研究属于实证经济学的范畴。在前文的经济学研究方法中已做简单介绍。

投票悖论是社会选择问题的原型，它假定某选区有三名候选人甲、乙和丙，要求选民按照自己心目中的顺序对他们进行排序，最后按照得票多少排出三位候选人的名次。投票的结果是：三分之一选民的排序为甲、乙、丙；三分之一选民的排序为乙、丙、甲；三分之一选民的排序为丙、甲、乙。于是出现了这样的情况：三分之二的选民认为甲比乙好，三分之二的选民认为乙比丙好，还有三分之二的选民认为丙比甲好。结果，按照少数服从多数的原则，社会就无法在甲、乙、丙之间排出先后名次来。

阿罗在1951年对此问题进行了深刻研究，证明了社会选择的不可能性定理。自阿罗以后20世纪60年代以来，出现了许多这方面的新成果，集中研究怎样给出社会选择原则、在什么条件下社会选择是可能的、又在什么条件下社会选择是不可能的。至今，社会选择问题仍是公众所关注的。

9. 不完全资产市场理论

不完全市场理论研究证券与商品的定价原理，以及完全竞争的资产市场与商品市场在确定消费与投资中的相互作用。由于金融经济学关心的主要是证券定价，而宏观经济学关心的是货币资产的实际效应，因此，不完全资产市场均衡论提供了一种涉及众多领域的微观经济分析框架。

证券定价理论主要强调金融资产的定价问题，把金融市场理论与一般均衡理论结合起来共同研究价格的形成过程，便引起了人们证券市场微观结构的极大关注。另外，信息的不对称又可能导致经纪人之间的勾结，出现战略性投资行为问题，这也是要加以研究的。

不完全市场理论还关注经济效率问题，对效率含义作出了新解释，支持了反对帕累托市场过程有效性的论断。但它保留了与阿罗—德布罗理论相同的方法论；经纪人要进行行为优化，他们的期望是合理的，完全有条件进行预见，市场结清，一切市场交易都是在完全竞争的条件下进行。按照不完全资产市场理论，均衡是不定的，也不是帕累托最优的，仅是帕累托次优的，而且连现有的资产都没有得到有效利用，从而需要政府干预。

现代不完全资产市场理论源于冯诺伊曼·摩根斯顿的风险期望效用和萨维奇的不确定期望效用，讨论的基本问题是期望效用的表示以及如何测量决策者对风险的态度问题，其焦点是独立性公理与绝对事件原理之间的关系。

10. 不完全竞争理论

不完全竞争分为垄断竞争、寡头垄断和完全垄断三种。完全竞争与完全垄断是两种极端情形，实际中极为少见，仅仅是理论上的抽象，就如同"真空"一样。同消费者日常生活关系最密切的是垄断竞争，微观经济学对此给予了充分的重视。垄断竞争理论强调产品差别，制造产品差别是厂商竞争的重要手段。产品差别越大，垄断程度越高，厂商在市场上就越处于有利地位。

但制造产品差别会提高产品的成本，因此必须研究垄断与竞争的关系问题，以使厂商能够取得最大利润。产品差别与无限维经济相联系，如果把同行业的产品无限细分加以区别，那么就得到无限维商品空间，因此无限维经济分析是研究不完全竞争的很好基础。

第三节　微观经济视角下的经济新形态

基于"技术—规则—经济"范式，每个历史时期的技术革命都会导致整个生产体系的现代化更新，进而获得新的经济社会最佳实践模式。这意味着技术革命与经济革命始终协同演进技术，革命能够直接或间接引致经济"质变"。并且，这种"质变"并非一蹴而就，是随着"新技术群"的诞生、应用、成熟而持续渐进、全面演进的过程。期间，技术革命要么直接造就全新的经济体系，要么不断打破既有经济规则组建新的经济规则，实现旧经济范式的持续解构与新经济范式的持续重构，以此形成"技术革命—规则革命—经济革命"，推动经济社会不断向前发展。

目前，中国进入了以互联网为代表的"新技术群"与实体经济深度融合发展的新阶段，新业态①新模式不断涌现，众多领域成为"新技术群"的"试验场""练兵场""培育场"，由此带来了以"无接触""宅生活""云消费"等为代表的数字化生存新实践，在适应、引领、创新经济转型发展的同时，为新一轮技术革命背景下的经济革命按下了"加速键"。中华人民共和国国家发展和改革委员会等 13 个部门公布的《关于支持新业态新模式健康发展激活消费市场带动扩大就业的意见》首次明确提出了 15 种新业态新模式，以此尝试从激活消费新市场、壮大实体经济新动能开辟消费和就业新空间、创造生产要素供给新方式三个方面积极探索与聚焦经济发展的新方向新趋势。在此基础上，本节一方面从微观机理的视角将这一问题落到实处深处，另一方面从系统建构的视角将这一问题全面化、体系化。最终，基于 10 个典型方面，形成了新型经济形态基本范式，包括数字经济智能经济、尾部经济、体验经济、共享经济、零工经济、全时经济、空间经济、平台经济生态经济，以此在明确经济运行"新常态"的基础上具化企业转型的方向和路径。

---

① 新业态是经济新形态在产业层面的重要体现。

本节的边际贡献有以下三点[①]。在实践中经济新形态呈现多样性，本节通过条理化、系统化的"加工制作"，可使人们对这一问题的认识由碎片化上升到体系化，由现象上升到机理。对经济新形态的每一方面，按照实践创新和未来发展对其进行归纳精炼，尽量形成一个基本框架，即从非结构性上升到结构性，从中窥探出一些规律性的东西。基于微观经济的视角，针对其中一些核心概念，包括产品、员工、客户、研发、生产销售、时间、空间、组织、企业、市场、生态等，在"新技术群"下，对其重新认识，即按"新技术群"的要求"重做一遍"，从而在既有知识的基础上整合成新的知识和知识体系。

一、数字经济

数字经济正成为世界各国经济中增长速度最快的部分，在推动质量变革与新旧动能转换方面发挥着重要作用，已是风靡全球的主流经济新形态。狭义地讲，数字经济是以互联网为代表的"新技术群"在加速数据成为生产要素的同时直接引致的经济结果，其本质是通过用字节取代实体，即"去物质化"，重塑要素资源结构，打造全新的数字化体系。

（一）产品形态去物质化

从工业经济时代到信息经济时代，企业的生产要素已从低位资源过渡到高位资源从实体资源过渡到虚拟资源，数据、信息、知识等无形资源已成为企业获取竞争优势的关键生产要素，这意味着作为载体的产品，其形态经历了一个由硬件到软件的"去物质化"过程。就产品功能与物质载体的关系看，二者正在经历由"1+1"（一个产品功能一个物质载体）向"$N+1$"（多个产品功能一个物质载体）、"$(N+1)/M$"（多个产品功能一个减量物质载体）、"$N+0$"（多个产品功能没有物质载体）的转变。例如，具有单一功能的固定电话被集合多种功能的智能手机取代，庞大的计算机被台式电脑笔记本电脑取代，完全依赖物理硬件的导航仪、照相机等被完全虚拟的功能软件取代。由此可见，数字经济时代，所有产品都在极力地被数字化、软件化和 App 化。这类

[①] 经济新形态和新经济形态均指新一轮技术革命导致的经济形态变革。本节采用经济新形态而非新经济形态的概念，旨在通过修饰词"新"位置的变动，避免对"新经济"形态和"新的"经济形态概念的混淆，一方面突出新一轮技术革命引致的经济革命，另一方面突出当下中国仍处于经济转型期，新经济形态崛起、新旧经济形态并存这一特点。

产品，尽管初次生产成本很高，但再生产成本很低甚至几乎为零。

（二）产品过程去物质化

（1）数字化研发。互联网信息技术尤其是移动互联网信息技术的日益成熟与发展，使人与人之间实现了实时交互，"远程办公""异地办公""移动办公"成为常态，这意味着传统研发流程中涉及人员交互的环节都可突破时空约束，通过虚拟空间被碎片化、低成本、高效率地完成。与此同时，随着"数字孪生"技术在商业中的普及与应用，常规化的劳动密集型研究被综合利用大数据与增强预测算法的研究取代，虚拟数据建模取代真实样本制造，"模拟择优"研发模式取代"实体试错"研发模式，由此极大降低实物资本投入，压缩产品研发周期，提高产品研发效率。

（2）数字化制造。从工业化产品到数字化产品，产品的生产过程逐渐从实体空间转移到虚拟空间，传统制造被数字制造取代。相比实体空间，虚拟空间具有"零时间、零距离、零成本、无边界"的特征。因此，依赖"虚拟车间"生产的企业不仅能够突破时空束缚，随时随地生产，而且基于虚拟资源的非排他性使用无限生产。此时，企业一体化集中式生产方式被网络化协同式生产方式取代，数字化产品在被划分为不同技术模块、代码区段的基础上能够面向全体网民被迅速"分包""众包"，而各"承包商"之间并行、高效、协同运作，大大降低了产品的生产成本与生产周期。在此基础上，如果企业开放源代码或设计准入标准，数字化产品往往可在消费过程中被持续定制、更新和制造。

（3）数字化营销。一是数字化技术改造传统营销。例如，企业可通过多元渠道捕捉消费者的"数字痕迹"，获取市场全面数据信息，进而在大数据、AI、云计算等"新技术群"的支持下对用户进行全方位、立体式画像。此时，"网络数据"取代"调研数据""需求挖掘"取代"产品定位"，企业完成更低成本、更高精准的市场匹配。再如，数字化营销能够形成流程闭环，上一轮"卖出"数据是下一轮营销开始，以此循环往复，深度用户画像，极化精准营销。二是数字化技术创新传统营销。例如，"智能推荐、大 V 带货、网络点评"成为企业三大新型营销手段，结合"线下促销明星代言、实体广告"，实行"虚中有实、实中有虚，虚实打通、融为一体"的全渠道营销新布局。同时，通过内嵌购买链接，企业数字化营销新布局亦成为企业销售渠道新战略，分散化、低成本的"广链接"式数字化渠道管理取代集中化、高成本的"经销商"式实体型渠道管理。

（4）数字化运营。过去，企业通过非数字化体系来完成包含库存、流程、供应链等活动在内的整个运营管理，不仅投入成本高昂，而且效率极低。现在，数字化技术的持续赋能，加速企业运营体系向信息化、数字化、网络化转变，以数据流带动技术流资金流人才流、物资流，完成资源配置优化，最终，"数据驱动决策、软件替代职能"成为运营管理的典型模式。不仅如此，数字技术在整个运营活动中得到广泛应用，业务流程组织方式、治理机制、劳资关系等均产生了颠覆性变革，尤其是将运营流程向云上迁移，企业"上云用数赋智"，使得硬件与软件之间、内部与外部之间、上游与下游之间的运营"摩擦"得到弱化，运营决策更加连续、及时、高效。

（三）产品免费成为常态

工业经济时代，企业用产品、服务赚钱，免费与赚钱是对立的；数字经济时代，企业用流量、数据赚钱，作为载体的产品、服务免费，企业通过免费赚钱，免费与赚钱是统一的。区别交叉补贴模式的"价格转嫁"逻辑、"三方市场"模式的"价格转移"逻辑、"版本划分"模式的"价格歧视"逻辑，去物质化产品或数字化产品的免费是"真正免费"。这主要是因为过去产品依赖低位资源、实体资源，资源有限，且排他性使用，用一次少一次，越用越少。因此，产品生产初次投入成本极高，边际成本递增，根据产品价格等于边际成本原则，产品价格较高。现在，去物质化产品或数字化产品依赖高位资源、虚拟资源，资源无限，且共享性使用，用一次多一次，越用越多。尽管产品生产初次投入成本较高，但是边际成本递减甚至趋近于零，根据产品价格等于边际成本原则，产品可被免费提供。

二、智能经济

以人工智能技术为代表的"新技术群"的涌现，推动全球从万物互联迈向万物智能，并且从弱人工智能迈向强人工智能，由此加速数字经济向智能经济演进。本质上，智能经济旨在通过"新技术群"赋能，使物像人一样会学习、会思考、会决策、会行动，以此在最大化实现技术对人类体力和脑力替代的基础上完成企业由"他组织"模式向"自组织"模式的全方位转变。

（一）智能产品

产品的智能化意味着产品由承载基本功能的物理件向具有数据收集与传输功能的信息件、具有连接与沟通功能的连接件，以及具有生物与生命属性的生物件转变的过程。这里，智能产品＝物理件＋信息件＋连接件＋生物……如智能冰箱在保留传统冰箱物理形态的基础上，通过内置摄像头、感应芯片等技术兼备实时采集、上传储物信息的数据收集功能，通过获得用户食材数据并分析和洞察用户饮食习惯进行精准匹配的就餐方案功能，通过链接第三方生鲜电商具备食材自主管理的下单采购功能。展望未来，随着可穿戴装备技术以及神经网络技术的日渐成熟，冰箱通过将食材数据与人的生命体征数据互联匹配具备自主健康管理功能。总之，信息技术发展使一切不能被数字化的产品智能化，人们的美好生活需求得到极大满足。

（二）智能生产

新一代人工智能技术与先进制造融合，带来生产线、车间、工厂的智能化变革，其中既包括工具变革又包括决策变革。最终，企业实现了"机在干，云在看，数在算"的自主化、高效率的智能化生产。①"机在干"是指"以机代人、人机交互"的"黑灯工厂""无人工厂"生产模式。区别传统机器设备单纯解放人类"体力"，智能机器设备更加注重对人类"体力＋脑力"的双重解放，以此在构建"超级岗位""超级团队"的基础上，实现智能机器对既有人力资源的替代、协同、赋能。未来工厂，机器对人"脑力"的解放程度持续增加，设备像人一样普遍具备"学习曲线"，人则从程序化和部分脑力工作中脱离，在机器赋能下从事更高级的智力劳动。②"云在看"是指通过"设备互联＋工业软件"构建工厂的数字映射系统，以此实现企业整个生产过程的数字化、可视化及透明化，为后续更深层次的智能化管理奠定基础。③"数在算"是指通过数字化改造实现数据协同、计算协同和分析协同。即通过数学建模、深度计算、大数据挖掘等技术手段，对"分散"的生产信息进行实时集合、转化、分析与优化，以此在搭建生产信息—数据优化—决策信息"三位一体"动态生产过程的基础上，降低协同摩擦，减少资源浪费，提高决策质量，实时自主优化。

（三）智能服务

智能的最高境界为无人。在新一代智能技术和"新基建"优化传统劳动力的背景下，"智能＋"服务率先进入无人经济时代。无人经济得益于生物识别与支付数据存储与计算、物联网、区块链、5G技术等"新技术群"的发展，其底层运行逻辑是用"智能体系"取代"人工体系"，以此在实现顾客全环节、全流程、全场景的自助式消费或体验的同时，极大地降低企业的人力成本。

无人经济又称零接触经济、无接触经济、非接触经济，除应对劳动力成本上升、技术快速发展等挑战外，还可以进行无人技术体温检测、医疗服务、物品配送等，在一定程度上避免了人与人接触带来的交叉感染。

（四）智能组织

智能组织又称智慧型组织，是指能够自主与环境实时"共舞"的"变色龙式"组织。目前，技术高速迭代导致外部环境快速变化，"四个周期"变短，企业面对的市场环境愈发动态、复杂，智能技术打造的智能体系成为人们应对不确定性的一种全新形式。此时，技术能够穿透生产者与消费者边界，企业与市场边界，使要素在生产者与消费者之间、企业与市场之间自由穿梭，按需聚散，以此在变革资源配置方式的同时实现企业的无边界发展，即原子型企业被网络型企业取代，一体化静态价值链被分散化动态价值网取代，"企业办社会"被"社会办企业"取代。这里，企业通过融融入社会，被分解、被集聚，且分到极致、聚到极致，在"公司化、一体化"生产模式被"社会化、碎片化"生产模式取代的同时，要素分散与聚合更快速、更精准、更高效。最终，组织内外打通，虚实打通；可大可小，可进可出；柔性发展，智能迭代。

三、尾部经济

科技发展没有改变商业本性，而是释放了更多可能。过去，经济活动仅局限于实体空间，遵循"二八定律"，重在发展头部经济。现在，"新技术群"赋能下的经济活动既在实体空间也在虚拟空间，遵循"长尾理论"，既发展头部经济，更发展尾部经济，人类已然迈入尾部经济时代。至此，重在依赖"头部"经济盈利的经营规则和经营模式被彻底改写。

（一）尾部产品

以互联网为代表的信息技术发展带来了生产工具普及、传播工具普及及供给与需求高效连接，由此拉平了整个需求曲线，并且曲线尾部更长、更宽。这意味着尾部产品市场规模增加，头部产品与尾部产品边界模糊，而且彼此动态转化，过去的"小众产品"已经追上、匹敌甚至超越了"大众产品"成为新时代背景下的"热销品""畅销品"。以书店为例，过去企业基于实体空间经营，门店面积及货架空间有限，每增加一个单位产品成本增加明显，为提高利润率，企业往往选择最畅销、快周转、高毛利的头部产品。即在销售半径一定的情景下，基于特定人群，大部分产品无法实现从商品到货币的"惊险一跃"，产品"二八效应"显著。现在，企业基于虚拟空间经营，虚拟空间无限，不论产品多少，其储存成本、展示成本等经营成本变化不大，边际成本趋近于零。因此，企业销售可低成本或零成本地实现全部产品品类覆盖。不仅如此，产品销售半径从有限转变为无限，从而导致尾部产品同头部产品具有相同的成本与概率被展示被购买。最终，在尾部产品至少能够创造出与头部产品匹敌的经济价值的背景下，尾部产品成为新时代背景下企业价值创造的新主角，产品市场"长尾效应"显著。

（二）尾部客户

信息技术与实体经济融合推动企业从工业化体系向数字化体系全方位"跨体系"转型，在重塑价值链条、变革服务模式的基础上，企业可兼顾头部客户与尾部客户普适性发展。以银行为例，过去银行以物理网点经营为主，服务能力受营业时间空间、人员等资源的有限性约束，总体上是重资产、高成本经营。为最大化收益，一方面，银行通过设立分行，增加服务规模；另一方面，银行通过优先服务业务金额高的头部客户，提高边际业务收入。服务资源聚焦于头部客户，在一定程度上存在"服务歧视"问题。现在，银行在智能技术赋能下，以虚拟网点经营为主，总体上是轻资产、低成本运营。此时，为最大化收益，一方面，银行对物理网点这一稀缺、昂贵资源要么大量关闭，要么重新定位；另一方面，银行通过变革服务模式，即由"他服务"变为"自服务""一对多"服务变为"一对一"服务，显著提升连接能力和服务潜能。最终，从需求端看，头部客户与尾部客户均可通过智能终端设备与线上接口无断点、全时空零成本地接入银行服务，而且随着接入数量增加，初始成本得到持续分摊，银行的边际服务成本递减，边际服务收益递增。从供给端看，传统银行资源有限性问题得到解决，银行可将服务对象从头部客户拓展到尾部客户，为他们提供同成本、同时间、同质量的金融服务，实现金融普惠。这里，尾部客户"滴水成海、聚沙成塔"，成为目前银行转型发展的关键突破点和重要支撑力。

（三）尾部市场

在新技术革命下，产业分工加速推进。过去一个产业就是一个市场。现在一个产业成为多个市场，多个产业成为一个市场，二者均创造出新市场，但前者遵循"分"的思维，分到极致，模块成为市场；后者遵循"合"的思维，合到极致，无数模块共筑市场。其中"分""合"同步，彼此加持，均是技术赋能背景下企业全球化经营的必然结果，遵循的是"小模块＋大规模＝大市场"的经济逻辑。以医院为例，当前市场具有两个典型趋势。① 基于人们对美好医疗的需求，综合性医院变为专业化医院，即几乎每个被视为尾部市场的传统科室、功能模块均可直接或间接地成为独立市场。例如，以口腔医院、骨科医院肿瘤医院、妇产医院儿童医院等为代表的新兴医院将传统科室、功能模块直接变为市场；以基因检测公司、整形医院、健康管理中心等为代表的新型"医院"将传统科室功能模块"加工"后间接变为市场。随着信息技术的高速迭代，尤其是具备广连接、低延时、高速度特征的5C技术的快速崛起，以远程问诊、远程手术、远程护理等为代表的远程医疗条件快速成熟，这些模块化医院全人群覆盖，全球化经营的趋势明显，市场规模大大拓展，已从旧时代的尾部市场变为新时代的头部市场。② 基于人们对美好生活的需求，医疗资源（技术知识、人员等）跨界整合，融入人们日常生活。例如，"医疗＋智能设备"可为人们提供实时监控、管理健康状况的智慧穿戴设备，"医疗＋生理用品"可为人们提供预测妇科癌症的女性健康筛查，"医疗＋美容"可为人们提供更加针对性的皮肤、头发、身体等健康服务。医疗资源的每一次跨界整合均能创造出过去被人们忽视的新产品、新需求、新市场。而"＋生活"模式使得这些新产品新需求普适性强、购买率高，加之全球销售，这些新市场的规模非常庞大，已成为新时代驱动企业经济增长的重要力量。

四、体验经济

体验经济作为"一种新的价值源泉",成为继农业经济、工业经济、服务经济之后的又一新型主流经济形态。这主要得益于,以互联网为代表的"新技术群"在打破生产与消费边界的同时,为生产与消费边界的融合提供了成本低、效率高的全新的实现渠道与方式,以此强化了二者的融合趋势与程度,彻底改变了企业经营过程中面临的生产与消费割裂局面。

(一)消费过程与生产过程合一

从产品经济时代到体验经济时代,人们的追求发生变化,传统销售从物品为主转变为体验为主,由此在信息技术突破过程边界的基础上,加速产品消费过程与生产过程的"统一"与"融合",进而在强化生产领域共创体验的基础上,使消费者与生产者双赢共赢。此时,从供给端看,产品不再是盈利的关键,企业通过打造"过程+",即通过对产品生产过程的分割、开放、售卖,提供有助于体验产生的环境与条件,并以此获得比单纯经营产品时更低的经营成本、更高的经营效率、更大的经营收益。从需求端看,产品不再是目的,消费者通过对产品价值链的分过程参与,获得额外的知识、技能快乐、经历等,并且体验效用超越产品效用成为他们为"过程"支付高昂价格的根本原因。以农业为例,① 果园种植阶段。果农自己提供经验、种子、土地、播种等种植资源或行为,成本高,且投入成本只能在产品售卖后得到一次性补偿。期间,果农面临市场需求、自然环境等不确定性因素,风险大。现在,体验农场通过出售种植权限给消费者,一方面,消费者自行决定种什么、怎么种,承担经营风险;另一方面,消费者自己购买种子,自己播种,承担经营成本。这样一来,过去果农获得出售种植权限收益,消费者获得体验农业劳动收益。② 果园管理阶段。过去果农对果园进行定期管理,期间不仅需要贡献财力、体力(如施肥、打药、剪枝,锄草等),而且需要贡献脑力(如规划管理时机、管理程度等),整体上耗时、耗力耗财。现在,体验农场将这些活儿通过平台全部出售给消费者,而消费者为获得知识技能快乐、经历等体验乐意参与果园管理并为之超额买单。③ 果品售卖阶段。过去果品成熟以后,果农自己采摘,通过二道贩子把产品销售出去,尽管果农定价较低,但是经过中间加价,到消费者手里时果品价格高得离谱。现在,采取"体验经济"

模式，消费者自行开车来到果园，一边呼吸果园新鲜空气，一边感受采摘过程快乐。最终，不仅果农劳动成本节约、产品收益大增，而且消费者心甘情愿地为"采摘过程"支付额外溢价。需要指出的是，以互联网为代表的"新技术群"虽然不是产消过程融合的充分条件，但通过提供虚拟性交互平台能够使其高效率进行，尤其诞生了以美团"小美果园"和拼多多"多多果园"为代表的"云种植"模式。

（二）消费者与生产者合一

消费者与生产者"角色合一"是目前经济主体在"新技术群"赋能下实施体验经济的最主要体现。从供给端看，企业把消费者做成"准员工"，从低报酬员工、零报酬员工逐渐演变为负报酬员工，旨在用"消费者的手"赚自己的钱，因此大大降低企业成本。从需求端看，消费者把自己变为企业的"准主人"，从参与企业、主导企业逐渐演进为引领企业，从聚焦价值链的单一环节逐渐过渡到聚焦价值链的全部过程，旨在借"生产者的手"完成自己喜欢的产品，不仅充分满足了自身的个性化需求，而且在深度参与和互动过程中获得了独特的消费体验。

（1）消费者与研发。一是消费者直接成为"在线研发人员"，承担企业部分或全部的研发功能。例如，Threadless 公司让消费者在公司的网站上提交 T恤设计，并接受大众的投票，这种让消费者直接参与、完全主导的研发方式，能够保证产品一开始就"做对"，降低企业新产品研发的成本与风险。对于消费者来说，由于能够直接面向企业诉诸个性化需求，其获得了极高的消费体验。二是消费者间接成为"在线研发人员"，在贡献消费数据的基础上帮助企业创造需求。例如，网络游戏玩家的在线无意抱怨，即对产品"槽点""痛点"的吐槽，成为海尔"小微"的创业灵感和数据来源，帮助其完成潜在需求的挖掘和新产品的开发。

（2）消费者与制造。目前，"产消者"既存在于新型数字化产业中，也存在于传统工业化产业中。① 数字化产业。以抖音短视频、微博等为代表的数字化企业，其消费者也是典型的生产者。例如，抖音视频观看者通过收藏喜欢的特效并仿拍，跟拍成为抖音视频的创作者。此时，企业完全依靠消费者完成"生产—消费"闭环，零成本生产。② 工业化产业。以小米海尔等为代表的工业化企业，在数智化改造的基础上，依托虚拟平台将消费者直接纳入产品的整个制造过程。例如，小米手机通过在线"米粉社区"就产品生产问题与"米粉"实时、双向、深度交互，利用"一步一征集""试用通过才发布"的"询问式""汇报式"沟通方式形成消费者主导的可视化、可量化、可优化生产过程，而"看到了""参与了"的行为模式让消费者对产品的信任感、归属感明显增加。最终，消费者从客户变为用户，从一般用户变为忠诚用户，即"粉丝"。

（3）消费者与营销。随着个体力量崛起和泛社交化平台的持续涌现，对好产品进行分享已成为消费者日常生活的一部分，此即"消费者营销"。除经济因素外，消费者营销旨在通过产品展示、体验分享快速具化个体形象，以此广泛社交，积攒人气，增加社会影响力。出于利己目的，消费者自愿成为产品的推销员，自推广、自销售、自服务、自评价，且基于"天然"的信用背书和"强大"的网络能力，与生产者营销相比较，消费者营销成本更低、速度更快、规模更大、效果更好。例如，通过朋友圈多天连续转发集赞即可获取奖品的激励方式，使消费者主动在社交网络中分享产品信息，当消费者与朋友发生互动，产品信息便可得到"点到点""一对多"的精准传播；当朋友们二次转发，产品信息可进一步实现"点对点""多对多"的新一轮精准传播，以此迭代，产品信息可在朋友圈病毒式裂变，传播规模指数级增长。同时，数字化复制的方式让消费者营销的传播成本趋近于零。

（4）消费者与服务。在"新技术群"的支持下，各行各业都在实行"自助服务"。① 金融业。以手机银行为例，消费者取代传统的柜台服务人员在虚拟空间随时随地自主办理转账、借贷等金融业务，在降低银行服务成本、提高服务潜力的同时，消费者可以获得更便捷更高效的业务服务。② 流通业。以旅客乘机为例，消费者取代航空公司售票员，自主线上购票，取代值机人员，自主办理行李登记、行李托运和登机牌打印等，从而实现乘机过程的全流程"自助服务"，在缓解机场服务压力的同时，节约了消费者的时间成本。③ 制造业。以服装定制为例，消费者通过支付比直接购买更高的价格，参与到包括款式设计、布料挑选、缝纫制作等服装制作环节。此时，消费者成为服装设计师、布艺师、缝纫师，在个性化需求得到满足的同时体验了创造的乐趣。

五、共享经济

信息技术革命带来的零边际成本社会使协同模式成为必然，由此导致企业基于追求所有权的规则向基于追求使用权的规则转变，共享经济应运而生。此时，企业"不求所有，但求所用"，在完成内部资源社会化、社会资源内部化的基础上，实现了更大范围、更高层次、更深程度的资源优化配置。

（一）共享资产

过去，基于传统基础设施，市场交易费用极高，组织权威协调机制对市场价格机制的"替代优势"明显基于追求所有权的规则，企业通过自建或并购等方式将整个经营业务置于一个组织内部，形成一个完整的业务链条。即产品的试制、一般部件制造、核心部件制造和组装均在组织内部完成，价值链条的上游、中游、下游多个环节均由企业自己承担。这里，企业通过做大规模，成为"实体帝国"。现在，基于新型基础设施，市场交易费用持续降低，外部资源配置优势明显，具体包括资源优势、成本优势、利润优势和风险优势，基于追求使用权的规则，企业倾向于通过"外包""众包"的方式完成整个产品的生产，封闭性价值链条被开放性价值网络取代，企业在全社会"织网"，打造商业生态系统，在全球范围内完成价值创造。这里，企业通过做大网络，成为"虚拟帝国"。由此，企业完成了从重资产经营向轻资产经营的转型发展。

（二）共享部门

传统理论把企业部门定位于"成本中心"，只在企业内部发挥作用。现代理论把企业部门定位于"盈利中心""若做得好，全球共享；若做不好，实行外包"。① 业务部门共享。以物流部门为例，过去，企业自建仓库、自组车队负责企业物流的所有环节和流程，不仅设置成本高、闲置成本高、机会成本高，而且封闭式自我服务导致物流资源利用效率极低。现在，企业直接与市场共享物流资源，企业既可通过删减物流部门降低成本，也可通过向社会提供服务增加物流部门收益。② 职能部门共享。以人力资源部门为例，过去，企业不仅设置人力资源部门，而且人力资源功能模块"大而全，小而全"，运行成本极高。现在，企业打通内外资源体系，实行功能模块共享或整个部门共享，人力资源部门则由"花钱"变为"省钱"甚至"赚钱"。

（三）共享员工

当今时代，工资成本上升、知识折旧加速、员工业务失衡、机器换人迅猛，企业拥有员工越来越不划算。特别是在移动互联技术高度发达的今天，人力资源供需在时间空间结构上的即时配置不仅完全可能，而且成本极低。因此，越来越多的企业开始重构用工制度：核心业务完全保留全时员工，非核心业务基本采取共享员工，员工共享成为常态。其中以创意众包滴滴出行、美团外卖等为代表的平台企业，以及以海尔为代表的传统制造企业均采用了共享员工模式，即企业成为开放性的平台，提供技术、资源等基础服务与支持，员工成为"创客"。不仅如此，最近几年，有的企业员工大量闲置，有的企业员工需求巨增，这开创了企业间员工共享的新实践。例如，盒马生鲜、7FRESH 等生鲜电商平台与西贝、云海肴等传统餐饮企业之间开展员工共享，餐饮企业员工依旧归属餐饮企业，但其一定时期内的使用权归为生鲜电商平台。此举，一方面解决了生鲜电商平台人手紧缺问题，另一方面解决了餐饮企业员工就业不足问题。

（四）共享客户

当消费升级使人们从产品消费过渡到场景消费、企业从竞争变为合作甚至共生时，企业间的客户共享成为其指数型发展的"新常态"。从结果看，经济主体间的客户共享，一方面，使经济主体能够完成低成本的客户与业务拓展；另一方面，使消费者通过一个"入口"即可完成多个或多类产品或服务消费。并且，随着业务的数字化转型，"线上共享"模式（即平台的平台）逐渐取代"线下共享"模式（如大型商场、步行街等）。① 同类共享。指拥有可替代性产品或服务的经济主体间完成客户共享。例如，滴滴出行 App 中包含了出租车、专车、快车、顺风车等多类可替代性出行业务，当它们被统一入口时，每个网约车服务商面对的客户规模均是所有业务类型网约车服务商的客户规模之和，以此，一方面便于打造乘客"一站式"出行的良好体验；另一方面便于单个服务商趋近零成本地进行客户拓展。② 跨类共享。指拥有互补性产品或服务的经济主体间完成客户共享。例如，微信在第三方服务中接入了滴滴出行、美团外卖、京东购物、贝壳找房等多类互补性业务，以此，一方面实现微信平台的消费场景增加、用户数据补充、业务生态完善；另一方面基于庞大微信用户群体的持续导流实现第三方互补性主体的低成本服务规模拓展。

六、零工经济

零工经济是共享经济在劳动用工制度上的具体体现，即新一轮技术革命带来的企业用工模式变革。此时，企业传统的雇佣规则被打破，基于使用权的新就业形态逐渐成为"主流"。并且，区别以临时工、合同工为代表的"旧"零工经济模式，当前涌现的零工经济热潮主要是基于网络技术的众包和按需服务工作模式为代表的"新"零工经济模式。

（一）从在职员工到在线员工

企业降低用工成本和个体灵活就业偏好是"员工"向"零工"转变的两大关键因素。此时，零工依旧做着与传统员工相同的工作内容，但他们与企业的关系已从组织内部移除，成为企业的在线资源，即从"在职员工"变为"在线员工"，由此带来工作方式的根本性变化：① 不再受时间限制。过去，员工受雇于企业，被动地接受企业制定的"朝九晚五"时间制度，约束性强。现在，员工受雇于自己，自主决定工作时间安排，灵活性强。② 不再受空间限制。过去，生产资料与实体空间的不可分割性或高成本分割性使传统员工被迫在指定场所工作，空间约束显著。现在，知识员工的兴起和信息技术的发展，不仅使新型"零工"可与组织完成空间分离，而且使新型"零工"在网络平台的加持下能够面向全球提供服务，空间约束被彻底消除。③ 不再受企业限制。过去，价值创造主要依靠物质资本，而物质资本主要集中在企业，员工必须融入企业才能实现价值创造活动，其形态为"企业＋员工"。现在，价值创造主要依靠人力资本，而人力资本主要集中在个体，个体即便脱离企业也能实现价值创造活动。其支撑是，以互联网为代表的"新技术群"形成了"个体"创造价值活动的平台，其形态为"平台＋个体"。

（二）从一人一职到一人多职

区别传统员工的"一人一职"，"零工"可实现"一人多职"。根本原因如下。① 结果导向。过去，企业按职定岗，"计时"支付薪酬，管理目标是"将合适的员工放在合适的位置上"。员工同一时段，只能服务一个企业、一个岗位，从事一份工作，领取一份工资。现在，岗位职责的不断碎片化加速劳动力技能化，企业从关注劳动过程转变为关注劳动结果，按技定岗，"计件"支付薪酬，管理目标变为"让合适的技能与合适的工作精准匹配"。劳动者在同一时段服务多家企业，从事多份工作，领取多份工资。② 平台协同。平台作为一种新型协调机制，基于强大的算法体系能够对工作时间和工作任务进行高效切割与协同，以此赋予新型"零工"自主就业、分时就业的现实可操作性。一方面，单个平台对供需主体及时、精准、高效的匹配能够明显提高劳动者的就业率，压缩劳动者单个角色的工作时间，提高单位时间内劳动者工作"角色"的容纳量；另一方面，在同一算法体系下，多个平台间趋近零成本的高效率协作，可实现劳动者在市场中职业角色的快速、无缝切换，给予劳动者更多的角色自主权。最终，劳动者可通过自主 DIY 职业生涯使个体价值得到最大限度增值。例如，拥有闲置"脑力""体力"和实物资源（房屋汽车等）的劳动者，通过同时成为知识型众包平台、技能型服务平台，零售或租赁平台等多类平台的用户，在一天内可自主完成多种身份转换，以此实现劳动收入、资本收入的显著提高。

（三）个体成为微观经济主体

从企业角度看，信息技术革命带来企业与市场边界持续深度融合，基于对低成本的不懈追求，企业必将从"专家系统+外包系统+弹性劳动力系统"的"三叶草"用工模式转向"弹性劳动力系统"用工模式。此时，科斯基于交易费用理论提出的企业存在的必然性受到挑战，企业被社会溶解，成为"皮包"，向个人化企业极致演进。从个体角度看，对个体价值的不懈追求，员工倾向于从"单位人"角色中逃离，挣脱传统雇佣关系，成为企业的"在线资源"，即以"独立承包商"身份参与企业的研发、制造、营销、营运等价值环节。并且，在以互联网为代表的"新技术群"持续赋能加速个体力量快速崛起的背景下，"企业在线资源"会被进一步转变为可在全社会自由流动的"公共在线资源"，员工从"单位人"彻底变为"社会人"，最终向可供全球共享的"自由人"演进。在极致发展下，个体终将成为微型企业，成为社会构成的最小单元和社会中最主要的价值创造者。这里，个体既是价值创造主体，又是价值创造客体，基于特定的需求目标以"自由联合体"或"独立联合体"的形式完成价值创造，通过自我迭代带动整个生态系统由点到线再到面的全面升级。

七、全时经济

新一轮的技术革命不仅带来日间经济活动效率的极大提高，而且直接促进了夜间经济活动的崛起。过去，经济活动局限于白天，每天 8 小时。现在，经济活动不仅在白天而且在夜间，由 8 小时变为 24 小时，任何时间，全部时间。最终，"日间＋夜间"共同打造出全时经济，经济活动的时间规则发生显著变革。

（一）全时研发

随着"数字孪生"技术的发展，以往基于实体空间进行的研发活动能够在虚拟空间得到映射与优化，而虚拟空间对时间边界的模糊，使企业获得全时研发的机会与能力。① 全时研发 1.0。指"人力资本＋数字孪生"的"他组织"研发模式。研发人员提出研发设想，"数字孪生"技术赋予产品在被精确记录、输入各种物理参数基础上的虚拟还原能力，在研发人员不断更改产品或环境参数的前提下，不同产品与情境组合下的产品性能与表现能够在虚拟空间得到精准模拟与仿真。至此，产品研发从"实体实验室"被搬到"虚拟实验室"，企业不仅获得"零成本试错"研发能力，而且获得 24 小时研发能力。例如，波音 777 作为世界首架无图纸、无模型、利用"数字孪生"设计的客机，其研发过程完全基于虚拟空间进行，并且，通过将 300 万个零部件外包给全球 7 个国家 900 多家供应商，波音 777 飞机的研发团队基于不同国家间客观存在的时差，完成了多个时间体系下多个 24 小时的协同研发，最终研发周期从 8~9 年被压缩至 5 年。② 全时研发 2.0。指"人工智能＋数字孪生"的"自组织"研发模式。智能技术不仅能够打通企业研发的各个环节边界，加速研发流程的自动化、智能化、即时化，而且能够打通企业与用户边界，推动企业研发从"企业主导"变为"用户主导"。由此，企业不仅能够基于虚拟空间全时研发，基于智能流程自主研发，而且能够即时感知用户需求精准研发。未来，研发会向完全脱离实体空间和人力资本的更高级的"脑力"研发模式演进，极致发展下，研发是在"数字孪生"技术支持下的代码重写或数据重组，并且在智能技术支持下自主完成。

（二）全时生产

信息技术发展推动企业的日间生产模式逐渐转变为"日间＋夜间"的全时

生产模式。① 产品形态变化带来全时生产。从工业经济时代到信息经济时代，数据成为生产要素，产品形态逐渐表现为"去物质化"特征，当比特取代实体成为产品的全部原材料时，产品可完全在虚拟空间通过"0—1"编码制造，并在消费过程中被随时随地无限制造。② 生产模式变化带来全时生产。随着以射频感应技术、VR 技术机器视觉技术、预测性维护技术等为代表的车间生产技术，以工业机器人、AGV、悬挂式运输链等为代表的车间数控硬件设施，和以制造执行系统（MES）、集散控制系统（DCS）等为代表的工业集成软件的日益成熟与应用，企业实体工厂升级为智能工厂，实体制造转变为智能制造，加之最大限度实现"机器换人""人机协同"，企业具备了自感知、自组织、自检测、自优化的 24 小时不间断生产能力。同时，作为一个具备纵向集成、横向集成的柔性系统，智能生产具备根据市场需求变化实时调整的即时化、定制化、个性化生产能力。未来，随着神经网络强人工智能等新技术的持续涌现与发展，新技术赋能下的知识元指导生产模式（知识信息＋增材制造）进一步向神经元指导生产模式（神经信息＋增材制造）演进，人们实现真正的"即想即得"，即时生产能力被极大强化。

（三）全时服务

传统服务的"同步性"和"不可储存性"使其往往被认为是"不可贸易"的"低效率行业"。现在，信息技术的发展在显著提高服务效率的同时，使服务能够跨越时空面向全球 24 小时供给。① 劳务全球化。以互联网为代表的信息技术发展使全球经济主体间能够实时交互，由此推动几乎全部知识密集型服务业和部分劳动密集型服务业劳务全球化。此时，劳动力和劳务可以分离，经济主体所需服务可被分解成模块或片段在不同国家分散进行，基于时差，这些经济主体可在网络即时性和同步性的作用下获得全天候服务。② 服务数字化。信息技术加速服务业的数字化转型，以此在打破传统服务特性的基础上使经济主体具备全时服务供给的能力。其中，企业层面的数字化转型，即企业通过建立数字门店将全部或部分业务编码化、标准化、程序化，旨在将服务资源内嵌在数字代码或程序中，以此赋予消费者基于网络接口随时调取企业服务资源的能力。产品层面的数字化转型，即产品形态的"去物质化"，旨在将"数字"作为产品/服务载体，实现产品/服务基于虚拟空间的生产、存储、流通和消费，在加速现场服务向网络服务转变、服务生产与服务消费分离的同时，使消费者获得随时随地被服务的能力。

（四）全时消费

以互联网为代表的信息技术加速改变人们的消费习惯和消费方式，致使人们的消费场景从实体空间全面拓展到虚拟空间，消费时间由白天全面拓展为整天。① 实体空间的全时消费。随着城市夜间基础设施的日益完善，夜晚成为城市消费新场景，夜间经济成为城市发展新动力。据《2019 夜间经济报告》显示，城市夜间经济总额占全天经济总额比重持续增加，消费内容已经从"老三样"向"新三样""再三样"不断拓展。随着以"夜间管家""夜间巴士""夜间服务热线"等为代表的夜间服务体系日益完善，越来越多的 24 小时便利店、深夜食堂、深夜书店、智能消费设施开始出现，人们的夜间消费行为得到保障，消费时间逐渐从前半夜延伸至整夜。② 虚拟空间的全时消费。最新数据显示，在线夜间消费已成为人们平衡工作与生活、追求美好"夜生活"的主要途径，人们不仅形成了明显的后半夜消费常态，而且从内容上对不同夜间区段的消费类型和消费内容进行了规划，夜间产业结构分段成型，人们具备多产业、多场景、多模式协同的线上全时消费能力。就消费内容和模式看，既包括以影视、教育、游戏、研发、缴费等为代表的完全虚拟化消费，又包括以代驾、外卖、家政等为代表的"线上下单，线下消费"的非完全虚拟化消费。

八、空间经济

以互联网为代表的"新技术群"作为新型基础设施，不断打破空间概念边界，推动狭义空间理论向广义空间理论发展。此时，信息技术既从数量上对空间资源进行深入挖掘与拓展，又从质量上对经济活动的多维空间进行整合与优化，从而在变革经济活动原有空间规则的基础上强化了企业经营的空间经济效应。

（一）狭义空间经济

狭义空间经济是指陆地空间经济。随着全球陆地面积步入"存量"时代，陆地空间的经济逻辑已从资本横向扩张模式下的追求"数量"，转变为资本创新扩张模式下的追求"效率"，尤其是在新一轮技术革命背景下，这一趋势尤为明显。由此带来以下两种典型的经济模式。

1. 地下经济

地下经济是城市"增长主义"终结背景下解决城市空间扩张与土地资源紧缺矛盾、缓解"城市"问题的关键举措，旨在通过对地下空间的合理规划、高效实施，拓展、承接、复制、延伸、创新地上商业活动，进而提升经济主体单位土地面积的经济承载量和价值创造量。以日本城市为例，其地下空间具备两个典型特征。① 纵深立体化。一是地下空间建设从网络形成阶段过渡到纵深立体化开发阶段，基于空间深度与功能打造出立体地下城。二是通过合理有序串联地上地下城市空间，加速二者关系由附属与补充变为和谐共生，即通过二者有机分工协作、互联互通打造出立体城市。例如，六本木"新城"作为一座多个功能为一体的"垂直"都市，通过楼梯、坡道、平台、连廊、庭院、屋顶花园等基础设施，将地下空间、地面空间和上部空间完美整合，打造出纵向城市走廊，形成多层基面的立体公共空间。② 设计人性化。一是通过多风口、多采光、高空间、先进安全防护设施等设计克服地下空间"天然"的闷、暗挤、危等特点，使人们具备良好的生理性体验；二是通过主题化设计，丰富地下空间板块，使人们获得良好的精神性体验。例如，长崛地下商业街通过增加采光，环境美化等打破地下空间的闭塞性，通过八大主题广场起到定位导视和调节人们心理体验的作用。展望未来，随着人们对地下空间了解的深入，技术在地下空间建设中的作用将逐渐从工具属性拓展到要素属性，即越来越多的新型科技将被内嵌到地下空间的功能与内容上，以此增加地下空间的"吸引力"。

2. 飞地经济

从微观角度看，飞地经济是经济主体在"新技术群"赋能下基于资源禀赋理论和区位理论追求低成本、高效率发展的必然结果，加速了跨越物理边界的"虚拟"产业园区和产业集群建设。以中关村为例，其飞地模式分为以下几种。①"脑体分离"型。其中，既包括把研发、营销、营运等价值链"脑袋"环节放在北京，把制造等价值链"躯体"环节放在空间成本较低、空间资源丰富的京边或京外地区的"躯体飞地"模式，又包括把价值链"脑袋"环节分散全球，共享各地创新资源的"脑袋飞地"模式。最终，通过"四分五裂"，中关村的整个产业链条融入全球化分工体系，以模块化、虚拟化、社区化方式运作，打造出开放性全球产业生态。② 完全复制型。通过设立"分园"实现产业链条的整体"迁移"。此时，以先进文化机制、管理模式等为代表的园区内容完全复制，各个"分园"所处区域释放政策红利和资源红利，中关村基于"分园"模式能够在全球范围内实现更低成本、更高质量、更大规模的能力辐射。③ 共建共创型。即通过创新性的"园中园"合作模式，推动两地资源双向对流、产业协同发展。对于地方来说，中关村的资本、创新资源等"溢出效应"明显，能够带动当地基础设施建设、产业配套环境和文化科技水平全面提升，加快地方的城市化进程。对于中关村来说，在不断拓展品牌影响力的同时，实现了自身创新资源和创新能力的不断辐射、更新，即通过战略合作，不断地"造血""换血"。

（二）广义空间经济

截至目前，人们对空间的认识已经经历了四个阶段：① 空间 1.0，+陆域，包括地上空间和地下空间；② 空间 2.0，+海域，包括近海与远海，浅海与深海；③ 空间 3.0，+空域，包括低空、高空和太空；④ 空间 4.0，+虚拟空间。由此导致空间经济已从狭义的单陆地空间模式逐渐转向了广义的多空间融合模式。

（1）陆域、海域、空域三域一体发展。技术发展使实体空间融合发展的趋势愈发明显，陆域、海域、空域三域一体发展成为常态。① 从能源角度看，陆域、海域、空域三域一体的新能源布局推动人类从植物能源时代、化石能源时代迈入新能源时代，绿色、高效、可再生的低碳能源能够对产业发展、经济效率改进、可持续发展等方面起到推动作用。例如，越来越多分布式、协同式的陆地、海面、空中能源收集站的建立，使人们可对低密度的风能、太阳能等可再生能源进行高效开发与利用，随着以感应芯片为代表的能源采集技术的日益成熟，新能源又实现了趋近零边际成本的无限供给。② 从要素角度看，数字技术驱动的陆域、海域、空域三域一体的大交通格局在实现要素流动无缝对接的基础上使要素周转时间变短、要素覆盖范围扩大，以此在加速全球经济一体发展的同时，使经济主体的生产周期缩短、生产成本降低、生产效率提高。③ 从产业角度看，陆域、海域、空域三域一体的全产业融合，能够帮助经济主体打造出全新的产业模式或全新的产业内容，以此获得新的经济增长点。而这些全新的产业模式和内容在信息技术的加持下将会得到更快扩散和更好发展，从而在数量和质量两个方面进一步提升企业的盈利水平。

（2）实体空间虚拟空间一体发展。虚拟空间作为实体空间的真实映射，既还原了现实，又优化、超越了现实。最终"虚中有实、实中有虚，虚实结合融为一体"。具体来说，所有实体空间的经济行为都能够通过数字化转换在虚拟空间得以重现，而虚拟空间通过对数字化数据信息的集中性、系统性处理与优化，又进一步反馈、指导创新了现实，从而使经济行为的成本更低、效果更好。① 虚拟技术能够优化实体空间，使其更加精准高效。例如，智慧交通根据"人、车、场"即时优化出行时间、出行方式、出行路线，有效缓解了城市交通拥堵问题，提高了全社会的运行效率。② 虚拟技术能够赋能实体空间，使其具有全新模式。例如，以盒马生鲜为代表的新零售作为"虚拟＋实体"的结果，具备完全不同于单纯电商或门店的运营模式，在便捷化、智能化、精准化消费的同时最大化提升了消费者体验。

九、平台经济

新一代数字基础设施极大弱化了市场信息的不对称性，加速了企业与市场的融合发展，由此导致企业的资源配置方案、价值创造逻辑发生"颠覆性"变化。而这些变化进一步带来了企业组织形态变革，即层级制组织结构被扁平化组织结构取代。最终，平台成为新时代的重要运行主体，其"聚合多元主体、用户本位主义、增值分享机制"的组织特征，极大地强化了平台企业的经济效应体系。

（一）精准经济效应

平台作为双方或多方经济主体直接进行交易、交互的虚拟场所，能够在市场需求个性化、复杂化、动态化的情景下，弱化市场扭曲，实现供给与需求的精准匹配，以此缓解行业"痛点"，提高企业生产效率和精准服务能力。其根本原因如下。① 信息传递去"中间化"。区别以往需要经过一系列"中间商"才能被企业感知的低效率传播模式，平台实现了生产者与消费者的直接对接，从而在去除冗余环节的基础上，使消费者直接基于平台诉诸需求，导致市场信息传递速度更快、准确程度更高。同时，这一信息传递模式实现了价值链从B2C向C2B的"逆转"，形成了个性化定制对规模化生产/服务的替代。② 价值创造去中心化。区别以往企业经营边界有限、价值主体单一的价值创造模式，平台作为一个价值共创系统，开放式、无边界发展，通过直接链接、共享社会资源，实现价值创造主体多元，价值创造能力无限。最终，在"多对多""N 对一"的价值创造模式下，市场信息能够及时和精准地被感知、被转化、被满足。③ 供需匹配"智能化"。区别以往供需匹配的经验决策模式，智能中台作为平台企业的基础数字设施和核心竞争优势，通过"数据＋算法"，实现供需匹配的"智能决策"。这里，平台把供给与需求信息以数字化形式储存，然后基于强大的算法体系实现这些数据的最优匹配。

（二）速度经济效应

平台能够驱动企业成为指数型组织，从而在快速形成"赢者通吃"的规模性"竞争壁垒"的基础上具备很强的"先发者优势"。究其根本，这一速度经济效应主要取决于以下几点。① 共享式发展。共享赋予平台企业将固定成本变为可变成本的轻资产运营能力，从而缩减市场拓展时间。例如，传统出租车公司服务能力有限，当其增加市场份额为更多人提供服务时，需要重新购买车辆、招聘人员、建设车库，投资巨大、时间很长。然而，滴滴出行通过共享社会闲置车辆及与其匹配的驾驶资源停放资源，实现了"组装式"业务能力的快速扩张。② 数字化经营。一是数字化经营使企业的"可变成本""复制成本"趋近于零，在强化企业快速扩张能力的同时，使企业具备了无限复制的能力，且在虚拟空间面向全球瞬间完成复制。例如，滴滴出行通过线上申请、审核、付酬的方式，使任何一个车主都可随时随地加入、退出，加快了滴滴出行的业务"组装"速度。而滴滴出行 App 几乎零成本无限下载的特征使其用户迅速从地区拓展到全国，从国内拓展到国外。二是基于互联网的技术性特征，数字化经营能够缓解传统行业"痛点"，提高企业经营效率，即价值创造过程得到加速，企业可以快速地完成生产服务、交易、盈利增长。例如，滴滴出行在先进技术赋能下，实现了"人、车、场"高效精准匹配，行驶路径实时优化，从而在缩短每单服务时间、增加日单位交易额的基础上，使企业的服务规模和经营业绩快速提升。

（三）网络经济效应

平台具有显著的网络效应，而且这种网络效应被看作是平台企业得以快速壮大的根本原因。① 同边网络效应。指消费者的产品/服务效用与消费者规模成正比，例如，以微博、微信、QQ 等为代表的具有分享、交流、社交性质的"横向平台",在用户越多时每个平台的使用者效用越高,平台价值越大。反之,使用者效用越低,平台价值越小。② 跨边网络效应。又称交叉网络效应,指平台的一边市场主体规模或价值受到另一边市场主体规模的显著影响,其中既包括正向影响,又包括负向影响。具体而言,平台上商家的规模经济和范围经济导致单位产品价格下降,进而吸引更多的消费者集聚,而消费者的规模经济和范围经济又促进更多的商家集聚,在进一步导致商家成本降低的基础上再吸引更多的消费者集聚,以此循环,形成规模经济或范围经济的正反馈效应。值得强调的是,平台网络效应并不是"天然"存在的,双边或多边市场的建立往往面临"鸡与蛋"的动态博弈问题,从实践看,企业需要通过非中性定价策略对其进行激化。

(四)协同经济效应

随着持续性的跨产品、跨企业、跨产业延伸,平台已成为一个复杂性商业生态系统,其价值有赖于系统内各价值模块间的协同。并且,平台的协同经济效应具有典型的互补性、自主性和动态性。① 互补性。指各价值模块商围绕用户需求提供可兼容但功能不同的产品或服务,以此优化消费场景,提高消费效用。② 自主性。指各互补性价值模块能够基于用户需求自由交互、组合,以此为消费者提供个性化的产品或服务。③ 动态性。一是平台企业作为"网主"掌握价值模块的进入权,会根据系统发展需要适当调整价值模块的类型和数量;二是平台企业作为一个开放系统,内外资源一体化,内部完全市场化,基于弱耦合关系,同类价值模块间既竞争又合作,优质价值模块不断涌现,劣质价值模块不断淘汰,系统始终处于动态最优。总之,平台可将各类自成一体、独立发展的价值模块基于一定的数量关系、质量关系、结构关系、差序关系彼此协同,以此在更大范围、更高层次和更深程度上实现资源的最优配置。

十、生态经济

当今时代,任何一个看似简单的产品或价值环节都需要众多价值创造主体智慧的集合,单个产业甚至单个企业已无法离开"系统"独立完成价值创造。在"新技术群"的加持下,企业原有竞争规则被共生关系取代,合作压倒竞争,企业通过协同获取生态经济。本质上,生态经济源于平台经济,但在进一步构建多方参与、共创共享、动态演化的商业生态系统，实现企业实体产品收入、资本市场收入加生态系统收入有效组合的基础上，又高于平台经济、超越平台经济。

（一）生态链

生态链是企业跨产业垂直整合下的价值链重构，旨在通过以核心业务为中心的产品或服务"串联"，形成开放式闭环共享生态，以此最大化增加生态化企业的市场体量和用户粘性，显著提高企业竞争优势。以小米产品生态链为例，小米围绕智能家居体验打造出以手机为核心，聚焦手机周边、智能硬件、生活耗材的产品生态链，进而保持小米品牌热度提供销售流水支撑、加大小米想象空间。就生态链的形成看，小米模式具有以下特点。①"圈层"布局。小米通过"投资＋孵化"的"平台＋"模式，实现生态链产品业务的快速扩张。并且，就扩张顺序看，根据与核心产品的功能关联程度由强到弱、自内向外逐层展开。②"双链"互驱。小米生态链中的所有经济主体间是共生关系，其各自的价值链优势能够在整个生态链中得到共享，而共享带来的整个生态链优化又强化了这些价值链优势，以此循环往复，互为价值放大器，推动着整个生态链迭代进化。③ 互联互通。区别以往产品多样化经营，生态链的各类产品间并不是简单地"集合"，而是依托智能技术能够彼此互联互通的复杂性"融合"。以此，一方面旨在迎合新时代背景下人们"一键式"智能化生活需求，吸引海量用户，增强用户黏性；另一方面旨在通过系统性地收集用户家居数据，提前布局物联网经济，抢占未来市场。

（二）生态圈

生态圈是企业以消费场景为中心进行跨产业横向整合的结果，旨在将产品或服务打造成平台的基础上，通过"并联"多类共生资源，实现企业经营模式和企业经营目标的转变，以此在用户资源竞争激烈的时代背景下，深耕消费者潜在需求，极致消费黏性。以"生活X.0"为例，海尔通过"三生体系"（生态系统、生态收入、生态品牌），把产品关注转为场景关注，传统"电器"改造为开放性"平台"，以此打造出包含生产者、消费者、场景互补商等在内的生态系统，变消费者需求满足为"一站式"解决方案供给。例如，在衣联网中，① 共建生态。海尔通过与包括服装面料行业、洗涤用剂行业、家具制造行业、服装定制行业、时尚穿搭行业、衣物护理行业、旧物回收行业等资源在内的 13 个行业 5 300 多家生态合作方跨界合作，打造出一个标准共建、数据互通、用户共享的全球衣物洗护生态，在加速厂、店、家快速融合的基础上，推动海尔洗衣机从提供一台产品到提供全流程定制化服务再到升级精致洗护生活方式的转变。这里，衣联网生态不仅搭建出多个健康洗护场景，为用户提供包含洗、护、存、搭、购、回收在内的衣物全生命周期精准解决方案，而且通过在产品上嵌入人机交互界面，实现基于海尔"人单合一"模式的整个生态系统自主升级。② 共享收入。海尔通过将洗衣机产品做到极致，以其强大的品牌或资源优势，通过跨界融合推动业态创新，一方面持续吸引多方资源进入衣联网生态系统，另一方面保障系统中各方主体均能获得超越行业平均水平的利润率，以此使整个生态系统除具备产品收入外还能获得生态收入。并且，在增值分享机制的驱动下，生态系统中的各方成员将有动力进行新一轮的价值增值，以此正向循环，形成自增强体系，加速生态边界扩张、生态收入增加。③ 共创品牌。海尔的衣联网品牌有赖于生态系统中各主体品牌间的互利共生、共同进化。其中，生态社群是进化基础，生态收入是进化路径，更高层级的生态品牌是进化结果。

（三）生态群

生态群是单个互联网生态系统不断自我演化、外溢、分化的必然结果。以阿里生态为例，在经历萌芽期、成长期、繁殖期、分化期后，阿里生态已经从"单生态"变为"富生态"、从简单结构变为复杂结构，物种越来越丰富、结构越来越合理、自我繁殖与进化的机理越来越完善。① 单生态圈阶段。指阿里成立的淘宝网在发展壮大过程中不断衍生出了一系列的互补性服务功能，最终形成了以交易场景为核心的生态圈系统。② 多生态圈阶段。指随着淘宝网生态圈成员规模的不断扩大，其内部平台出现了自我繁殖现象，最终，单个母生态圈被裂变成多个业务相关的生态圈。例如，2012 年阿里在分拆淘宝网的基础上将其业务调整为淘宝、一淘、天猫、聚划算、阿里国际业务、阿里小企业业务、阿里云 7 大事业群，2013 年进一步将其扩展为 25 个事业群。③"生态链+生态圈"阶段。指随着阿里生态发展壮大到一定规模，互补服务商与阿里各业务平台逐渐分化，而分化后的生态主体作为单独开放性平台，成立新的生态圈，以此"圈分化成链，链聚合成圈"，循环往复，推动阿里生态"履带式"滚动发展。此时，全新的生态模式使阿里生态中的物种类型和数量极大增多，主体间的利益关系越来越复杂，初期制定的生态规则已"失灵"，阿里需要重新进行战略定位，从"电子商务服务商"转型为"电子商务基础设施运营商"，在不直接参与电子商务交易的基础上又成为独立的数字运营商。④ 数字经济体阶段。指随着阿里作为独立数字运营商积累了海量数据，能够基于数据优势在各行各业中通过不断地注资、收购，扩大阿里生态版图。最终，阿里在构建了以全渠道零售服务为主营核心业务，以支付和金融服务、信息技术服务、数字营销服务为支撑的四大数字经济生态链体系的基础上，已将经营范围拓展到电商物流、云计算、金融保险、文化影视等 13 个行业，形成了包括阿里零售、阿里金融、阿里物流、阿里娱乐、阿里环保、阿里健康等 30 多个独立业务板块在内的全业态式"阿里帝国"。此时，阿里从一个网络蜕变为一个以大数据为驱动的数字经济体，基于数据优势，可以"阿里一切"。

十大经济新形态的出现乃至加速发展，均是以互联网为代表的新一轮技术革命的产物。这里，每一变革背后，"技术—（规则）—经济"范式或明或暗隐于其中。具体来说，数字经济、智能经济更多遵循直接作用路径，它们是以互联网为代表的"新技术群"通过直接打造全新的数字化和智能化体系而形成的经济新形态。尾部经济、体验经济、共享经济、零工经济、全时经济、空间经济、平台经济、生态经济更多遵循间接作用路径，其中体验经济、零工经济、平台经济、生态经济主要强调"新技术群"对既有经济规则的强化作用，即通过赋予既有经济规则更低成本、更高效率的实现方式，实现既有经济规则的大规模应用。例如，早在工业经济时代就已经出现了消费者参与生产过程、临时工或合同工、平台市场或平台企业、企业联盟或企业群落等实践现象，但它们整体上呈现出成本高、规模小、程度低的特征，因此，相应的经济规则未能得到普及。而在以互联网为代表的"新技术群"赋能下，上述问题得到有效解决，相应的经济规则被广泛地嵌入各类经济组织中，以此在优化既有经济活动的基础上逐渐成为新时代的主流。尾部经济、共享经济、全时经济、空间经济主要强调"新技术群"对既有经济规则的颠覆作用，旨在推动经济活动向更高效和更极致的方向演进。例如，在"新技术群"的作用下，"二八定律"被"长尾理论"取代，企业实现全产品、全客户、全市场类型的经营覆盖；所有权规则被使用权规则取代，企业实现更大范围、更高层次、更深程度的资源优化配置；时间空间的有限性规则被改变，企业获得了全时间、全空间的经营能力。

需要指出的是，十大经济新形态虽然在理论上可基于不同的侧重点分别进行阐述，但在实践中相互之间往往交叉融合，"你中有我，我中有你"，呈现"复合态""叠加态"。以滴滴出行为例，从乘客选择、下单直至支付完成的整个服务过程，企业的出行业务涵盖了十大经济新形态的所有内容。并且，它们互相融合、彼此加持。大体看，数字经济、智能经济主要提供技术基础，全时经济、空间经济主要提供条件基础，体验经济、尾部经济、共享经济，零工经济主要提供执行基础，平台经济、生态经济主要提供形式基础。究其根本，这种"复合态""叠加态"属性出现的主要原因是十大经济新形态形成的技术基础相同，即均基于以互联网为代表的"新技术群"。而"新技术群"作为新时代背景下的一组基础性关键技术，往往具有普适性，随着人们对"新技术群"开发的深入，这种普适性会越来越强。例如，区块链最早作为投资领域的先进技术，现在逐渐被应用到租房、供应链管理、社会信用体系建设等若干领域，加速成为整个经济体系运行的基础设施。因此，基于公共物品属性，"新技术群"在与实体经济融合的过程中往往被交叉、组合式地使用，即技术（规则）革命能够在多个经济形态中反复出现。最终，单个经济新形态由多种新技术新规则组合形成，多个经济新形态间具有共同的新技术新规则，经济新形态呈现出"复合态""叠加态"特征。

此外，基于"技术—（规则）—经济"演进范式，本节认为，经济新形态与经济旧形态是相对的。具体来说，新形态脱胎于旧形态，是"新技术群"作用于"旧经济（规则）"对其进行系统性改造、提升的必然结果，并且，今日的新形态必将成为未来的旧形态。随着技术的不断更新迭代，经济新形态必将持续涌现，直至又被新一轮技术革命下的经济新形态完全取代。这意味着，新型经济形态并不是对既有经济形态的否定，而是在此基础上的创新与发展，包含、优化、超越了既有经济形态，反映了经济形态的与时俱进性。

第三章　财务经济基础及经济管理的宏观把握与微观透视

第一节　财务经济基础理论与基本知识

一、财务管理的内涵与目标

"财务"一词是指政府、企业和个人对货币这一资源的获取和管理。国家财政、企业财务和个人理财均属"财务"的范畴。本书讲述的财务管理是研究企业货币资源的获得和管理，具体地说就是研究企业对资金的筹集、计划、使用和分配，以及与以上财务活动有关的企业财务关系。

第一，企业的经营活动脱离不了资产，如非流动资产（建筑物、设备和各种设施）、流动资产（存货、现金和应收账款），而购置这些资产需要资金。企业既可从自身经营所得中提取资金用于再投资，也可以在金融市场上以一定的价格发行股票、债券或向金融机构借贷获取资金。企业的财务管理人员在筹集资金的过程中要研究和设计最优的筹资方案，使企业筹资的成本最小，所筹集的资本能发挥最大的效益，从而使企业的价值达到最大。

第二，企业资本和资产的有效运用与所投资的项目，包括实物资产、技术和人力资源的投入和产出是否经济、合理，投资收益是否高于成本，风险如何补偿等问题有关。企业的投资决策正确与否，直接影响其未来的净现金流量，也影响其资产的增值。投资决策也是财务管理中研究的重要问题。

第三，企业的一切财务活动与其外部环境息息相关。国家的经济发展周期、政府财政政策的宽松和紧缩对企业的财务管理策略有很大的影响。与企业筹资直接有关的金融市场及利率是企业财务人员必须熟悉和重点研究的领域。财务管理在企业和资本市场之间、企业和国家宏观财税政策之间的桥梁和资金转换的作用是显而易见的。

财务管理就是寻求在一定的外部环境下，使企业资金运用尽可能有效的方法，这就需要在企业的需求与收益、成本及风险之间做衡量，做出最终能使股东财富达到最大化的决策。

总之，企业财务是指企业在生产经营过程中客观存在的资金运动及其所体现的经济利益关系。前者称为财务活动，后者称为财务关系。财务管理是企业组织财务活动、处理财务关系的二项综合性的管理工作。

二、财务管理的基本环节

财务管理环节是根据财务管理工作的程序及各部分之间的内在关系划分的，分为财务预测、财务决策、财务预算、财务控制、财务分析和业绩评价。

1. 财务预测

财务预测是根据财务活动的历史资料，考虑现实的要求和条件，对企业未来的财务活动和财务成果做出科学的预计和测算。它既是两个管理循环的联结点，又是财务计划环节的必要前提。

2. 财务决策

财务决策是对财务方案、财务政策进行选择和决定的过程，又称为短期财务决策。财务决策的目的在于确定最为令人满意的财务方案。只有确定了效果好且切实可行的方案，财务活动才能取得好的效益，完成企业价值最大化的财务管理目标。财务决策是整个财务管理的核心。

3. 财务预算

财务预算是运用科学的技术手段和数学方法，对目标进行综合平衡，制订主要计划指标，拟定增产节约措施，协调各项计划指标。它是落实企业奋斗目标和保证措施实现的必要环节。

4. 财务控制

财务控制是在生产经营活动的过程中，以计划任务和各项定额为依据，对资金的收入、支出、占用、耗费进行日常计算和审核，以实现计划指标、提高经济效益，它是落实计划任务、保证计划实现的有效手段。

5. 财务分析

财务分析是以核算资料为主要依据，对企业财务活动的过程和结果进行调查研究，评价计划完成情况，分析影响计划执行的因素，挖掘企业潜力，提出改进措施。

6. 业绩评价

业绩评价是指运用数理统计和运筹学的方法，通过建立综合评价指标体系，对照相应的评价标准，定量分析与定性分析相结合，对企业一定经营期间的获利能力、资产质量、债务风险和经营增长等经营业绩和努力程度的各方面进行综合评判。以上这些管理环节互相配合、紧密联系，形成周而复始的财务管理循环过程，构成完整的财务管理工作体系。

三、财务管理的延伸

随着经济的发展，企业财务活动的范围和类型不断扩大，企业财务管理的内容也随之不断丰富和延伸。例如创业的价值评估、频繁发生的并购、重组、破产事件，公司治理及高管行为对公司财务的影响等问题，迫切需要财务管理人员开阔视野、创新方法，完善和扩充现有的财务管理理论体系。

（一）企业价值评估

企业价值评估是将一个企业作为一个有机整体，依据其拥有或占有的全部资产状况和整体获利能力，充分考虑影响企业获利能力的各种因素，结合企业所处的宏观经济环境及行业背景，对企业整体公允市场价值进行的综合性评估。价值评估可以用于帮助投资者进行投资分析，帮助企业管理者进行财务决策、战略分析等。

（二）企业并购

企业并购包括兼并和收购两层含义、两种方式。国际上习惯将兼并和收购合在一起使用，统称为企业并购，在我国称作并购，即企业之间的兼并与收购行为，是企业法人在平等自愿、等价有偿的基础上，以一定的经济方式取得其他法人产权的行为，是企业进行资本运作和经营的一种主要形式。企业并购主要包括公司合并、资产收购、股权收购三种形式。

（三）公司治理

公司治理是指诸多利益相关者的关系，主要包括股东、董事会、经理层的关系，这些利益关系决定企业的发展方向和业绩。公司治理讨论的基本问题，就是如何使企业的管理者在利用资本供给者提供的资产发挥资产用途的同时，承担起对资本供给者的责任。利用公司治理的结构和机制，明确不同公司利益相关者的权力、责任和影响，建立委托代理人之间激励兼容的制度安排，是提高企业战略决策能力、为投资者创造价值管理的大前提。公司治理如同企业战略一样，是中国企业经营管理者普遍忽略的两个重要方面。

（四）行为财务

行为财务的核心是财务主体的价值观念，这必然对财务信息的处理流程管理产生影响，包括对人们的动机形成、生产水平、决策行为、利益分配的影响。需要指出的是，行为财务不同于财务行为。财务行为是指"财务主体在其内部动因驱动和外在环境刺激下，按照财务目标的要求，遵循一定的行为规则，利用特有的理论和方法，对经济活动中的经济信息进行生产、加工并适时传递的一种实践活动"。行为财务涉及的范围比财务行为更为宽广，行为财务还要说明通过何种途径使得财务行为或经济信息对客体产生的种种影响。在行为科学的影响下，行为财务不仅要对过去的财务行为进行适时控制，还要对未来的财务行为进行预测和决策，从而实现全过程控制。

四、财务管理目标

财务管理目标既是财务管理理论结构中的基本要素和行为导向，也是财务管理实践中进行财务决策的出发点和归宿。科学设置财务管理目标，对实现财务管理良性循环和实现企业长远发展具有重大意义。本部分对国内外学者在财务管理目标研究方面的成果进行了总结和归纳，通过分析财务管理目标的特征及影响企业财务管理目标实现的因素基础上，提出了我国现代企业管理最优化目标的选择。

（一）财务管理目标的概念

财务管理是在一定的整体目标下，关于资产的购置（投资），资本的融通

（筹资）和经营中现金流量（营运资金），以及利润分配的管理。财务管理是企业管理的一个组成部分，它是根据财经法规制度，按照财务管理的原则，组织企业财务活动，处理财务关系，以让企业实现价值的最大化为目的的一项综合性经济管理工作。

（二）财务管理目标的特征

1. 可计量性和可控制性

财务管理是运用经济价值形式对企业的生产经营活动进行管理，所研究的对象是生产和再生产中运动着的价值。所以，财务管理目标也应该可以用各种计量单位计量，以便于控制和考核指标的完成情况。

2. 层次性和统一性

层次性又称可分解性，要求财务管理目标具有层次性是为了把财务管理目标按其主要影响因素分散为不同的具体目标。这样，企业就可以结合内部经济责任制度，按照分级分类管理的原则，把实现财务管理目标的责任落实到财务管理活动的不同环节、企业内部的不同部门、不同管理层次或不同责任中心。所谓统一性是指企业的财务管理目标应能够制约企业的发展、与目标有关的重要矛盾高度统一，将企业的财务管理目标框定在企业管理目标的范围内，协调各利益主体之间的关系，通过充分协商达成一致，利用约束机制和激励机制，发挥各利益主体的向心力和凝聚力，展现企业的活力。

（三）影响企业财务管理目标实现的因素

1. 外部因素

国民经济的发展规划和体制改革。企业如能够正确地预见政府经济政策的导向，对理财决策会大有好处，企业如果认真加以研究国家对经济的优惠、鼓励和有利倾斜，按照政策行事，就能趋利除弊。

政府监管措施。政府作为社会管理者，其主要职责是为了建立一个规范的、公平的企业理财环境，防止企业财务活动中违规违法行为的发生，以维护社会公众的利益。

2. 内部因素

企业战略目标要求。现代企业财务管理的确定应建立在企业目标的基础上，体现企业的要求。现代企业的目标可概括为生存、发展和获利，三者互为条件、相互依存。企业经营者个人利益需要站在个人的立场，目标则是提高自己的报酬、荣誉、社会地位，增加闲暇时间，减小劳动强度。

（四）现代企业财务管理目标的最佳选择

企业财务管理目标（又称企业理财目标），是财务管理的一个基本理论问题，也是评价企业理财活动是否合理的有效标准。目前，我国企业理财的目标有多种，当前较有代表性的企业财务管理目标是企业利润最大化、股东权益最大化和企业价值最大化，但是它们各自存在明显的缺点，随着我国经济体制改革的不断深入和推进，企业的财务管理发生了重大变化。因此，根据当前我国企业财务管理的实际情况，有必要对企业财务管理目标的最佳选择再做探讨。

1. 对三种常见财务管理目标的缺点评述

（1）企业利润最大化目标的缺点

主张把企业利润最大化作为企业财务管理目标的人数不少。但是，它存在以下明显的缺点。

① 未明确企业赚取利润的最终目的是什么，这与目标应具有的体现社会主义基本经济规律性、统一性和明晰性三个特征不太相符。

② 未考虑实现利润的时间和资金时间价值，容易引发经营者不顾企业长远发展而产生短期行为。

③ 未考虑利润产生的风险因素，容易引发经营者不顾风险去追求最大的利润，使企业陷入经营困境或财务困境。

④ 未考虑利润本身的"含金量"，容易误导经营者只顾追求会计利润而忽视现金流量，使企业因现金流量不足而陷入财务困境。

（2）股东权益最大化目标的缺点

其一，股东权益最大化需要通过股票市价最大化来实现，而事实上，影响股价变动的因素不仅包括企业经营业绩，还包括投资者心理预期及经济政策、政治形势等理财环境，因而带有很大的波动性，易使股东权益最大化失去公正的标准和统一衡量的客观尺度；其二，经理阶层和股东之间在财务目标上往往存在分歧；其三，股东权益最大化对规范企业行为、统一员工认识缺乏应有的号召力。人力资本所有者参与企业收益的分配，不仅实现了人力资本所有者的权益，而且实现了企业财富分配原则从货币拥有者向财富创造者的转化，这已成为世界经济发展的一种趋势。

（3）企业价值最大化目标的缺点

企业价值最大化目标在实际工作中可能导致企业所有者与其他利益主体之间的矛盾。企业是所有者的企业，其财富最终都归其所有者所有，所以企业价值最大化目标直接反映了企业所有者的利益，是企业所有者所希望实现的利益目标。这可能与其他利益主体如债权人、经理人员、内部职工、社会公众等所希望的利益目标发生矛盾。现代企业理论认为企业是多边契约关系的总和，股东、债权人、经理阶层、一般员工等对企业的发展而言缺一不可，各方面都有自身的利益，共同参与构成企业的利益制衡机制。从这方面讲，只强调一方利益忽视或损害另一方利益是不利于企业长远发展的，而且我国是一个社会主义国家，更加强调职工的实际利益和各项应有的权利，强调社会财富的积累，强调协调各方面的利益，努力实现共同发展和共同富裕。因此，企业价值最大化不符合我国国情。

2. 选择企业财务管理目标的基本原则

（1）利益兼顾原则

企业的利益主体主要有投资人、债权人、经营者、职工、政府和社会公众等。确定企业财务管理的最佳目标，应该全面有效地兼顾这些利益主体的利益，并努力使每一个利益主体的利益都能持续不断地达到最大化。

（2）可持续发展原则

企业财务管理的最佳目标应有利于企业的可持续发展。具体地说，企业财务管理的最佳目标应该能够克服经营上的短期行为，使各个利益主体的利益都能够做到长短结合、有效兼顾，最大限度地保证企业的长期、稳定、快速发展。

（3）计量可控原则

企业财务管理的最佳目标应能被可靠地计量和有效地控制。只有这样，企业财务管理的最佳目标才变得具体化，才具有可操作性，才能进行考核和评价。否则，企业财务管理的最佳目标就会变得虚化而失去意义。

3. 企业财务管理目标的最佳选择是相关者利益持续最大化

一个企业，从产权关系来说是属于投资人的，但从利益关系来说却是属于各个利益主体的。因此，确定企业财务管理的最佳目标，不能只考虑某一个利益主体的单方面利益，不能只考虑某一时期的利益，要以科学发展观为指导，以人为本，考虑到所有利益主体的共同利益能全面、持续、协调地发展。所以，企业现阶段的财务管理目标的最佳选择是使相关者利益持续最大化。

（1）内涵

相关者利益持续最大化是指企业以科学发展观为指导，采用最佳的财务政策，充分考虑资金的时间价值、风险与报酬的关系、价值与价格的关系、经济利益与社会责任的关系，在保证企业长期稳定发展的基础上，使企业的投资人、债权人、经营者、职工、政府、社会公众乃至供应商和客户的利益都能全面、持续、协调地发展，各自的利益不断达到最大化。

（2）优点

相关者利益持续最大化并不是指忽略投资人的利益，而是兼顾包括投资人在内的各方相关者的利益，在使投资人利益持续最大化的同时，也使其他相关者利益持续达到最大化。也就是将企业财富这块"蛋糕"做到最大的同时，保证每一个相关者所分到的"蛋糕"最多。

它的显著优点如下。

① 更强调风险与报酬的均衡，将风险控制在企业可以承担的范围之内。

② 能创造与投资人之间的利益协调关系，努力培养安定性投资人。

③ 它关心本企业经营者和职工的切身利益，创造优美和谐的工作环境。

④ 不断加强与债权人的联系，凡重大财务决策请债权人参加讨论，培养可靠的资金供应者。

⑤ 真正关心客户的利益，在新产品的研究和开发上有较高的投入，不断通过推出新产品来尽可能满足顾客的要求，以便保持销售收入的长期稳定增长。

⑥ 讲究信誉，注重企业形象塑造与宣传。

⑦ 关心政府有关政策的变化，努力争取参与政府制定政策的有关活动等。

（3）优势

其优势明显反映在它特别有利于企业处理好以下三类利益关系。

① 有利于企业协调投资人与经营者之间的矛盾。由于信息不对称，投资人无法对经营者的经营进行全面的监督，即使技术上可行也会因监督成本过大而难以承受。例如，在目前国家这一投资人（大股东）非人格化的条件下，设立监督机构和监督者对国有企业经营者进行监督，可事实证明，这些监督

机构和监督者本身又需要再监督，但是谁又能说再监督部门不需要监督呢？所以在目前我国这种政治体制与所有制形式下，单凭监督很难解决投资人与经营者之间的矛盾，只有采用相关者利益持续最大化作为企业的财务管理目标，在利益分配上采用"分享制"，使经营者与投资人之间利益一致，充分发挥经营者的积极性，才能使企业资产高效运行。

②　有利于企业协调投资人与职工之间的关系。从根本上说，由于我国实行社会主义市场经济体制，作为国有企业投资人的国家与职工之间的最终利益是一致的，但不可否认，从局部和短期来看，二者在一定程度上是存在矛盾的。过分强调投资人的利益会降低职工的积极性，从而影响企业的生产力，最终影响投资人的利益；过分强调职工的利益，又会造成企业的长期竞争力受损，造成职工大量下岗的后果。只有同时兼顾二者，才有利于企业的长期、稳定发展。

③　有利于企业协调投资人与债权人之间的关系。如果以相关者利益持续最大化作为企业的财务目标，让债权人参与企业经营管理，一方面可以降低债权人风险，另一方面又可以降低企业的资金成本，提高企业的资产负债比率，使企业充分利用财务杠杆来提高企业的效益；而且，当企业面临财务困难时，债权人不仅不会向企业逼债，反而会追加投资，帮助企业渡过难关，在保护自己利益的同时，也保护了投资人的利益，实现了"双赢"。

第二节　企业经营计划的经济宏观调控

一、企业经营计划的宏观环境分析

企业宏观环境，指影响企业活动的一系列巨大的社会力量和因素，主要包括经济、政治法律、科学技术、社会文化、自然生态和竞争环境六大因素。

（一）宏观环境分析方法——PEST 分析模型

PEST 分析是指宏观环境的分析，宏观环境又称一般环境，是指影响一切行业和企业的各种宏观力量。对宏观环境因素做分析，不同行业和企业根据自身特点和经营需要，分析的具体内容会有差异，但一般都应对政治、经济、社会和技术这四大类影响企业的主要外部环境因素进行分析。简单而言，称之为 PEST 分析法（见图 3.1）。

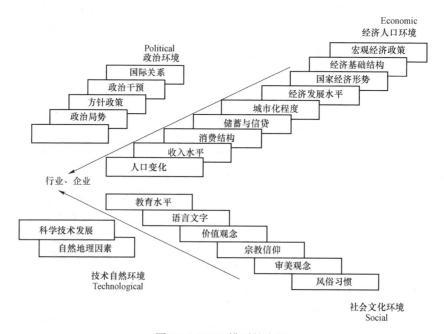

图 3.1　PEST 模型的内涵

P（政治法律）：政治制度体制方针、政府的稳定性、特殊经济政策、环保立法反不正当竞争法、对外国企业态度、法律法规。

E（经济）：GNP 变化、财政货币政策、利率汇率通货膨胀率、失业率、可任意支配收入、市场需求价格政策。

S（社会文化）：民族特征、文化传统、宗教信仰、教育水平、生产方式、就业预期、人口增长率、保护消费者运动、社会结构、风俗习惯。

T（技术）：国家研究支出、行业研究开发支出、专利保护状况、新产品新技术品化、互联网的发展。

（二）经济环境

1. 经济发展状况

美国 W. W. Rostow 的经济发展阶段理论将经济分为五个发展阶段：（1）传统社会型；（2）准起飞型；（3）起飞型：我国现阶段；（4）成熟型；（5）大众高消费型。

2. 社会购买力

社会购买力，指一定时期内社会各方面用于购买产品或服务的货币支付能力。

市场规模的大小归根到底取决于社会购买力的大小，社会购买力的大小又取决于国民经济发展水平及国民平均收入水平。

3. 消费者的收入和支出状况

（1）收入：人均 CNP、个人收入、个人可支配收入、可任意支配收入。

（2）支出：恩格尔系数＝一定时期内用于食品的开支/一定时期内的消费总支出。

（3）消费者的信贷与储蓄。

（三）自然环境

自然环境是指企业所需要或受企业经营活动所影响的自然资源。自然环境包括地质地形状况、资源状况（自然资源短缺）、生态环境（生态环境日益恶化）、环境保护（对自然资源和环境的保护加强）等。

（四）政治环境

政治环境包括一个国家的社会制度，政府的方针、政策、法令等。不同的国家有着不同的社会性质，不同的社会制度对组织活动有着不同的限制和要求。即使社会制度不变的同一国家，在不同时期，其政府的方针特点、政策倾向、经济导向对组织活动的态度和影响也是不断变化的。

（五）科学技术环境

科学技术环境指影响企业开发和应用新技术、研制新产品和利用营销机会的各种力量。

1. 科技进步给企业带来的影响

（1）产品生命周期缩短。

（2）产品科技含量提高。

（3）竞争愈加激烈。

（4）新技术革命对人们的消费习惯产生冲击。

2. 企业应注意的技术趋势

（1）加速的技术变革。

（2）生产过程及产品革新。

（3）研究与开发预算。

（4）技术革新的法规不断增多。

（5）知识商品化及产权保护。

（六）社会文化环境

社会文化环境包括一个国家或地区的居民教育程度和文化水平、宗教信仰、风俗习惯、审美观点、价值观念等。文化水平会影响居民的需求层次；宗教信仰和风俗习惯会禁止或抵制某些活动的进行；价值观念会影响居民对组织目标、组织活动及组织存在本身的认可与否；审美观点则会影响人们对组织活动内容、活动方式及活动成果的态度。

关键的社会文化因素如下。

妇女生育率、特殊利益集团数量、结婚数、离婚数、人口出生、死亡率、人口移进移出率、社会保障计划、人口预期寿命、人均收入、生活方式、平均可支配收入、对政府的信任度、对政府的态度、对工作的态度、购买习惯、对道德的关切、储蓄倾向、性别角色、投资倾向、种族平等状况、节育措施状况、平均教育状况、对退休的态度、对质量的态度、对闲暇的态度、对服务的态度、对老外的态度、污染控制、对能源的节约、社会活动项目、社会责任、对职业的态度、对权威的态度、城市、城镇和农村的人口变化、宗教信仰状况。

二、企业经营计划的经济宏观调控：企业战略管理

（一）企业战略管理的概念和特点

1. 战略管理的概念

企业战略管理一词最初是由安索夫在其 1976 年出版的《从战略规划到战略管理》一书中提出的。他认为，企业的战略管理是指将企业的日常业务决策同长期计划决策相结合而形成一系列经营管理业务。而斯坦纳在其 1982 年出版的《企业政策与战略》一书中则认为，企业战略管理是确定企业使命，

根据企业外部环境和内部经营要素确定企业目标，保证目标正确落实，并使企业使命最终得以实现的一个动态过程。

战略管理的关键词不是"战略"而是"动态的管理"。它是一种崭新的管理思想和管理方式。这种管理方式的特点是：指导企业全部活动的核心是企业战略，全部管理活动的重点是制定战略和实施战略。而制定战略和实施战略的关键在于对企业外部环境的变化进行分析，对企业内部条件和素质进行审核，并以此为前提确定企业的战略目标。战略的管理任务，在于通过战略制定、战略实施和日常管理，在保持这种动态平衡的条件下，实现企业的战略目标。

由此，可以将战略管理定义为企业确定其使命，根据组织外部环境和内部条件设定企业的战略目标，为保证目标的正确落实和实现进行谋划，并依靠企业内部能力将这种谋划和决策付诸实施，以及在实施过程中进行控制的一个动态管理过程。

这里有两点需要加以说明，第一，战略管理不仅涉及战略的制定和规划，而且也包含着对制定战略付诸实施的管理，因此是一个全过程的和全面的管理；第二，战略管理不是静态的、一次性的管理，而是一个循环的、往复性的动态管理过程，是根据外部环境的变化、企业内部条件的改变及战略执行结果的反馈信息，重复进行的管理过程，是不间断的管理。

2. 战略管理的特点

以往的企业管理将企业的活动分成多种职能，如生产、财务、市场营销等，对不同的职能实行不同的管理，因而出现了企业的"职能管理"一词。由对企业进行"职能管理"走向对企业进行"战略管理"是现代企业管理的一次飞跃。战略管理是对企业最重要、最全面及高层次的管理。与传统职能相比，战略管理具有如下特点。

（1）战略管理具有全局性

企业的战略管理是以企业的全局或总体为对象，根据企业总体发展的需要而制定的。它所管理的是企业的总体活动，所追求的是企业的总体成效。要想进行战略管理或影响战略的制定，管理者需要培养全局观念，不仅能够见到"树木"，更重要的是能够洞察到"森林"。虽然这种管理也包括企业的局部活动，但是这些局部活动是作为总体活动的有机组成部分在战略管理中出现的。具体地说，战略管理不是强调企业某一事业部门或某一职能部门的重要性，而是通过制定企业的使命、目标和战略来协调企业各部门的活动。在评价和控制过程中，战略管理重视的不是各个事业部门或职能部门自身的表现，而是它们对实现企业使命、目标、战略的贡献的大小。因此，战略管理具有综合性和系统性的特点。

（2）战略管理的主体是企业的高层管理人员

由于战略决策涉及企业活动的各个方面，虽然它也需要企业中、下层管理者和全体员工的参与和支持，但是企业的最高层管理人员亲自领导和参与战略决策是必须而且非常重要的。这不仅是由于他们能够统观全局，了解企业的全面情况，而且更重要的是由于他们有对战略实施所需的资源进行分配的权力。

（3）战略管理涉及企业大量资源的配置问题

企业的资源，包括人力资源、实体财产和资金，或者在企业内部进行调整，或者从企业外部筹集。在任何一种情况下，战略决策都需要在相当长的一段时间内致力于一系列的活动，而实施这些活动需要有充足的资源作为保证。这就需要为保证战略目标的实现，对企业的资源进行统筹规划、合理配置。

（4）战略管理从时间上来说具有长远性

战略管理中的战略决策是指在企业未来较长时期（五年以上）内，就企业的生存和发展等问题进行统筹规划。虽然这种决策以企业外部环境和内部条件的当前情况为出发点，并且对企业当前的生产经营活动具有指导、限制作用，但是这一切是为了更长远的发展，是长期发展的起步。从这一点上来说，战略管理也是面向未来的管理，战略决策要以经理人员所期望或预测将要发生的情况为基础。在迅速变化和激烈竞争的环境中，企业要取得成功就必须对未来的变化采取预应性的态势，这就需要企业做出长期性的统筹。

（5）战略管理实质上是使企业的资源和经营活动与其外部环境匹配协调，即寻求战略匹配性

战略匹配性是指识别出企业外部环境中存在的机会，对其配以相应的资源或能力以充分利用这些机会，并在此基础上制定出适宜的战略。在确定战略匹配时，企业正确地"定位"自己是很重要的。例如，公司能够在多大程度上满足目标市场的需要，小企业可能会竭尽全力在市场中寻找一个特定的有利可图的市场，而跨国公司则可能会倾向于把大部分资金投向已成功进行市场定位的业务，或投向一个已经被证明具有吸引力的市场。

（6）战略管理也是以企业的资源能力为基础的，并对二者进行战略延伸，创造企业发展的机会或更充分地利用机会

所谓战略延伸，是指企业充分利用本身的资源和能力，主动去创造竞争优势，或创造出新的发展机会。例如，小企业有可能试图通过改变市场"游戏规则"来充分发挥自己的资源和能力优势。大型跨国公司则侧重于为那些有发展潜力的业务制定发展战略。进行战略延伸强调的不仅是在市场存在机会时拥有相应的资源以便从这些市场机会中受益，还包括识别能够在其基础上创造新的市场机会的现有资源和能力。例如，美国在线时代华纳公司的合并不只是增加了公司在音乐分销渠道这个现有业务领域的竞争力，更重要的是为客户提供包括电视、电影电话及网络服务在内的全方位服务，具备了开发新业务进行竞争的能力，并借助这一客户群从广告商或者其他互补商品或服务的供应商那里赚取大量利润。

（7）战略管理需要考虑企业外部环境中的诸多因素

现今的企业都存在于一个开放的系统中，它们影响着这些因素，但更通常的是被这些不能由企业自身控制的因素所影响。因此在未来竞争性的环境中，企业要想占据有利地位并取得竞争优势，就必须考虑与其相关的因素，包括竞争者、顾客、资金供给者政府等外部因素，以使企业的行为适应不断变化的外部力量，从而持续生存下去。

（二）企业战略管理的重要性

企业战略连接着企业的现在与未来，决定着企业的兴衰与成败，具有特别重要的意义。

1. 战略管理可以为企业提出明确的发展方向和目标

企业管理者可以运用战略管理的理论和方法，确定企业经营的战略目标和发展方向，制订实施战略目标的战术计划，促使企业在全面了解预期的结果之后，采取准确的战术行动以确保在取得短期业绩的同时，实现企业原定的战略目标和发展方向。

2. 战略管理可以为企业迎接一切机遇和挑战创造良好的条件

现代企业面临的外部环境是变化无穷的，这种变化既给企业带来了压力，又给企业带来了机遇和挑战。战略管理理论和方法有助于企业高层管理者集中精力迎接这种机遇和挑战，分析和预测目前和将来的外部环境，采取积极

行动，优化企业在环境中的处境，使企业有能力迅速抓住主机遇，减少与环境挑战有关的风险，更好地把握企业未来的命运。

3. 战略管理可以将企业的决策过程和外部环境联系起来，使决策更加科学化和规律化

现代企业面临的外部环境更加动荡不安。由于环境条件的复杂化，任何企业都将采取一定的措施来适应。非战略管理的企业，只能采取被动的防御决策，仅在环境发生变动之后才采取选择，显得十分被动，成效有限。而战略管理的企业则可采取进攻防御决策，通过预测未来的环境，避免可能发生的问题，使企业更好地适应外部环境的变化，更好地掌握自己的命运。

（三）企业竞争战略

如果把企业竞争优势比喻成树，核心能力就是根。由能力之根生长出核心产品，再由核心产品到各经营单位和生产出各种最终产品。多种经营的企业就好比是一棵大树，树干和树枝是核心产品，较小的树枝是经营单位，而树叶、花、果实则是最终产品。树的根系则提供了大树所需的营养，大树的稳定性就是核心能力。各个企业在收益上的差异主要不是因为行业不同，而是因为其所拥有的资源和能力上的差异。一个企业之所以获得超额利润主要是因为它拥有同行业企业没有的核心竞争能力。

一种能力要想成为企业的核心竞争能力，必须是从客户的角度出发，是有价值并不可被取代的能力。核心竞争力要具有市场价值，能为消费者带来价值创造或价值附加。稀有能力是指那些极少数现有或潜在竞对手能拥有的能力；难于模仿的能力是其他企业不能轻易建立的能力；不可替代的能力是指那些不具有战略对等资源的能力。

企业所创造的价值如果超过其成本，便有盈利；如果超过竞争对手的成本，便拥有竞争优势。价值链上的每一项价值活动都会对企业最终能够实现多大的价值造成影响。进行价值链研究，就是要在深入行业价值链的基础上，对其影响的方面和影响程度进行深入考察，充分权衡其中的利弊，以求得最佳的投资方案（最佳价值链结构）。企业的任何一种价值活动都是经营差异性的一个潜在来源。企业通过进行与其他企业不同的价值活动或是构造与其他企业不同的价值链来取得差异优势。真正重要的是，企业的经营差异战略必须为客户所认同。另外经营差异必须同时控制实现差异经营的成本，以便将差异性转化为显著的营利能力。企业价值活动的独特性要求能够控制各种独特性驱动因素控制价值链上有战略意义的关键环节。价值链分析应用于企业战略管理时，可以为企业发现并指出：用什么进攻？有什么地方防守？进攻对手如何？何处防止对手进攻？如何自我改进？如何调整资源分布？例如，美国西南航空公司曾长期穿梭于大机场，与众多大公司正面交锋，营利状况不佳。后来另辟蹊径，在中小城市间提供短程廉价服务：停机到再起飞只要15分钟，以增加航班密度，相当于延长航程；机上不设头等舱、不指定座位、不供餐，以降低票价；乘客可到登机口自动售票机购票，以节省佣金；全部投入新的波音飞机，以降低维修成本。这样再造了价值链，获得明显的成本优势。通常，企业核心竞争力可以从市场、技术和管理三个层面来评估。

（1）市场层面。主要包括核心业务和核心产品两个方面。衡量核心业务的指标有企业是否有明确的主营业务；主营业务是否能为企业带来主要收益；主营业务是否具有稳定的市场前景；企业在主营业务中是否有稳固的市场地位。衡量核心产品的指标有企业是否有明确的主要产品；主要产品是否有很高的市场占有率；主要产品是否有很强的差异性和品牌忠诚度；主要产品是否有很好的市场前景；主要产品延伸至其他市场领域的能力如何。

（2）技术层面。主要指核心技术或创造核心技术的能力。其指标主要有企业是否有明确的优势技术和专长；优势技术和专长具有多大的独特性、难以模仿性和先进性；企业能否不断吸取新技术和信息，以巩固和发展优势技术和专长；优势技术和专长能否为企业带来明显的竞争优势；优势技术和专长是否得到了充分的发挥；企业能否基于核心技术不断推出新产品。

（3）管理层面。主要指企业发展核心竞争力的能力，即企业的成长能力。其指标主要有高层领导是否关注核心竞争力的培育和发展；企业的技术开发能力如何；企业是否有充足的各类技术管理人才；企业对技术人才队伍的激励机制是否完善和有效；企业是否有追踪和处理新技术及相关信息的系统网络；企业是否有围绕强化核心竞争力的各层次培训体系；高层领导是否关注市场及其变化趋势；高层领导是否有不断学习与进取的精神；企业是否有明确的愿景；企业是否有效的运行控制系统。

（四）企业竞争战略的选择

制定战略的本质是应对竞争。波特在《竞争战略》和《竞争优势》中提出了企业的一般竞争战略或基本竞争战略理论。波特认为，战略是要创造一个唯一的、有价值的市场定位，企业在产业中创造高于平均经营业绩水平的三个基本战略是：成本优先战略、差异化战略和专一战略。

成本领先战略要求企业积极建立达到有效规模的生产设施，在经验的基础上全力以赴降低成本，抓紧成本与管理费用的控制，以及最大限度减少研究开发、服务、推销、广告等方面的成本费用。在这种战略指导下，企业为达到成本领先，要在管理方面加强成本控制，使成本低于竞争对手，获得同行业平均水平以上的利润。当市场中有大量对价格敏感的顾客、实现产品差异化的途径很少购买者不重视品牌差别或存在大量讨价还价购买者时，企业应努力做低成本生产者。要通过使价格低于竞争者而提高市场份额和销售额，将一些竞争者驱逐出市场。由于企业集中大量投资于现有技术及现有设备，提高了退出障碍，因而对新技术的采用以及技术创新反应迟钝甚至采取排斥态度。技术变革会导致生产过程工艺和技术的突破，使企业过去大量投资和由此产生的高效率一下子丧失优势，并给企业竞争对手造成以更低成本进入的机会。

差异化战略，是指企业凭借自身的技术优势和管理优势，将所提供的产品或服务标新立异，形成被全行业和顾客都视为独特的产品和服务及企业形象。差异化可以建立在产品本身的基础上，也可以以产品交货系统、营销方式及其他因素为基础。比如，生产在性能上、质量上优于市场上现有水平的产品或在销售上通过有特色的宣传活动、灵活地推销手段周到的售后服务，在消费者心中树立起不同一般的良好形象。由于并非所有的顾客都愿意或能够支付差异化所造成的较高价格，实现差异化优势会与争取更大的市场份额相矛盾。

专一战略又称目标集聚战略，是指把经营战略的重点放在一个特定的目标市场上，为特定的地区或特定的购买者集团提供特殊的产品或服务。该战略有两种形式：一种是着眼于在其目标市场上取得成本优势的，叫做成本专一经营；而另一种是着眼于取得差别化形象的，叫做差别化专一经营。

成本优先和产品差异化战略在多个产业细分的广阔范围内寻求优势，而专一战略选择产业内一种或一组细分市场，提供满足特定用户需求的产品和服务，以寻求成本优势（成本专一）或差异化（差异化专一）。事实上，成本领先和专一经营不过是另一种差别化，所以差异化战略是企业产品市场战略的基本出发点。

战略推力模型设定和分析了五个变量：

① 差异化。企业选择一种或数种对顾客有价值的需求，以自身优势的能力，单独满足这些需求，让其对手在顾客认知上产生差异。

② 成本。提供相当利益给顾客，但价格较低，竞争优势以降低成本为主要手段。

③ 创新。开发新产品、服务或创新作业流程。

④ 成长。利用营业额、规模、市场、产品范围的扩大与提升来创造及维持其优势。

⑤ 联盟。企业双方（或多方）为达成策略目标而组成的长期、正式的伙伴关系。

由战略推力模型又衍生出战略选择产生器模型，如图 3.2 所示。

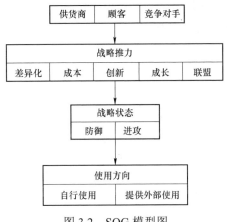

图 3.2　SOG 模型图

（五）战略选择的方法

不同类型与规模的企业及不同层次的管理人员，在战略形成过程中会采用不同的战略选择方法。在小企业中，所有者兼任管理人员，其战略一般都是非正式的，主要存在于管理人员的头脑之中，或者只存在于与主要下级达成的口头协议之中。而在大公司，战略是通过各层管理人员广泛的参与，经过详细繁杂的研究和谈论，有秩序、有规律形成的。

根据不同层次管理人员介入战略分析和战略选择的工作程度，可以将战略选择方法分为 4 种形式。

1. 自上而下的方法

这种方法事先由企业总部的高层管理人员制定企业的总体战略，然后由下属各部门根据自身的实际情况将企业的总体战略具体化。

2. 自下而上的方法

在制定战略时，企业最高管理层对下属部门不做具体的硬性规定，而要求各部门积极提交战略方案，企业最高管理层在各部门提交的战略方案基础上，加以协调和平衡，对各部门的战略方案进行必要的修改后加以确认。

3. 上下结合的方法

这种方法是在战略的制定过程中，企业最高管理层和下属各部门的管理人员共同参与。通过上下各级管理人员的沟通和磋商，制定出适宜的战略。

4. 战略小组的方法

这种方法是指企业的负责人与其他的高层管理人员组成一个战略制定小组，共同处理企业所面临的问题。

三、企业经营计划的经济宏观调控：企业管理决策

（一）企业决策的定义与特征

1. 决策的定义

韦伯思特词典对决策的定义是：决策就是从两个或多个的一组行为备选方案中有意识地选择其中一个行为方案。

赫伯特·西蒙对决策过程的定义是：决策就是找出要求制定决策的条件；寻找拟订和分析可能的行动方案；选择特定的行动方案。

邓肯对决策的定义是：理性的人对需要采取行动的局面给予的恰当反应。路易斯、古德曼和范特对决策的定义是：管理者识别、解决问题以及利用机会的过程。

从上述定义可以看出，决策有狭义和广义之分。狭义地说，进行决策是在几种行动方案中做出选择。广义地说，决策还包括在做出最后选择之前必须进行的一切活动。广义的定义，基本上把握住了决策的含义。

因此，简单地说，所谓决策，就是为达到一定的目标，从两个或两个以上的可行方案中选择一个合理方案的分析判断过程。换言之，决策是决策者

经过各种考虑和比较之后，对应当做什么和应当怎么做所做的决定。任何组织的管理工作，都经常存在各式各样的问题，需要研究对策并决定采取合适的措施加以解决，这个过程就是决策过程。组织在实行决策时，一方面需要有"应该达成的既定目标"；另一方面需要有能达成目标的"可利用的备选方案"。这就是说，决策需要有"目标"和"备选方案"两方面的因素。

2. 决策的特征

现代科学化决策具有以下几个特征。

（1）目标性

任何决策都必须根据一定的目标来做出。目标是组织在未来特定时期内完成任务所预期要达到的水平。没有目标，人们就难以拟订未来的活动方案，评价和比较这些方案也就没有了标准，对未来活动效果的检查更失去了依据。旨在选择和调整组织在未来一定时间内活动方向、内容或方式的组织决策，比纯粹个人的决策，更具有明确的目的性和目标性。

（2）可行性

组织的任何活动都需要利用一定资源。缺少必要的人力物力和技术条件的支持，理论上非常完善的决策方案也只会是空中楼阁。因此，决策方案的拟订和选择，不仅要考察采取某种行动的必要性，而且要注意实施条件的限制。决策的可行性应符合经济上合理、技术上可能、政策上允许，实践上可行的要求。组织决策应该在外部环境与内部条件结合研究和寻求动态平衡的基础上来制定。

（3）选择性

决策的实质是选择，或者说"众中择一"。没有选择就没有决策。而要能有所选择，就必须提供可以相互替代的多种方案。事实上，为了实现相同的目标，组织总是可以从事多种不同的活动。这些活动在资源需求、可能结果及风险程度等方面均有所不同。因此，组织决策时不仅要具有选择的可能，即提出多种备选方案，而且还要有选择的依据，即提供选择的标准和准则。从本质上说，决策目标与决策方案两者都是经由"选择"而确定的。

（4）满意性

选择组织活动的方案，通常根据的是满意化准则，而不是最优化准则。因为最优决策往往只是理论上的幻想，在方案数量有限、执行结果不确定和结果判定不明确的条件下，人们难以做出真正最优的决策，而只能是根据已知的全部条件，加上人们的主观判断，做出相对满意的选择。

（5）过程性

决策不是指做出选择或抉择的那一瞬间，而是一个"全过程"的概念。决策工作的重点是对拟采用的方案做出抉择，但若要有可选择的余地，就必须事先拟订出多个备选的方案；而要拟订备选方案，首先，要判断调整组织活动的可能性，确定改变原先决策的必要性，制定调整后应达到的组织目标等。因此，决策过程实际上包括了许多步骤的工作。

（6）动态性

首先，决策不仅是一个过程，而且是一个不断循环的过程。作为过程，决策是动态的，没有真正的起点，也没有真正的终点。其次，决策的主要目的之一是使组织的活动适应外部环境的变化，决策者必须不断监视和研究外部环境的这些变化。从中找到组织可以利用的机会，并在必要时做出新的决策，以及时调整组织的活动，从而更好地实现组织与环境的动态平衡。

（二）决策的过程

决策不是瞬息之间的行为，是一个过程，即是一个发现问题、分析问题和解决问题的系统分析判断过程。为了保证决策正确，一般应按以下程序进行。

1. 识别机会或诊断问题

决策者必须知道哪里需要行动，从而决策过程的第一步是识别机会或诊断问题。管理者通常密切关注与其责任范围有关的数据，这些数据包括外部的信息和报告以及组织内的信息。实际状况和所预期状况的偏差提醒管理者潜在机会或问题的存在。识别机会和问题并不总是简单的，因为要考虑组织中人的行为。有些时候，问题可能植根于个人的过去经验、组织的复杂结构或个人和组织因素的某种混合。因此，管理者必须特别注意要尽可能精确地评估问题和机会。另一些时候，问题可能简单明了，只要稍加观察就能识别出来。

评估机会和问题的精确程度有赖于信息的精确程度，所以管理者要尽力获取精确的、可信赖的信息。低质量的或不精确的信息使时间白白浪费掉，并使管理者无从发现导致某种情况出现的潜在原因。即使收集到的信息是高质量的，在解释的过程中，也可能发生扭曲。有时，随着信息持续地被误解或有问题的实践一直未被发现，信息的扭曲程度会加重。大多数重大灾难或事故都有一个较长的潜伏期，在这一时期，有关征兆被错误地理解或不被重视，从而未能及时采取行动，导致灾难或事故的发生。

更糟的是，即使管理者拥有精确的信息并正确地解释它，处在他们控制之外的因素也会对机会和问题的识别产生影响。但是，管理者只要坚持获取高质量的信息并仔细地解释它，就会提高做出正确决策的可能性。

2. 确定决策目标

确定目标是决策的前提。这个目标是在一定外部环境和内部条件下，在市场调查和预测的基础上所预期达到的结果。决策目标是根据所要解决的问题来确定的，因此必须把需要解决的问题的性质以及产生的原因分析清楚，目标才能确定。有了目标后，才能拟订出各种达到目标的备选方案，并根据目标树立价值标准进行仔细衡量，从中选择出最好的方案，做出决策。

在确定决策目标时，要注意以下几个问题。

（1）要把目标建立在需要与可能的基础上应弄清组织内外的生产经营形势及其需要，以及达到目标所必要的条件及其具备程度。

（2）要使目标明确、具体目标要尽可能数量化，便于用来衡量决策的实施效果。对难以数量化的目标，要采用间接的表示方式，使其具有相对的计量性。

（3）要明确目标的约束条件

确定目标，不仅要提出目标，而且对那些与实现目标有联系的各种条件，都应加以分析。直接影响目标实现的条件为"目标的约束条件"。例如，某企业把增加利润 20%作为目标，但同时规定这个目标只能在产品品种结构严格符合上级规定，产量不低于一定限度等条件下来完成。这些条件就是目标的约束条件。如果不遵守这些约束条件，即使增加了利润 20%，也不算达到目标。

（4）要明确主要目标

目标往往是多元的，它们之间常常存在着这样或那样的矛盾。确定决策目标时，要取消根本没有条件实现的目标，放弃某些相互矛盾的目标以及合并相似的次要目标。然后分清主次，综合平衡，使次要目标服从主要目标，突出主要目标，保证主要目标的实现。否则，目标过多或主次不分，势必难以决策或抓不住关键。

3. 拟定备选方案

在目标确定之后，就要探索和拟订一定数量的高质量的备选方案。备选方案的好坏在很大程度上影响着决策的质量。为了保证备选方案的质量，应注意以下三点。

（1）对备选方案要进行可行性研究，从方案必须具备的物质资源条件，到方案执行后所产生的结果和影响，进行全面论证，并且要在考虑决策目标能否实现的同时，还要考虑决策后果对国家和社会持续稳定发展是否有利等问题。

（2）要研究确定决策目标的根据，准确地掌握决策目标的中心。在此基础上，开始研究有多少条道路可以奔向目标，同时要分析每条道路的距离长短及途中障碍的多少和大小，从中选择距离短、障碍少的道路。值得注意的是：单是距离短并不一定是捷径，单是障碍少也不一定是坦途，应把二者结合起来。

（3）要运用系统的观点，对方案进行精心设计，使各种措施各就各位、纵横连贯。所设计的备选方案将来选定后是要实施的，因此，设计备选方案必须要有充分的依据，必须进行反复的计算、严格的论证和细致的推敲，必须使主观与客观一致起来，不可凭空臆造。通过上述工作，使所制订的备选方案具有实现的可能性整体的详尽性及相互排斥性。

4. 平价备选方案

在此阶段，要采用现代化的分析、评价预测方法对各种备选方案进行综合评价。在评价时，要根据目标来考核各个方案的费用和功效，运用定性、定量、定时的分析方法评估各备选方案的近期、中期和远期的效能价值，预测决策的后果以及来自各阶层、各领域的反应，尤其要注意那些难以用数学方法量化的非计量性因素。为了系统地进行评价，可以将每一方案分别根据"必须达到的目标"和"希望达到的目标"两个方面加以衡量。如果某一方案不能完全满足"必须达到的目标"要求，就摒弃不用。这样就把可能采用的方案缩减到少数几个最可行的方案。然后再根据"希望达到的目标"进行进一步评价。在评价的基础上，权衡比较各备选方案的利弊得失，并将各种备选方案按优劣顺序排列，提出取舍意见，送交最高决策机构。

5. 选择决策方案

选择决策方案，就是要从各备选方案中选择一个满意方案。为了正确地进行方案选择，必须做好以下几方面的工作。

（1）要考虑环境变化，预测每个备选方案的效果

决策备选方案是面向未来的，它的效果要经过一段时期后才能出现，所以只有通过预测才能了解方案的效果。要预测方案的效果，就要预测客观环境的可能变化，认真考虑对决策影响较大、决定组织命运的客观因素，使决策者在选择方案时做到心中有数。

（2）要确定决策方案的评价标准

没有标准就没有判断好坏的尺度，要选择满意的决策方案，必须要有科学的评价标准。一般来说，要把组织目标作为评价标准，或者把目标具体化后的指标作为评价标准。在选择方案时，主要看备选方案的作用、效果和得到的益处是否接近标准。

（3）采用合理的评价方法

选择方案的方法通常有以下三种。

① 经验判断法。它是依靠决策者的实践经验和判断能力来选择方案的一种方法。对于比较复杂的方案，可用起码满意程度或关键评价标准淘汰一些方案。但这种方法不适用于那些比较复杂、目标多方案多、难以直接看出方案优劣的决策问题。

② 数学分析法。它是用数学模型进行科学计算后选择方案的一种方法。对于一些无法靠人的经验来选择方案的决策问题，要用数学分析法选择。

③ 试验法。当选择重大方案时，既缺乏经验、难以判断，又无法采用数学模型、实行定量化的条件下，可以选择少数的几个典型环境为试点单位，以取得经验和数据，作为选择方案的依据。

6. **实施决策方案**

方案的实施是决策过程中至关重要的一步。在方案选定以后，管理者就要制订实施方案的具体措施和步骤。为了保证决策方案在实施过程中取得令人满意的效果，需要做好以下几方面工作。

（1）要做好宣传教育工作，使组织内全体人员，即决策执行者，都了解决策方案的内容、目的和意义。

（2）要健全机构，做好决策的组织工作。一方面要使机构的设置和职责适应实施决策方案的需要，如果不适应就要做相应的调整；另一方面要把实施方案所需要的人力、物力和财力动员和组织起来，使各个要素能够充分发

挥作用，并形成整体的功能。

（3）制定相应的具体措施，保证方案的正确实施。

（4）应用目标管理的方法把决策目标层层分解，落实到每一个执行单位和个人。

（5）建立工作报告制度，以便及时了解方案进展情况，及时进行调整。

（三）管理决策的类型

1. 战略决策、管理决策和业务决策

按决策的作用范围可将其分为战略决策、管理决策和业务决策。

战略决策指事关组织未来发展方向和远景的全局性、长远性的大政方针方面的决策。对于一个组织来说，其在目标和方针、产品开发和市场开发、重大投资、主要领导人选、结构调整等方面的决策，都属于战略决策，它决定着组织的兴衰存亡，关系到组织的发展方向、发展规模和发展速度。战略决策主要由组织内最高管理层负责进行。

管理决策又称战术决策或策略决策。它是指为了实现战略目标，而做出的局部性的具体决策，其重点是解决如何组织、动员内部资源的具体问题，如组织的营销计划、生产计划、资金筹措、设备更新等方面的决策。管理决策旨在提高经济效益和管理效能，一般由组织的中间管理层负责进行。

业务决策是日常业务活动中为提高工作效率和生产效率，合理组织业务活动进程等而进行的决策。这类决策是作业性决策，它是针对短期目标，考虑当前条件而做出的决定，如生产经营任务日常分配决策等。业务决策技术性强，时间紧，有很大的灵活性，一般由初级管理层负责进行。

战略决策、管理决策和业务决策是决策体系中不同层次的具有从属关系的三类不同的决策。它们相互依附又相互影响，上下两个层次之间有时没有绝对明晰的界限，与组织中三个不同的管理层次也并不产生一对应的关系。相反，为了调动管理者的积极性，提高决策质量，三种不同的决策在组织管理的三个不同层次上可做适当的交叉。

2. 确定型决策、风险型决策和不确定型决策

按照决策问题具备的条件和决策的可能程度分类可将其分为确定型决策、风险型决策和不确定型决策。

确定型决策是指未来状态完全可预测，有精确、可靠的数据资料支持的

决策。在确定型决策过程中，各种可行方案的条件都是已知的，问题的各种未来的自然状态非常明确，各种方案的效果可以确切地计算出来，决策者只要比较各个不同方案的结果，就可以选择出最优方案。这类决策问题一般可以运用线性规划等运筹学的方法或借助计算机进行决策。

风险型决策是指因缺少信息而开展的一种有风险的决策。决策者对未来的情况无法做出肯定的判断，无论选择何种方案，都要承担一定的风险。风险型决策所面临的自然状态是一种随机事件，各种可行方案所需的条件存在不可控因素。一个方案可能出现几个不同的结果。各种结果的出现是随机的，但决策者可以根据相似事件的统计资料估计出各种自然状态的概率。决策的结果只能按客观的概率来确定，决策存在着风险。

不确定型决策是指人们对未来事件完全没有信息情况下的一种决策。决策者难以获得各种状态发生的概率，而且各种方案的结果又是未知的，只能靠决策者的经验确定一个主观概率而做出决策。在不确定型决策过程中，客观上存在两种以上的自然状态，它们出现的概率是未知的，各种可行方案的结果是不确定的，完全凭决策者的经验、感觉和估计来做出决策。

3. 理性决策、有限理性决策和直觉决策

根据合乎逻辑的程度可将决策分为理性决策、有限理性决策和直觉决策。

理性决策是指决策必须完全合乎理性，必须完全客观和合乎逻辑。在理性决策中，问题是清楚的和无歧义的，决策者被假定为拥有与决策情景有关的完整信息；有唯一的、明确的试图实现的目标；决策者能够确定所有相关的标准，并能列出所有可行的方案，而且决策者还能意识到每一个方案所有可能的结果；决策标准和备选方案能按其重要性进行排序；取得信息不受时间和成本上的约束；决策者总是选择那些能产生最大经济收益的方案。

人的理性是有限的，它介于完全理性和非理性之间，因此，决策也是存在有限理性的大量的决策案例研究表明，现实中的决策并不完全符合理性决策的假定，而是存在着有限理性，据此管理学家提出有限理性决策的概念。决策的有限理性主要体现在：个人的信息处理能力是有限的；许多决策者选择信息是出于易获得性，而不是出于其质量；由于感情因素，人们的注意力总是集中于一定的问题而忽略其他问题；决策者倾向于过早地在决策过程中偏向于某个具体的方案，从而有失客观；组织对决策者施加着时间和成本的压力；决策有时在很大程度上是权力和政治施加影响的结果；从前的决策先

例制约着现在的选择；传统思维和习惯思维会制约创新方案的提出。需要注意的是，有限理性决策并不是否定理性决策的作用，而是对理性决策的一种修正。

然而，无论是理性决策还是有限理性决策，都存在着一定的缺陷。因为实际的情况可能是复杂多变的，理性模型的本质在于用系统性的逻辑取代直觉，以大量的固定的模型来预测和决定一些未来的事情，这可能会有很大的偏差。所以，直觉决策正在赢得人们的青睐。

直觉是对问题的一种超越逻辑的思维结果。直觉决策，是指决策者决定将其自身或他人的直觉思维认知结果付诸到实践中执行的过程。直觉决策的整个决策过程以人的直觉能力为重要手段。直觉决策一般发生在下列情况：存在高不确定性时；极少有先例存在时；变化难以科学预测时；事实有限时；分析性数据用途不大时；当需要从几个可行方案中选择一个，而每一个方案的评价都良好时；时间有限，并且存在提出正确决策的压力时。一般地讲，像风险型决策、不确定型决策或非程序化决策战略决策中应用直觉能力决策较多。决策者经验越丰富，直觉决策出现次数会越多，直觉决策的效果也越好，决策者也越信赖于直觉能力的应用。所以，直觉决策是人们直觉能力价值的体现途径。

（四）个人决策和群体决策

根据参与决策的管理者数量及其合作关系可将决策分为个人决策和群体决策。

个人决策是一种突出个人在组织中的地位的决策方式，在个人决策中尽管也有其他下属提供资料、提出和分析可行性研究方案等参与或参谋活动，但决策完全由组织中最高负责人独立做出。

群体决策是一种强调全体成员形成共同认识、直接参与的决策方式，是指由多个人一起做出的决策。在这种方式下，决策是由有关人员直接参与全部过程，并以一致同意或多数赞成的原则来做出的。国外有人认为，这种方式比个人决策更能做出创造性的决定，并且能够得到更好的贯彻。

其实，个人决策和群体决策都是符合组织管理原则的。无论在强调个人主义的组织中，还是在集体主义气氛浓厚的组织中，个人决策和群体决策都是适用的。从两种决策方式的本质内容来说，个人决策与群体决策没有所谓优劣的差别。美国的一些学者在进行了日美管理的比较研究后认为，个人决策所用时间较短，但执行起来很缓慢；群体决策所用的时间长，但贯彻得更快。以个人决策为特色的美国人，"签合同、做决定都很快，可是让他们履行合同呢，他们需要无限长的时间！"而在以群体决策为特色的日本企业里，"做个决定需要无限长的时间"，但一旦做出决定，每个有关的人都会给予支持，这样不仅会补充决策本身的缺陷，而且执行起来相对更快。

（五）程序化决策和非程序化决策

按决策的性质和重复程度不同，可将决策划分为程序化决策和非程序化决策。

程序化决策是对组织中例行活动进行的决策。这类决策是经常反复的，而且有一定的结构，可以建立一定的程序，采用常规办法来处理。这类决策一般可以交由基层管理者进行，如材料进出库、一般人员的聘用等日常问题。

非程序化决策是对组织中非例行活动进行的决策。这类活动不是经常重复出现，而且对组织而言比较重要，故不能用常规办法来处理，必须由高层管理者集中精力处理，如企业的经营方向、企业兼并问题等。

第三节　企业经营计划的经济微观透视

一、企业经营计划的微观环境分析

企业微观环境分析包括外部微观环境分析和内部环境分析。

（一）外部环境分析

外部环境分析又称为行业结构分析，它是企业对其宏观环境分析的深入，是对企业所从事的每一经营领域内与企业经营活动直接相关的因素的具体分析。分析行业结构一般使用波特五力分析模型，如图 3.3 所示，这五种基本竞争力量代表为供应商、购买者、潜在竞

图 3.3　波特物力分析模型

争者、替代品、行业内竞争者。

1. 供应商的讨价还价能力

供应方主要通过其提高投入要素价格与降低单位价值质量的能力，来影响行业中现有企业的盈利能力与产品竞争力。供应商的讨价还价能力主要取决于以下几个因素。

（1）供应者的集中分布程度和本行业的集中程度。如供应者集中程度较高，即本行业原材料的供应完全由少数几家公司控制，而本行业的集中程度较差，少数几家企业供应给众多分散的企业，则供应者通常会在价格、质量和供应条件上对购买者实施较大的压力。

（2）供应品的可替代程度。若存在着合适的可替代品，即使供应者再强大，他们的竞争能力也会受到牵制。

（3）本行业对供应者的重要性。如果本行业是供应者的重要用户，供应者的命运将和本行业密切相关，则来自供应者的压力就较小；反之，供应者会对本行业施加较大的压力。

（4）供应品对本行业生产的重要性。如果供应品对本行业的生产起关键性作用，则供应者会提高其讨价还价的能力。

（5）供应品的特色和转换成本。如果供应品具有特色并且转换成本很大时，则供应者讨价还价的能力就会增强，会对本行业施加较大的压力。

（6）供应者前向一体化的能力。如果供应者有可能前向一体化，这样就增强了他们对本行业的竞争压力。

（7）本行业内的企业后向一体化的可能性。如果本行业内的企业有可能后向一体化，这样就会降低它们对供应者的依赖程度，从而减弱了供应者对本行业的竞争压力。

2. 购买者的讨价还价能力

购买者主要通过其压价与要求提供较高的产品或服务质量的能力，来影响行业中现有企业的盈利能力。对购买者的讨价还价能力分析可以从以下几方面入手。

（1）用户的集中程度。如果本行业产品集中供应给少数几个用户，少数用户的购买量占了企业产量的很大比例，这少数几个用户会对本行业形成较大压力。

（2）用户从本行业购买的产品的标准化程度。产品标准化程度越高，用户选择的余地也越大；反之，用户对具有特色的产品很难施加压力。

（3）用户从本行业购买的产品在其成本中所占的比重。若用户购买的本行业产品在其成本中占比重较大，则他们在购买时对价格、质量等问题就更为挑剔；反之，他们在价格上是不敏感的。

（4）转换成本。用户的转换成本越小，对本行业的压力越大。

（5）用户的盈利能力。若用户盈利能力低，则用户在购买时对价格敏感；反之，则不敏感。

（6）用户后向一体化的可能性。若用户有可能后向一体化，则会增强他们对本行业的竞争压力。

（7）本行业企业前向一体化的能力。若本行业企业前向一体化能力较强，会降低它们对用户的依赖性，从而减轻用户对本行业的竞争压力。

（8）本行业产品对用户产品质量的影响程度。若本行业产品对用户产品质量有举足轻重的影响，则用户对价格不敏感，对本行业企业的压力较小。

（9）用户掌握的信息。若用户的信息来源太多，则来自用户的压力就大。

3. 新进入者的威胁

新进入者在给行业带来新生产能力、新资源的同时，将希望在已被现有企业瓜分完毕的市场中赢得一席之地，这就有可能会与现有企业发生原材料与市场份额的竞争，最终导致行业中现有企业盈利水平降低，严重的话还有可能危及这些企业的生存。

进入壁垒的高低主要取决于以下几个因素。

（1）规模经济。若行业内原有企业的生产都已达到一定的规模，新进入者若以较小的规模进入该行业就将处于成本上的劣势地位；若以较大规模进入该行业则风险较大。

（2）经营特色与用户忠诚度。若行业内现有企业已经树立了较好的企业形象，用户忠诚度较高，那么，新进入者要想树立起良好的企业形象并取得用户的信任就要付出相当大的代价。

（3）投资要求。如果本行业对一次性进入投资要求很高的话，那么，该行业对潜在进入者的进入壁垒就较高。

（4）资源供应。若行业内现有企业已与原材料及技术供应渠道建立了良好的稳定的供应关系，则新进入者的进入壁垒就相当高。因此，新进入者在进入该行业以前，必须做好资源供应方面的调查研究。

（5）销售渠道。若新进入者也想打入现有企业已经建立起来的良好的销售渠道，则往往要求新进入者提供更优惠的价格或加强广告宣传，这也构成了新进入者的进入壁垒。

（6）经验曲线。若行业内现有企业已掌握了某种技术诀窍，积累了丰富的生产经验，工人操作熟练，废品率低，已能将成本控制在较低水平，这种成本因素也会构成新进入者的进入壁垒。

（7）政府政策。国家对有些行业颁布许可证（如医药、食品、邮电、通信设备等），或对某些原材料进行严格控制都会形成对新进入者的重大进入壁垒。

（8）原有企业的反应。若行业中的原有企业的预期报复强烈，那么，对潜在进入者的进入壁垒就较高。

4. 替代品的威胁

两个处于不同行业中的企业，可能会由于所生产的产品是互为替代品，从而在它们之间产生相互竞争行为，这种源自于替代品的竞争会以各种形式影响行业中现有企业的竞争战略。

来自替代产品的威胁主要有以下 3 个因素。

（1）替代品的盈利能力。若替代品具有较大的盈利能力则会对本行业的原有产品形成较大压力，它把本行业的产品价格约束在一个较低的水平上，使本行业企业在竞争中处于被动地位。

（2）生产替代产品的企业所采取的经营战略。若它采取迅速增长的积极发展战略，则它会对本行业构成威胁。

（3）用户的转换成本。用户改用替代品的转换成本越小，则替代品对本行业的压力越大。

5. 行业内现有竞争者的竞争

大部分行业中的企业，相互之间的利益都是紧密联系在一起的，作为企业整体战略一部分的各企业竞争战略，其目标都在于使得自己的企业获得相对于竞争对手的优势。所以，在实施中就必然会产生冲突与对抗现象，这些冲突与对抗就构成了现有企业之间的竞争。

行业内各企业的竞争激烈程度主要取决于以下 6 个因素。

（1）竞争者的多少及力量对比。一个行业内的企业数目越多，行业竞争越趋于剧烈。若一个行业内企业数不多，但各个企业都处于势均力敌的地位，也会导致激烈的竞争。

（2）市场增长率。市场增长率低的行业，有可能导致竞争加剧；反之，则有可能竞争不激烈。

（3）固定费用和存储费用的多少。固定费用高的行业迫使企业要尽量利用其生产力。当生产力利用不足时，企业宁愿削价扩大销售量也不愿让生产设备闲置，因而使企业间的竞争力加剧。在存储费用高或产品不易保存的行业，企业急于把产品卖出去，清理库存，也会使行业内竞争加剧。

（4）产品特色与用户的转换成本。若行业内用户的转换成本较低，则竞争就会比较激烈。反之，若用户转换成本较高，行业内各企业的产品各具特色，那么竞争就不会那么激烈。

（5）行业的生产能力。若由于行业的技术特点和规模经济的要求，行业内的生产能力大幅度提高，这将导致一段时期内生产能力相对过剩，造成竞争加剧。

（6）退出壁垒。所谓退出壁垒，是指退出某一个行业所要付出的代价，它包括：① 未用资产退出该行业时，企业将蒙受重大损失。② 退出的费用，包括人员安置、库存物品处理的费用等。③ 策略性影响，如企业形象对企业营销、财务方面的影响等。④ 心理因素，如经理人员等企业管理者或员工不愿退出该行业。

总之，从战略形成的角度看，这五种基本竞争力量的状况及其综合强度，决定着行业竞争的激烈程度，同时也决定了行业最终获利能力。但需要注意的是，在不同的行业或某一行业的不同时期，各种力量的作用是不同的，常常是某一种力量或两种力量起支配性作用，其他竞争力量处于较次要的地位。

（二）内部环境分析

1. 企业的资源和能力分析

（1）企业的资源的概念

企业的资源可以概括分成三大类：有形资产、无形资产和组织能力。

① 有形资产。有形资产是企业运营过程中必要的资源，是最容易判别的，也是唯一可以在企业的资产负债表中清楚地体现的资源。它包括房地产、生产设备、原材料等。

② 无形资产。无形资产包括公司的声誉、品牌、文化、专利和商标以及

工作中累积的知识和技术。这些无形资产经常是公司竞争优势的来源。

③ 组织能力。组织能力不同于有形资产和无形资产。它是所有资产、人员与组织投入产出过程的一种复杂的结合，包含了一组反映效率和效果的能力。例如，在同样的要素投入条件下，一个企业可以比竞争对手获得更高的生产或服务效率，这种能力就是组织能力。组织能力也是企业获得竞争优势的一个来源。

（2）评价企业资源是否有价值的标准

在评价一个企业拥有的资源时，必须知道哪些资源是有价值的，可以使企业获得竞争优势。其主要的判断标准如下。

① 资源的需求性。决定资源价值的前提因素是这种有价的资源能否以顾客愿意支付的价格来满足顾客的需求。

② 资源的稀缺性。决定资源价值所必需的条件是它是否处于短缺供应或供不应求状态。如果一种资源是所有的竞争者都能轻易取得的，那么要想再现该企业的竞争优势也就十分简单，这种资源便不能成为企业竞争优势的来源。

③ 资源的不可模仿性。资源的不可模仿性是竞争优势的来源，因为它限制了竞争，形成某种程度的垄断。资源若容易被仿效，则该资源只能产生短暂的价值。企业应把策略建立在不易被人模仿的资源上。

（3）企业的能力分析

具备一定的物质资源是企业开展经营活动的基础和前提，但资源本身并不能创造价值。资源利用效率很大程度上取决于企业将它们整合的能力，这种能力是指在整个价值链活动中使资源不断增值的能力。

因此，迈克尔·波特提出了"价值链分析法"。

如图3.4所示，波特把企业的活动分为两类，一类是基本活动，主要涉及如何将输入有效地转化为输出，这部分活动直接与顾客发生各种各样的联系；另一类是支持性活动，主要体现为一种内部过程。

基本活动主要包括以下几类活动。

① 进料后勤：与接收、存储和分配相关联的各种活动，如原材料搬运、仓储、库存控制、车辆调度等。

② 生产作业：与将投入转化为最终产品形式相关的各种活动，如机械加工、包，装、组装、设备维护、检测等。

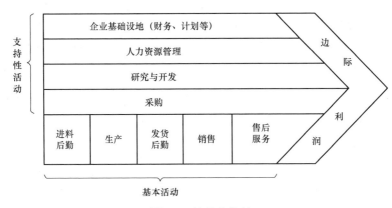

图 3.4　波特价值链

③ 发货后勤：与集中、存储和将产品发送给买方有关的各种活动，如产成品库存管理、原材料搬运、送货车辆调度等。

④ 销售：以提供买方购买产品的方式和引导它们进行购买相关的各种活动，如广告、促销、销售队伍、渠道建设等。

⑤ 服务：与提供服务以增加或保持产品价值有关的各种活动，如安装、维修、培训、零部件供应等。

支持性活动可以分为以下几个方面。

① 采购：指购买用于企业价值链各种投入的活动，采购既包括企业生产原料的采购，也包括支持性活动相关的购买行为，如研发设备的购买等。

② 研究与开发：每项价值活动都包含着技术成分，无论是技术诀窍、程序，还是在工艺设备中所体现出来的技术。

③ 人力资源管理：包括各种涉及所有类型人员的招聘、雇佣、培训、开发和报酬等各种活动。人力资源管理不仅对基本和支持性活动起到辅助作用，而且支撑着整个价值链。

④ 企业基础设施：企业基础设施支撑了企业的价值链条。

对于企业价值链进行分析的目的在于分析企业运行的哪个环节可以提高客户价值或降低生产成本。对于任意一个价值增加行为，关键问题如下。

① 是否可以在降低成本的同时维持价值不变。

② 是否可以在提高价值的同时保持成本不变。

③ 是否可以降低工序投入的同时又保持成本收入不变。

④ 更为重要的是，企业能否同时实现以上三个目标。

2. 市场份额和市场地位分析

在前面的部分我们分析了有关资源和能力，这些有助于帮助我们认识一个企业是否具有发展潜力和会形成怎样的核心能力。但是每个企业有着自己不同的特性，不可能在每一个方面都领先于竞争对手。因此有必要对企业产品组合中的每一个产品项目进行分析，以便根据它们各自的相对市场份额和市场地位采取不同的策略。

（1）企业产品的市场份额分析。市场份额是企业非常关注的一个指标，它包括数量和质量两个方面的内容。在很多情况下，市场竞争表现为市场份额之争，具有较高市场份额的企业往往能够获得较多的利润。在考虑市场份额的时候，关键的问题是如何定义该企业的市场，包括产品线范围和地理区域范围的界定，不同的界定将导致不同的市场份额数据，从而影响企业对其市场地位的分析及对其市场地位的判断。

市场份额的大小只是在数量上的体现，此外还有一个质量方面的特征，它是对市场份额优劣的反映。衡量市场份额质量的标准主要有两个：一个是顾客满意率；另一个是顾客忠诚率。顾客满意率和顾客忠诚率越高，市场份额质量也就越好，反之，市场份额质量就越差。

（2）市场地位分析。企业在竞争中所处的地位左右着企业竞争战略的制定。因此，认清市场地位并做出切实有效的竞争战略是每个企业都必须解决的问题。

一般情况下，企业的竞争地位大致可以分为四种：市场领导者、市场挑战者、市场跟随者和市场补缺者。

① 市场领导者。一般来说，大多数行业都有一家或几家企业被认为处在市场领导者地位。它们的产品在市场上有最大的占有率，而且它们在价格变动、新产品开发、推广，分销渠道的选择等方面处于主宰地位。

② 市场挑战者。市场挑战者是那些在市场上居于次要地位的企业，他们不满意目前的地位，常常结合自身实力，借助于各种手段提高自己的市场份额和市场地位，甚至想取代领导者的地位。

③ 市场跟随者。在一些产品同质性高、差异性小的行业，新产品的开发要花大量的人力、财力和物力，而产品的改良和仿制却可以在不需要大量投资的情况下获得很高的利润。市场跟随者就是通过效法领导者提供类似产品，从而获得相对稳定的市场占有率。

④ 市场补缺者。一般而言，市场补缺者都是一些小企业，关注常被大企

业忽视的市场部分，通过专业化经营获取收益。

二、企业经营计划的经济微观透视：市场调查与预测

（一）调查的原则

1. 时效性原则

时效性原则是指搜集、发送、接收、加工、传递和利用市场调查资料的时间间隔要短，即及时地提供市场情报。只有这样才能提高市场调查资料的价值，为市场调查客户利用信息、及时决策取得主动权。

2. 准确性原则

准确性原则又称真实性原则，是指市场调查资料必须真实、准确地反映和描述市场的客观实际。它要求市场调查资料必须是对调查对象完全客观的描述，没有人为主观的评价；市场调查资料所描述的内容与客观的市场、市场条件和有关影响因素必须真实可靠，不得虚构；各种市场调查数据必须准确，计量单位科学，语言表达清晰、明确，不能含糊其词。

3. 全面性原则

全面性原则又称系统性原则，是指市场调查必须全面、系统地搜集有关的市场信息资料。应用全面性原则可以充分认识调查对象的系统性特征，从大量的市场信息中认识事物发展的内在规律和发展趋势。全面性原则要求从多方面描述和反映调查对象自身的变化和特征；从多方面反映影响调查对象发展变化的各种内部、外部因素，尤其是关键的、本质的因素；市场调查活动应具有连续性，以便不断积累市场信息，对之进行系统的、全面的、动态的分析和利用。

4. 科学性原则

市场调查的科学性体现在选择调查方式、调查对象及拟定调查问卷等方面，同时市场调查过程中需要综合运用一些社会学、心理学、市场营销学、消费者行为学、统计学等方面的知识。市场调查需要运用一些数学模型和统计学知识对资料加以整理、分析，保证资料来源的准确。

（二）调查的具体内容

市场调查涉及的内容比较广泛，市场环境调查、市场商品需求调查、市

场营销活动调查、产品调查等都是市场调查的范围。实际市场调查工作中，各种市场调查研究人员从不同的调查目的和要求出发，侧重于调查某个方面的内容。同时，通过各种内容的市场调查，全面、系统地了解千变万化、错综复杂的市场。

1. 市场营销环境调查

市场活动受到多种因素的影响，政治、经济、社会、科技、文化等方面都对其发生着直接的影响。市场营销环境调查包括的内容主要有以下三点。

（1）市场政治环境调查

市场政治环境主要是指国家政治方针、政策、法律法规等。市场政治环境调查主要是了解国家一定时期内方针、政策、法律法规的具体内容。这些具体的方针、政策和法律法规，对市场活动有着直接的影响，是进行市场调查必须认真分析和了解的内容。

（2）市场经济环境调查

市场的经济环境主要是指市场所在的人口、人均收入水平、消费水平及消费结构、国民经济比例关系等。其中，人口是影响市场的重要因素，全国或地区的人口总数表明消费者的规模大小。调查居民的收入水平，从总量上可以从社会分配着手，了解居民购买力的高低。居民购买力是一定时期内，城乡居民用于购买生活消费品的货币支付能力，其总量计算公式为

居民的购买力＝居民的货币收入总额－居民的非商品支出＋
居民的储蓄变动额＋居民的现金变动额

除了通过居民总收入水平了解居民收入外，还应按不同地区、不同居民，如城市、乡村居民，不同文化、职业的居民等分别了解其收入水平。

消费结构是指居民消费支出中用于不同类别的商品形成的消费支出比重。我国居民消费支出的类别主要包括：食品类、衣着类、家庭设备及用品类、医疗保健品类、交通和通信工具类、娱乐教育类、文化用品类、居住类、服务项目类等。居民的消费结构一方面可以根据城市或农村住户抽样调查资料来取得，另一方面可以从社会商品零售总额的比例来加以观察。取得全国的、地区的不同收入水平、不同性别、年龄、职业的居民的消费结构资料是研究居民消费状况和消费发展规律的重要条件，也是市场调查的重要内容之一。

国民经济比例关系是指各项基本经济结构，包括国民经济第一、第二、

第三产业之间的比例关系，生产部门内部的比例关系，消费和积累的比例关系，国家交通运输，能源、通信的发展，金融、税务的政策等。国民经济基本结构的健全、合理、独立，为市场活动及其发展创造了良好的条件，同时对市场活动形成了一些制约。市场所处的经济环境是进行市场调查时需要花费较大力量才能了解的内容。

（3）市场社会文化环境调查

市场社会文化环境主要是指消费者的文化水平、社会教育水平、民族与宗教状况、社会价值观念及社会物质文化水平等。其中，消费者的文化水平、社会教育水平及社会价值观念是影响消费水平和消费结构的重要因素。一般来说，具有不同的文化水平、社会教育水平的消费者，其消费观念、消费结构不尽相同；随着社会教育水平和消费者文化水平的不断发展、进步，消费者对市场商品的鉴别能力有所提高，理性购买程度越来越高，消费结构日趋合理。社会价值观念也是影响消费观念、消费结构的重要因素，随着社会的发展、进步，社会价值观念在发生变化，对其加以了解是市场调查需要进行的内容。民族与宗教状况也是对市场具有重要影响的社会文化因素，每个民族有自己的传统民俗，具有相对集中的生活地域，具有独特的消费需求和不同的宗教信仰。社会物质文化水平一般是指一个国家或地区科学技术或经济发展的总体综合水平。一个国家或地区的科学技术先进，经济发展繁荣，具有较高的社会物质文化水平，其居民的购买力就比较强，对商品的种类、质量、性能等方面的要求就比较高，对商品的选择性也比较强，消费趋向于多样化。

2. **市场需求调查**

市场需求调查是市场调查的核心内容。主要包括市场需求总量及其构成，各种商品的需求数量、品种、规格、包装，各种商品需求的满足程度等。市场需求总量及其构成表明全国或地区的市场需求量及其构成，是宏观上对市场需求的调查研究，由居民购买的实现和不同投向来反映。市场需求总量及其构成的调查由国家统计局和各地区统计局组织，有关经济管理部门也组织此项市场调查。

各种商品的需求数量、品种、规格、包装及其满足程度等是企业组织市场调查研究的主要内容，是企业进行生产经营决策的重要依据。从上述内容的影响因素入手，可以从人口构成、家庭状况、消费心理和购买行为、市场占有率等方面进行市场调查。

（1）人口构成调查

从市场需求的角度了解人口构成，主要是对人口的年龄、性别、民族、职业、文化程度、地区构成进行调查，以便分析、研究由此引起的商品需求的状况和变动规律。

（2）家庭状况调查

家庭是消费品的基本购买单位。全国或地区的家庭户数及其构成是影响消费需求的重要因素。市场调查需要对家庭的数量、人口构成及其对不同商品需求的影响进行调查。

（3）消费心理和购买行为调查

① 消费心理是消费者在满足需求过程中产生的意愿或认识。消费心理对消费行为起着支配作用，每个消费者都具有一定的消费心理，主要由其生活方式、性别、追求目标决定。其表现多种多样，主要有求实、求名、求美、求异等几种心理特征，在每次购买过程中，并不一定仅受一种消费心理支配，许多商品也并不具有单一的功能，因此消费者的消费心理比较复杂。对消费者心理的调查，要特别注意消费心理的复杂性，以及消费市场的可引导性，从而提高企业的市场占有率。

② 消费者购买行为是受消费心理支配而产生的购买商品的活动。消费者的购买行为主要由购买商品的具体样式、购买商品的种类、购买商品的品牌、购买商品的数量、购买商品的时间、购买商品的地点等几项内容组成。消费者购买行为的种类主要有习惯性购买、挑选购买、信誉购买、随机购买、执行购买、触发购买等，每一次消费行为一般都会经历购买酝酿、购买决定、购买评价三个阶段。其中，购买酝酿阶段是在做出购买决定之前，已经产生了购买要求；购买决定阶段是消费者对购买做出决定并进行交易；购买评价阶段是消费者购买商品后对购买商品的评价。购买行为的三个阶段是相互联系的，消费者的本次购买和下次购买也具有一定的联系，通过对消费者购买行为的市场调查，了解、掌握消费者的消费心理和购买行为，可以为企业进行市场营销策略（如产品策略、价格策略、销售渠道策略、广告策略等）的选择打好基础。

③ 市场占有率是指生产或销售企业的商品数量在同类市场商品总数量中所占的比例，是使用相对指标研究市场需求量。提高本企业的市场占有率是每个企业的愿望。通过搜集市场商品的销售资料、本企业的商品销售统计，

核算市场占有率及其变化，可以了解企业在市场中的地位、掌握市场变化的趋势，以便采取相应的措施，提高企业经济效益。

3. 市场营销策略调查

企业的市场营销策略主要包括市场分析、产品策略、价格策略、销售渠道策略（通路策略）等。

（1）市场策略调查

市场策略调查主要包括市场需求总量及其构成的调研；各细分市场及目标市场的需求调研；市场份额及其变化情况调研。

（2）产品调查

产品调查主要包括产品实体调查，即对产品的功能、种类、质量、档次等方面进行调查；产品形体调查，即对产品的外观、包装等进行调查；产品服务调查，即产品的售后服务、销售过程中的服务内容等方面进行调查。

（3）产品价格调查

产品价格调查主要有产品成本及价格的调查、价格与供求关系的调查、定价效果的调查等。

（4）销售渠道调查

销售渠道调查包括企业现有销售渠道的调查、产品经销单位的调查、渠道调整的可行性分析。

（5）广告及促销状况调查

广告及促销状况调查包括广告及促销客体的调查、广告及促销主体的调查、广告及促销媒体的调查、广告及促销受众的调查广告及促销效果的调查。

（6）企业形象调查

企业形象调查主要有企业理念形象的调研，即关于企业宗旨的调查研究；企业行为形象的调研，即对企业生产经营活动所表现出来的企业形象的调查研究；企业视觉传递形象的调研，即通过视觉传达设计表达的企业形象的调查研究。

三、企业经营计划的经济微观透视：产品成本管理

（一）产品成本概述

1. 工业产品成本的一些基本概念

工业产品成本，是产品价值的主要组成部分，是以货币表示的企业为生

产和销售产品的全部费用支出。

总成本，是企业在一定时期（月、季、年）工业品所支出的各项费用的总额。

单位产品成本，是生产每一单位产品所支出的各项费用数额。

成本构成，是指成本中所包括的各项费用及各项费用所占的比重。成本构成中有直接材料、直接人工和制造费用。

2. 成本计算方法

成本计算方法主要有四种：分步法、分批法、品种法和定额法。

（1）分步法

分步法是按产品的品种和产品的加工步骤分别汇集生产费用并计算产品成本。它适用于大量、大批分步加工的企业。由于费用结转的方式不同，又可分为逐步结转分步法和平行结转分步法。

逐步结转分步法，是按产品加工步骤顺序，伴随工件实物的转移，逐步累计结转加工费用，到产品完成时最后汇总成为产品成本。

平行结转分步法，不计算上一步转来的半成品成本，各步骤只计算本阶段范围内发生的费用及应计入产成品内的份额，最后将各步骤的成本汇总即为产成品成本。

两种方式各有优缺点，逐步结转法工作细致，便于分析和控制成本，但成本计算工作量大，费工费时；平行结转法核算工作简化，但成本管理工作粗放。

（2）分批法

分批法是按产品的批别设立成本计算单，分批汇集各项费用并计算成本。到一批产品完成后一次计算成本，一般不分月计算。它适用于单件、少批、多步骤生产的企业，如重型机械、造船等企业。

（3）品种法

品种法，这种成本计算方法是既不分批也不分步，只按产品品种汇总费用和计算成本。它适用于单步骤、单一品种的生产企业，如电力、采掘等，也适用性质相似的企业内部供水、供电、供气等车间的成本计算。

（4）定额法

定额法是在每项费用发生当时，按有关定额及时计算产品成本，到月末时再根据实际成本调整定额成本与实际成本的差额。所以它不是一种单独使用的方法，而是与前面讲的三种基本方法结合起来应用的方法。采用前面三种方法的企业如果具备条件都可以采用定额成本计算法。定额法，便于及时发现成本偏离定额问题，有利于成本控制。应用的条件是各项定额齐全准确和有相应水平的成本核算人员。

3．降低成本的意义与途径

工业企业成本管理的基本任务，就是要在保证产品质量的前提条件下，研究成本的性质，寻求降低成本的途径，以最低的成本，生产出更好、更多的产品，以保证实现利润目标。

（1）降低成本的意义

工业产品的成本是企业在一定时间内为了制造和销售一定数量的产品所支出的费用总和。产品成本的高低，在价格既定的情况下，直接关系到企业的经济效益，降低产品成本的意义有以下几方面。

① 成本是衡量生产耗费及其补偿的尺度。企业为了保证再生产的连续进行，必须通过流通过程及时取得收入，补偿生产耗费。其补偿数额的大小是以产品成本作为尺度来衡量。因此，企业必须正确地计算成本。

② 成本是制定产品价格的基础和决定产品竞争能力的条件，产品价格的高低，直接影响着企业在市场上的竞争能力和企业的利润水平。

③ 成本是企业进行决策的重要因素。成本在企业的经营管理中，同产量、质量、品种、生产效率等一样，是决定企业前途和发展的重要因素。企业对生产经营的重大问题进行决策时，必须把成本作为重要问题考虑在内，并且在评价决策时，以成本为标准来衡量决策的水平，选择资源耗费少、经济效益高而又切实可行的决策方案。

④ 成本是推动企业提高管理水平的重要杠杆。成本是反映企业生产技术和经营管理水平的综合性指标。企业各方面的工作成果，如产品设计的好坏，生产工艺合理程度，原材料、燃料、动力消耗的多少，机器设备和厂房建筑的利用情况，劳动生产率的高低，人、财、物组织得是否合理，产、供、销是否平衡等，最终都会反映到产品成本上。因此，通过成本水平的分析，就可以发现企业在生产技术经营管理上存在的问题和各方面工作中的薄弱环节，为提高改进工作指明方向和途径，从而推动企业管理水平的不断提高。

（2）降低成本的途径

降低产品成本，是企业管理的主要内容，直接关系到企业的经济效益。

管理工作的任务，就是从各方面不断地寻求降低产品成本的途径。每个企业在某个时期、某种条件下采取的降低成本的具体措施有所不同。但一般来说，降低成本的主要途径如下。

① 提高劳动生产率。劳动生产率的提高，就是以较少的劳动消耗，生产更多的产品，这不仅意味着节约了活劳动，而且也节约了物化劳动。提高劳动生产率的结果就是减少了单位产品的工时消耗，或增加了单位工时内的产量，也就是减少了单位产品内的工资费用和固定费用。提高劳动生产率的主要措施是：第一，调动广大职工的社会主义积极性，在生产活动中，人是决定性的因素，是生产力要素中最活跃的因素，在激烈的市场竞争中，企业要把精神鼓励与物质鼓励正确地结合起来，贯彻各尽所能按劳分配的原则，激发职工的积极性；第二，积极改进生产技术条件，采用先进的技术，改进产品设计改造设备和工具，提高效率；第三，提高劳动者的科学技术文化水平和生产操作的熟练程度，市场竞争集中表现在产品的竞争上，而产品是由技术人员设计和工人生产的，提高劳动者的文化素质，这是有效地利用生产技术和技术设备的一个重要条件，这不仅可以提高劳动生产率，而且有利于提高产品的质量，减少以至消灭废品损失，从而降低产品成本。随着技术装备现代化的发展提高，职工的技术培训工作就更加重要。

② 节约材料物资消耗。在工业产品成本中原料和主要材料，辅助材料、燃料等消耗的比重占 70%左右。在生产中，大力节约原材料等物资消耗是降低成本的重要途径。节约原材料等物资消耗包括改进产品设计、采用新工艺，制定合理的材料消耗定额，积极开展物资的综合利用，合理采用代用材料，以及努力减少运输和保管过程中的损耗等。

③ 提高机器设备利用率。机器设备利用率的提高，能够增加产量，这是节约单位产品成本中固定费用的重要途径，通过加强维修工作。减少机器设备停工时间，增加有效作业时间，可以减少单位产品所负担的折旧费和维修费，从而降低成本。

④ 提高产品质量。产品质量好坏与产品成本的高低有密切关系，质量合格的产品多，废品率低，产品成本就低。反之，废品率高，就会无谓地损耗工时和原材料，以致增加成本。要提高产品质量，除改进产品设计、采用新工艺，保证原材料质量之外，现在在企业中推行的全面质量管理方法是保证和提高产品质量的有效措施。

⑤ 改善经营管理。在相同的人力、物力、财力的条件下，经营管理水平的不同，会收到不同的经济效果。经营管理是综合性的措施。要采用科学的、民主的管理方法，把生产过程中的各个领域、各种因素的作用都充分发挥出来，科学有效地利用人力、物力和财力，就能把生产消耗降低，达到降低成本的目标。

成本管理工作是企业经营管理工作的重要组成部分，为了做好这项工作必须提高企业成本管理的预见性、全面性和科学性。

成本管理的预见性，就是必须从对生产费用的控制和监督，扩展到新产品成本的预测上去，企业在研制、设计新产品时，即应进行成本预测，对各种设计方案的产品成本预先进行分析比较。这样，企业将要投产的新产品，不但要求在技术上是先进的，能够满足用户需要，而且在经济上是合理的，能够使用户得到较好的经济效益；同时，也要保证生产企业能够节省消耗，增加收益。

成本管理的全面性，也就是全员性，其道理同全面质量管理、全面经济核算是一样的。它要求企业的生产，技术、供应、销售等部门以及车间、班组直到每个职工，人人都要结合自己的工作参与成本管理，进行成本分析，积极提出降低成本的合理化建议。

成本管理的科学性，是指企业的生产技术越是现代化、越要求对生产过程的控制与管理能够更精确、严密，符合客观实际。在这种情况下，有关产品成本的计算，必须以充分的、准确的原始记录，详尽的基础资料作根据。否则，按照缺少可靠根据的毛估、估算资料计算出来的成本，必然是失真的数据。把这样的数据提供给企业决策者和有关技术部门或经营部门很可能导致错误的决策。所以，企业要在加强成本管理的基础工作的同时必须提高成本管理人员的科学技术和业务水平，充分发挥他们在成本管理中的积极作用。

（二）成本预测

成本预测是企业成本管理工作的重要内容之一，是对成本有效地进行控制的一种科学的方法和手段，它是用已知资料，预测未来一定条件的产品成本水平。常用的成本预测方法主要是目标成本法和数学计算法。

1. 目标成本法

目标成本法是用确定目标成本的方法来测算未来一定条件下的成本水

平，并为实现目标成本而加强管理，实行成本控制。

目标成本，是企业在一定条件下为保证目标利润，以市场上可能接受的产品售价为基础所确定的最大允许成本限额。

目标成本，是企业在一定条件下为保证目标利润，以市场上可能接受的产品售价为基础所确定的最大允许成本限额。

$$单位产品目标成本 = 单位售价 - 单位税金 - 单位目标利润$$

$$目标利润单位产品目标成本 = 单位售价 \times (1 - 销售税率) - \frac{目标利润}{产量}$$

在市场经济条件下，产品的销售税金是法定的，产品的售价受市场容量和竞争激烈程度限定，因此，目标利润一经确定，成本数额多少就具有强制性了，这就是目标成本的特征。

目标成本不同于计算成本指标。计划成本指标是在充分考虑计划期内主客观条件下根据有关各项指标的综合平衡，事先计算的产品成本水平，一经确定就成为考核和评价企业实际耗费水平的尺度。可见计算成本指标与目标成本的形成与意义是不同的。

目标成本不同于计算成本指标。计划成本指标是在充分考虑计划期内主客观条件下根据有关各项指标的综合平衡，事先计算的产品成本水平，一经确定就成为考核和评价企业实际耗费水平的尺度。可见计算成本指标与目标成本的形成与意义是不同的。

2. 数学计算法

用数学计算法预测成本主要是产品成本发展趋势的预测。根据成本和产量的相互关系的直线方程 $y = a + bx$，预测一定产量下的总成本和单位成本水平。式中，y 为因变量；a 代表固定成本；b 代表单位变动成本；x 代表产量。在坐标轴上，a 表示直线在 y 轴的截距，b 表示这条直线的斜率，其中，x 为自变量，y 为因变量，a、b 为常数项。所以，只要求出方程式 a、b 的值，就可以利用这条直线方程预测产品在一定产量下的总成本、单位成本。计算的具体方法常用高低点法和回归分析法。

（1）高低点法

高低点法是通过运用数学的方法来预测产品成本，根据历史资料中产量最高期和最低期的成本数据，推算成本中的固定成本和变动成本，从而预测一定产量下的总成本和单位产品成本，如图 3.5 所示。

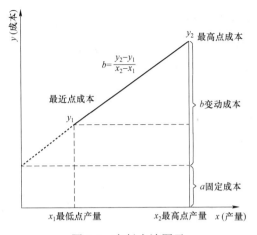

图 3.5　高低点法图示

从图示可列公式，即

$$b = \frac{y_2 - y_1}{x_2 - x_1}$$

式中　y_2——最高产量期成本；

　　　y_1——最低产量期成本；

　　　x_2——最高期产量；

　　　x_1——最低期产量。

（2）回归分析法

用回归分析法预测产品成本，是根据历史统计资料进行汇总，求出计算回归系数的有关数值，代入回归方程，求出回归系数，然后根据计划期产量及回归系数，计算出计划期成本水平。

根据 $y = a + bx$ 的方程式，用最小二乘法计算得出 a,b 系数的数学关系式：

$$b = \frac{\sum xy - \dfrac{\sum x \sum y}{n}}{\sum x^2 - \dfrac{\left(\sum x \right)^2}{n}}$$

$$a = \frac{\sum y - b \sum x}{n}$$

式中　n——期数；

　　　x——计划期产量；

y——计划期总成本预测值。

汇总企业某产品各年成本资料，求出 $\sum x, \sum y, \sum x^2, \sum xy$，将它们的值代入 a，b 值的数学关系式，分别求出 a，b 值，将 a，b 值及计划期产量代入

$$y = a + bx$$

得计划期成本预测值。

（三）成本控制

成本控制，是依据一定标准，对产品成本形成过程进行经常性的检查监督，及时发现并纠正脱离成本目标的偏差，使产品成本数额限制在成本计划指标或成本目标所允许的范围之内，以保证达到提高企业经济效益的目标。因此，成本控制是成本管理工作的关键一环。

1．成本控制程序

成本控制，应当遵循的基本程序是：制定控制目标，监督成本形成过程，纠正偏差。

（1）制定控制成本的目标（或称成本控制标准）

这是建立成本控制的依据。制定成本控制标准，可以采用不同的方法进行，主要有价值工程法、计划指标分解法、预算法、定额法等。

① 价值工程法。价值工程法是以产品功能分析为中心，把技术工作与经济工作密切结合，用最少的费用获得必要的功能，更好地满足用户需要的方法，这种方法在开发新产品，改进老产品的设计工作中，对于控制目标成本，效果极其显著。同时，在定型产品的生产过程中，应用价值工程分析方法，通过局部改进结构，改进加工工艺与生产组织方法，节约原材料和其他费用，来制定目标成本或计划成本指标，也是有效方法之一。

② 计划指标分解法。计划指标分解法是把企业的成本计划指标，按照管理责任的层次和范围，层层分解划细，逐级下达，落实到车间、科室、班组以至职工个人，明确各层次应承担的控制成本的责任。

③ 预算法。预算法一般是按季度生产计划，预计短期内（如一个月）需要开支的各项费用数额，经过平衡，下达到车间、科室，作为费用控制标准。同时要将保证措施纳入预算之内，做到既有利于生产，又能切实地控制成本。

④ 定额法。定额法，即根据各项定额制定费用开支标准。凡是有定额的费用，一律用定额控制，不能建立定额的可用国家的成本开支范围和标准进

行控制。这种方法的好处是使成本控制更加具体、可靠。

（2）对成本的形成进行监督

在成本的形成过程中，要经常进行检查对比，以保证不偏离成本目标。成本的归口分级管理制度是有效的监督方式。所谓分级管理，就是在厂长和总会计师的领导下，由厂部财务部门进行统一平衡，制订统一计划，然后分厂部、车间、班组三级管理成本指标。所谓归口管理，即根据厂部各职能部门所分管的业务范围，分管有关成本指标，建立责任制，形成责任成本。成本指标是经济核算指标的重要组成部分，所以成本的归口管理也就是归口分级核算的重要内容。因此组织好经济核算体系，是进行成本控制的有效方式。成本的监督工作是十分复杂细致的工作，必须根据它的构成要素建立日常的管理办法。例如，对于材料费用，要从材料消耗和材料采购两方面来管理；对于工资费用，要从工资基金、劳动生产率、职工人数及出勤率等方面来管理；对于综合性费用，分析具体因素，有重点地、分别按定额、标准等方法进行管理。每项费用的支付都必须建立制度，并严格执行。

（3）分析原因，纠正偏差

这是成本控制的核心工作。前两项工作是控制工作的必要准备，根据检查对比发现偏差程度，经过进一步分析查明原因，要采取对策，进行纠正。对于产生的偏差，要用科学的态度和科学的方法进行调查研究，弄清真相。成本控制，不仅要求对已经产生的偏差进行纠正，而且要对将要发生的偏差或者说对有发生偏差可能的因素，要采取预防性措施，使之不发生。为了达到这一要求，准确及时地做好控制记录和进行成本分析工作是重要的手段。

2. 成本控制的内容

成本控制工作要在生产经营活动全过程中进行。产品的成本是在生产经营的全过程中形成的，每个过程都有相应的开支，所以应当针对每一过程的特点采取控制措施。生产经营过程大体可以分为生产准备过程、生产过程、计划组织过程、销售过程等，对这些引起过程的成本支出进行控制。

（1）生产准备过程的成本控制

这一过程的任务主要是为生产产品创造物质条件和技术条件，如确定产品设计和生产工艺、准备原材料装备、工作场地等。这些活动不仅本身消耗的人力、物力都要构成产品成本的一部分，而它的活动结果好坏也往往会影响到下一阶段成本的高低。特别是一些技术准备工作，对成本影响相当大。

如产品功能，能在满足用户基本要求条件下消除过剩功能，就可以降低成本；又如在保证产品质量前提下，尽量简化结构，也可以降低成本。所以说，技术工作对成本的影响很大，必须重视技术工作的经济效果。应当把生产准备过程作为成本控制的重点切实抓好。价值工程分析的方法是提高技术经济效果的有效方法，应当积极推广应用。

（2）生产过程的成本控制

生产过程是直接进行加工制造形成产品的过程。在这一过程中大量消耗人力、物力。有的物资将变为产品的实体，有的则是加工对象所必需的要素。物资消耗的多少，在产品结构、制造工艺不变的条件下，基本上变化不大。因此，对这一阶段的成本控制，应当把重点放在掌握消耗定额，防止超出定额发生浪费方面，并力求提高劳动生产率和提高产品质量，以使产品成本相对降低。

（3）计划组织过程的成本控制

这一过程主要协调生产准备过程和生产过程中的一系列组织活动，如安排生产进度，组织生产衔接，协调各项计划，保证均衡生产等。这一过程的特点是它自身消耗的人力、物力不多，成本支出只是计划、调度、核算等一些工作人员的工资和一些办公费用，在成本中所占比重有限，但其工作质量好坏，对成本影响很大。例如，组织批量生产，批量选择不当，批量过大时将造成设备、工具紧张，批量过小时会造成设备空闲调整费用的增加，这都会使成本增高。此外，如果计划安排得前紧后松、调度不当、停工待料、劳动调配不合理造成停车等，也都会增加开支，抬高成本。因此，对这一过程的控制，应当把重点放在提高计划组织工作质量和研究考核这项工作对成本的影响方面。

（4）销售的成本控制

随着国民经济体制改革的进展和企业经营管理工作的加强，产品销售过程的重要性将日益明显。在销售过程中将支付销售人员的工资、展览费、销售费用、技术服务费用、包装费用、运输费用、仓库费用等，这些都是构成成本的因素。这一过程的控制重点是提高工作质量与工作效率，合理选定销售对象和发货批量，减少产成品的仓库积压，节约销售费用的支出。

由此可见，成本控制工作涉及企业生产经营的全过程。按照上述三个基本程序，即制定控制目标，监督形成过程，纠正偏差，发动全厂职工普遍参与成本管理活动，这样，就形成了全员、全过程的全面成本管理。

（四）成本分析

1. **成本分析的内容和种类**

成本分析，是成本控制基本程序的组成部分，通过成本检查监督，发现偏离控制标准时，要经过成本分析查清发生偏差的原因，为采取对策纠正偏差提高根据，促进企业不断降低成本。

成本分析的主要内容包括：全部商品产品成本计划完成情况分析。

成本分析，按照分析者的主体和分析的内容范围来划分，有职工群众参加的日常成本分析，专业人员进行的定期分析及根据中心任务进行的专题分析。

群众性的日常分析，是由分管有关成本核算的职工群众直接进行。这种分析的特点是执行者和分析者属同一主体。职工群众对自己的工作最熟悉，因而容易发现问题，并最了解问题的症结所在。班组的工人群众，可以利用每天班前、班后时间，经营开展分析，使得分析工作灵活而及时，提出的改进措施会切实有效。

专业核算人员的定期分析，一般是按月、季、年为期进行，是对成本完成情况的全面评价。

专题分析，是结合企业不同时期的经营管理任务，有重点地分析成本管理中存在突出问题以便提出针对性强的改进措施。

这三种分析，各有特点，在实际工作中应当根据需要结合运用，使分析工作能做到经常、全面、深刻。

2. **成本分析的技术方法**

成本分析的方法较多，这里主要介绍两种：成本指标对比法、连锁替代法。

（1）成本指标对比法

指标对比法，是将实际成本指标与某种对象指标之间相互比较，找出差距，根据对比对象的不同，可与同期的计划指标对比；与不同期的完成指标对比；与同类企业先进指标的对比。与本企业同期的计划指标对比，可以检查计划完成情况与差距，并可以为提高计划工作质量提供参考依据。

与本企业不同期实际成本指标对比，例如，与上期、与上年同期、与历史最高水平的实际成本指标对比，可以揭示成本不断降低的趋势，评价当前成本管理水平。

与同类企业先进指标对比，可以扩大眼界，发现落后与先进的差距，促进成本管理工作有更大的提高。

指标对比法，在实际应用中必须注意对应指标之间的可比性。如果在对比指标中发现有不可比因素时，要经过调整以后再进行分析，否则对比结果就失去了实际意义。例如，成本构成中的材料、燃料等价格的重大变动，成本项目的调整，生产组织的重大改革（如专业与协作关系的调整）等影响成本数额的外来因素出现时，都要经过调整以后再进行对比。

（2）连锁替代法

连锁替代法，是按顺序逐一替换两个对比指标的各个构成因素，以确定各个因素对成本指标的影响程度，连锁替代法是因素分析的一种。

第四章　新形势下民营企业经济的宏观把握与微观透视

第一节　新形势下民营企业经济管理的创新策略分析

一、民营经济概述

概念是对事物本质的把握，是对事物的理性认识。概念的模糊，必然带来实践的混乱。关于民营经济的概念，有多种认识和理解。从本质特征来看，民营经济是在社会主义初级阶段和社会主义市场经济条件下，相对国有经济而存在的，依法自主经营、自负盈亏、自我约束、自求发展的民间所有制经济。民营经济是相对国有经济而言的，而不是相对公有制经济而言的。民间所有才是民营经济的本质特征。"民营经济"实乃"民有经济"。

1. 民营经济的概念

"民营经济"屡见于理论文章、领导报告和报纸杂志，不少地方还成立了研究民营经济的学术团体。本书对民营经济概念的理解有以下四点。第一，民营经济是现实经济生活中客观存在的一种民间所有制经济形式。在所有制改革中，我国实行的是以公有制为主，多种经济成分并存的方针。现存的多种经济成分从所有制的实质来看，可分为两大类：一类是国有经济，这是一种国家所有制经济形式，国家是它的代表；另一类是民营经济，这是一种民间所有制经济形式，是完全意义上的自主经营、自负盈亏、自我约束、自求发展的经济，包括民间个人所有和民间集体所有两种。这两类经济形式的本质区别是所有制。目前出现的"国有民营"的经济形式，不属于民营经济的范畴，因为它只是改变了经营形式，并没有改变所有制性质，依然是国有经济。第二，民营经济的概念是相对国家所有还是民间所有而言的，不是相对公有制还是私有制而言的。在我国现存的多种经济成分中，国有经济以外的其他经济成分都属于民营经济范畴，也就是说民营经济不仅包括非公有制经济，还包括初级公有制形式一集体所有制经济。因为集体所有制经济虽属公有制经济，但不属于国家所有的国有经济，而是民间集体所有的民营经济。第三，现实经济生活中的混合型经济，如中外合资企业、合作制企业、股份制企业等，它们有国有成分，有集体成分，有私有成分，在概念上应该怎么区分呢？除国家处于控股地位的混合型经济实体之外，其他都应属于民营经济范畴。第四，我国现有的民营经济是社会主义初级阶段的产物，是社会主义市场经济的产物，是依附于社会主义制度的经济形式。如果没有社会主义市场经济提供体制保证，我国就不会有民营经济的存在和发展。因此，应该把民营经济放在社会主义市场经济的历史背景下进行研究。综上所述，民营经济是在社会主义初级阶段和社会主义市场经济条件下，相对国有经济而存在的，依法自主经营、自负盈亏、自我约束、自求发展的民间所有制经济。它包括民间个人所有和民间集体所有的经济成分，是国民经济的重要组成部分。

科学界定民营经济的概念，具有十分重要的理论意义和实际意义。一是有利于社会主义市场经济体制的建立。社会主义市场经济要求建立产权清晰的现代企业制度、公平合理的市场竞争机制和现代化的经济管理制度。民营经济的产权是清晰的，而国有经济的产权历来比较模糊，"全民所有，人人没有"。如果把现有经济成分分成民营经济和国有经济，把除民营经济以外的全民所有制经济叫国有经济，并将它归属为代表全民利益的国家所有，那么国有经济的产权就比较清晰了。国有经济的产权属于国家所有，由国家委派厂长（经理）代理进行经营管理。这样，民营经济和国有经济都有了清晰的产权，它们就可成为市场经济的真正主体，把对方作为平等竞争的对象，不断提高自身的经营管理水平和适应市场的能力，从而推动整个社会主义市场经济体制的建立。二是有利于巩固国有经济的主导地位。把经济形式分为民营经济和国有经济两大类，政府就可以通过宏观调控手段来协调两者的比例、结构、发展速度和规模，既能促进民营经济的健康发展，又能保证国有经济的主导地位。特别是对稀有资源和短缺资源的分配，能优先保证主导经济；对关系国计民生的重大行业和产业，能保证以国有经济为主或垄断经营。三是有利于民营经济自身的发展。弄清了民营经济的概念，可为国家制定有关民营经济的发展规划、政策法规提供依据，改善和提高国家对民营经济的管理，同时可以为民营经济的理论研究奠定基础。随着国家有关民营经济政策法规的不断健全，对民营经济宏观管理的不断改善和对民营经济理论研究的不断深入，必然进一步促进民营经济的持续稳定健康发展。

2. 民营经济的范围

根据上述民营经济的概念，在我国现有经济成分中，除了国有经济之外的其他经济成分都应属于民营经济的范畴。具体来说，民营经济包括如下内容。

（1）个体私营经济

个体私营经济产权十分清晰，属我国公民私人所有，完全按社会主义市场经济规律的要求自主经营、自负盈亏，不要国家投资，不受国家指令性计划调控，不按国家的工资标准支付劳动报酬，依法经营，照章缴纳税费，是无可非议的民营经济。

（2）外商独资企业

这是中国境内外国公民所有的经济实体，是改革开放的产物。这类经济实体除按我国政策法规依法经营缴纳税费外，其他一切独立自主经营，也是地道的民营经济。

（3）除国家处于控股地位以外的混合型经济

这类经济包括合作制经济，股份制经济，中外合资、合作企业等。它具有多元化的所有制结构，有国有部分、集体部分，也有私有部分。之所以把除国家处于控股地位以外的混合型经济归属为民营经济范畴，首先是因为它们不属于纯粹的国有经济，同时，它们的经营管理方式、分配方式也不同于国有经济。它们不是国家全部直接投资，而是合资；不是由政府部门直接任命厂长（经理），而是根据各方投资多少成立董事会，由董事会任命厂长（经理）；不是按国家工资规定标准进行分配，而是根据经营效益按股分红，确定工资标准；不是按计划调节，而是按市场规律调节；所以，它们应该属于民营经济的范畴。

（4）农村专业户和村级经济

这是农村改革的产物。农村专业户具有一定的生产规模，以生产农副产品为主，除租用了国有土地外，全部的投资靠自筹，产品靠自销，分配上"交完国家的，留足集体的，剩下就是自己的"，当然是民营经济。村级经济属全体村民集体所有而非国有，所有制形式和分配形式都具有民营经济的性质，因此也属民营经济。

（5）乡镇企业和区街经济

乡镇企业和区街经济是初级公有制形式，是社会主义初级阶段的产物。它们是民间集体所有而非国有，其生产经营模式和分配方式与国有经济有很大区别。国家不对它们直接投资，也不直接干预它们的生产经营和分配，它们主要是依据政府的宏观调控和市场调节来组织生产经营活动，按企业经营情况决定劳动用工和分配。目前，有些地方把乡镇企业按国有企业对待，照搬国有企业的生产经营模式，这种做法不利于乡镇企业的发展，只有把它当作民营经济对待，才能保持其发展势头。

3. 民营经济的特点

唯物辩证法告诉我们，事物内部所固有的矛盾的特殊性是一事物区别于他事物的质的规定性。民营经济作为一个经济范畴，具有如下几个方面的主要特点。

（1）产权的清晰性

民营经济属民间所有制经济，产权比较清晰。如个体经济归个人所有，外商独资经济归外国老板所有，私营经济归私营企业主所有，中外合资企业和合作制企业归出资者或合作者所有，等等。它们的所有权是清晰的，是看得见、摸得着的，这是民营经济最显著的特点之一。

（2）经营的自主性

民营企业由于没有国家的直接投资，产权比较清晰，所以它在有关法律和政策允许的范围内完完全全实行自主经营、自负盈亏、自我约束、自求发展。生产什么，生产多少，到哪里出售，以什么价格出售，利润怎么分配，工资标准怎么定，用工多少，内部管理制度怎样确定，全部按市场经济规律和企业经营实际需要自主决定。民营企业的一切生产经营责任和后果全由自己负责，一切生产经营活动都不受政府的直接干预和控制，具有真正的法人地位。

（3）经营范围的广泛性

目前，我国民营经济的经营范围十分广泛，除国家垄断经营的行业和产业之外，几乎涉及了各个行业、各个领域，并在某些行业占有重要的地位。可以说，哪里有市场，哪里就有民营经济存在。还有不少民营企业把自己的生存空间拓展到了省外乃至国外。

（4）经营方式的灵活性

在激烈的市场竞争中，民营企业能够持续发展，立于不败之地，经营方式的灵活性是它们出奇制胜的重要法宝之一。首先是经营内容的灵活性。由于民营经济经营者和所有者是统一的，所以决策自主性强，市场需要什么就生产什么，什么有效益就经营什么，可以根据市场经济变化的客观要求及时调节生产，调头快捷、操作灵活，能够及时抓住机遇。二是经营手段的灵活性。在人事方面，它没有"铁饭碗"和"铁交椅"，聘任和解雇自由，实行双向选择，管理人员能上能下，一切都由经营的实际需要和员工个人表现决定；在分配方面，它没有"大锅饭"，没有统一的工资奖金标准，个人报酬由公司效益和个人业绩决定；在供销方面，它没有一成不变的价格，进价和销价均由生产和市场供求关系决定，价格十分灵活；在融资方面，它不是全靠国家贷款，而是多渠道、多形式地融通资金。

（5）对社会制度的依附性

民营经济必须依附一定的社会制度而存在，必须遵守其赖以生存的社会所制定的方针、政策、法律、法规，服从社会的总体利益，为该社会发展服务。因此，它的性质是由所依附的社会制度决定的。在资本主义制度下的民营经济，依附于资本主义社会，是构成资本主义社会的细胞，为资本主义社会服务，属于资本主义。我国现在的民营经济是在社会主义制度下产生和发展起来的，它依附于社会主义社会，遵守党和国家的方针、政策和法律法规，为建设社会主义市场经济服务，是社会主义初级阶段国民经济的重要组成部分。

二、企业管理创新理论与民营企业经济管理创新意义

（一）企业管理创新理论分析

许多管理学大师都对管理进行了不同方式的定义，但无论他们定义的方

式和角度如何迥异，其对管理的基本认识都包括计划、组织、领导和控制四个主要方面。所谓管理就是人们以计划、组织、领导和控制等基本活动作为手段，对所掌握的资源进行合理地利用和分配，从而达到组织目标的一个实践过程。为了进一步理解这一实践过程，首先应认识到管理是在一定的组织架构下实施和实现的，不存在没有组织的管理；其次，对组织进行管理的目的是实现组织目标，在实现组织目标的过程中，要做到充分地利用组织资源，实现组织资源的最大化利用；最后，在组织内进行管理的整个过程中要运用必要的手段，这些手段包括计划、组织、领导和控制四种。对于管理过程中的四种手段的运用并非是完全孤立和程序化的，而是相互交叉的，同时这四种手段作为一个过程也是一个不断循环的过程。在管理实施过程中要跟随环境的变化做出新的计划，并依据计划组织资源实施，然后通过领导手段来引领组织资源配置，最后通过控制手段组织资源向组织目标流动，并通过对结果的反馈进一步对计划做出新的调整。在领导和控制过程中根据需要不断地对计划完善调整并进行相应的组织安排，同样，在计划和组织过程中也要做好计划制作的领导并对计划中的变量和方向进行一定的控制。而我国著名管理专家周三多提出，除了以上四个职能外，管理还应有第五个重要职能——创新。创新的主要功能则是促使企业更为有效的持续运行、健康发展，创新职能更像是管理中一个动力之源，但只有与其他四个职能进行结合才具有其价值。结合关于上四个要素的分析，再加上对创新职能的理解，管理的创新职能与其他四个职能紧密相连，在不同的时期，通过创新职能，管理的其他四个职能也会相应地随之变化。

企业的管理过程本质上是一个运用各种有效手段对各种内部可控资源进行有效的配置，从而实现企业目标的过程。管理创新乃是对管理的一种创新，其着眼点有以下三个方面：管理思想的创新，资源配置、活动秩序和企业氛围的创新，控制手段的创新。管理理念的创新主要是对管理目标进行创新性的改进，从而使得整个管理得到创新。资源配置、活动秩序和企业氛围的创新，主要是从硬件、软件分类的视角，来看待企业的管理创新。其中对资源配置的创新属于硬件创新；而针对活动秩序和企业氛围的创新为软件的创新。控制手段的创新，则主要是对四种基本手段进行创新以改进整个管理的流程，使得管理流程更加高效。本书主要从两个方面进行探讨分析，因为控制手段的创新更类似于一种视角，而这个视角与思想观念、资源配置、活动秩序和企业氛围等内容密不可分，而学界对管理是否是控制已有很多反思和争论，因此这里不再单独讨论。

管理创新根据管理思想、企业战略、组织架构、企业文化、管控手段和企业制度等不同视角和创新切入点，构成了完整的管理创新体系。其中管理观念创新属于管理思想的创新，战略管理创新、组织机构创新、制度创新、产品及服务创新属于资源配置、活动秩序的创新，关系创新属于企业氛围创新的一个具体应用。

1. 管理观念的创新

管理观念是整个企业管理过程中的灵魂，是对企业实施各种管理措施的基本指导思想。管理观念的确定是一个复杂的过程，它涉及对企业经营外部环境的把握、对企业所拥有的资源和能力的细致分析和对企业战略目标的确定，经过对各个方面的协调和整合最终确定出企业的基本指导思想。企业的管理观念具有相对稳定性，一旦确定就不易改变。企业的管理观念和具体经营过程相互影响、相互促进。管理观念创新是提出一种崭新的不同于以往的经营思路，这种经营思路既可对企业所有经营活动来说是新颖的，也可是仅对某一企业经营活动来说是新颖的。只要这种经营思路被证明是切实可行的，那么这就是一种管理创新。管理观念的创新是整个企业管理创新的出发点，是思想创新。现代企业经营管理过程中经营管理理念正在发生巨大的变化，由注重物的管理向注重人的管理方向转变，由注重有形资产的管理向注重无形资产的管理转变，由企业间的绝对竞争关系向企业间竞争与合作并存并逐步寻求共赢转变，所有的这些都体现出企业的管理理念在发生巨大而深刻的变动。这些企业管理理念的变动无疑极大地促进了企业经营管理效率的提高。所以，在企业进行管理创新的过程中，最重要的就是进行一场深刻的管理理念的创新，这需要不断地学习和探索，需要不断的对内自省并引进外来先进的管理人才和管理经验。人的一切活动均源于思想，管理思想、观念的创新居于整个管理创新的灵魂位置。

2. 战略管理的创新

战略管理对于企业的生存和发展有着举足轻重的作用，它是企业进行管理创新的灵魂，因而也构成企业管理创新的一部分。企业在进行管理创新过程中，应当把握好战略创新的节奏，着眼于全球竞争的大视角。企业进行战略的创新应当把握好自身的核心竞争力，通过不断地发展核心竞争力以适应外部环境的发展变化并力图引领变化潮流，从而实现企业的可持续发展。管理的创新是战略创新的微观层面的操作，为了实现企业的创新战略就必须不断改变企业的经营管理方式，通过管理的创新使得企业以一种不同的方式运行，这充分说明了战略管理创新对企业创新的作用。

3. 组织结构的创新

组织管理创新即是通过创立一个崭新的组织或者对原有的组织架构进行整合得到一个更有效率的组织架构，这种新形成的组织能够在企业的目标实现过程中正常地运行并起到促进作用。在管理过程中，其对象是必然指向某组织，因此，对于组织进行创新就成为进行管理创新的基础。在现代企业中，企业组织再也不是一个固定不变的工作单位，而是一个能够通过不断的学习适应变化和促进变化的有机体。随着知识经济的到来，组织正在发生着十分深刻的变革，组织间的共享性和虚拟性正在逐步增强，组织之间正在构建一种超高共享性的网络，而管理层级的扁平化也导致人际关系的更加平等。在新型组织体系中，知识和专业技术更加占据重要影响地位，逐渐形成技术和知识为基础的业务单元，这是组织的一大创新。业务单元的组织形式具有极强的适应性和工作弹性，因而能够产生诸多创意性的业务解决方案。同时，这种不同的组织状态需要企业在管理过程中采用与以往不同的方法进行管理，否则将会妨碍组织效能的发挥，可见正是组织机构的创新，影响着管理在不断地进步。企业在组织机构创新的过程中要特别注意结合内外环境，遵循组织运行的基本规律，组织运行的实际效果作为最为可靠的检验指标。为了能够成功地实现组织机构创新，企业一方面必须做到组织机构内部的决策分散化，即要根据市场的变化和企业自身经营状况，制定出有针对性的应对措施，另一方面要建立平行流程网络下的组织结构，这不仅有利于企业内部高效的信息传递和交流机制的建立，也能确保企业内部各部门之间的有效沟通，还能促进企业决策的高效传达和运行。

4. 制度的创新

制度的改变或创新即是设计一种新的管理方法或标准，这种管理方法或标准如果有效，就会为企业的整体管理或者部分管理带来最直接的影响，这即是一种管理创新。通过对企业的管理制度进行不断地改进，企业的制度会不断促进企业的发展，企业的整个资源整合利用过程会更加合理，最终，整个企业运转会更加流畅。

5. 产品与服务的创新

产品及服务模式的管理创新主要包括生产、品牌、技术工艺、营销及客户服务等方面的管理创新。主要是基于市场的变化，企业应主动调整生产的产品本身、产品的生产方式、产品的品牌定位与组合、产品的生产工艺、产品的销售方式、产品的售后服务等一系列的生产经营活动而进行的管理创新，其核心宗旨在于使持续整合、改良、优化的管理活动适应企业产品发展战略的需求，进而满足消费者需要，使企业创新价值实现最大化。上述各项管理活动中，营销模式的管理创新尤为关键。这是因为，对于任何企业而言，其生存的关键首先来自于市场，只有拥有广阔市场的企业才能够不断发展，而一旦市场逐步萎缩，则导致企业岌岌可危。在营销的整个过程中，市场信息由一线销售人员向企业进行传播，信息传播的速度严重地影响着营销销售的质量和数量。所以，必须建立起网络化的信息传递模式，从而提高营销过程的信息传递和反馈速度。从另一方面讲，通过构建网络化的销售平台能改变过于传统的一对一的销售方式，从而减少企业的成本和负担，进而为企业带来额外的利润，提高企业竞争力。对于销售模式的管理创新，利用网络平台将是很重要的一个方面，但是销售的管理创新也不限于此。销售的管理创新应当注重采用一切可迅速传递信息的手段和方式，并拉近客户与企业的沟通方式，以便客户的诉求能够在最短的时间内进入企业的供给规划之中。销售模式创新实质是管理创新的一大动力，涉及企业生死存亡的领域总能激起企业的深思熟虑和深刻改革，这也为研究管理创新提供了一个新的视角。

6. 关系的创新

关系创新是在关系管理过程中提出一种新的方法或者对原有的方法进行合理的改进，使得企业运行效率提高，员工关系更加和睦。这也是一种管理创新，它的效果在于通过人员关系的改变促进整个企业氛围的改善，从而增强整个企业的凝聚力。

7. 管理原则的创新

管理创新是企业的一种资源整合创新，这种创新并非是随机产生的，而是在企业全体员工思维的碰撞和摸索中产生的。所以，要实现企业管理创新是有迹可循的。在企业的管理创新过程中，要确立相应的原则作为整个创新过程的引导和约束，具体的创新过程不能超越原则的制约，否则将会导致管理创新走向歧路。这些具体的管理创新原则包括与市场变动相接轨、与本企业实际状况和发展阶段相契合和坚持以人为本的企业管理创新根本策略。

（1）紧随市场变动

企业进行管理创新的根本动力来自对不断变化的市场状况的适应，为此，企业管理创新就必须紧随市场变动的步伐。企业在创新过程中要紧紧把握市场的脉搏，完善市场竞争机制，及时掌握各种涉及本行业的信息和动态，据此做出相应的调整。这样不仅能够实现企业发展的目标，又能够走在行业的前列，提高经济效益。

（2）契合本企业状况

管理创新的根本目的在于提高本企业的管理水平，促进本企业效益的提高，所以企业管理创新不可尽搬所谓的经典模式，应当对其做出适当的适合自我状况的改进。在管理创新过程中，要时刻把自我发展的阶段和实际状况作为出发点，只有把握这个出发点才能确定出合理的目标，制订合理的计划，而不是好高骛远、邯郸学步。

（3）坚持以人为本

在管理创新过程中，最重要的资源莫过于人，所以坚持以人为本具有非常重要的意义。这里所讲到的人不仅是高层管理者，还包括所有与企业的经营相关的人员，包括一线的业务人员、工作人员和技术人员。因为他们能够更真切地了解到什么样的改进能够更高的促进企业运行的效率。同时，以人为本，尊重企业中的每一个人的观点和建议能够在无形中使得每个人将自己当作公司的一部分，尽心尽力地为改进公司运行中的不足献计献策，为企业管理创新提供思路和创意。

（二）民营企业经济管理创新的意义

民营企业进行任何经营活动的最终目的都是追求最大化的利润，用最低廉的成本谋求最大化的经济利润是民营企业面临的一项长远工作，在市场竞争日益激烈的新形势下，如果能够实现民营企业经济管理的创新，民营企业就能够促进最大化经济利益目标的实现。民营企业进行经济管理的创新，一方面能够保证资金的合理使用，提高资源的使用效率，另一方面能够降低民营企业的生产经营成本，实现民营企业利益的最大化。因此，民营企业经济管理的创新是在新形势下发展的必然要求，民营企业必须要认识清楚经济正朝着知识化、市场化、信息化和全球化的方向发展，只有建立健全经济管理创新体制，民营企业才能更好地掌握市场信息，才能更好地应对各种新挑战。

三、民营企业经济管理创新策略

（一）民营企业经济管理创新理念

民营企业经济管理的创新首要的就是创新民营企业的经营管理理念。掌握了先进的管理理念，才能更好地引导民营企业及其成员进行创新活动。民营企业高层应当在民营企业内部营造一种积极向上的创新氛围，采取有效措施促使民营企业中所有员工或多数员工具有创新意识，并掌握创新能力。新形势下的竞争环境是非常激烈的，因此，现代民营企业应当建立一种危机管理意识及战略管理机制。在制定战略机制的时候，管理者必须从纵观大局和统筹全局的角度来规划战略，才能避免顾此失彼的情况发生。同时，通过创新的管理理念的指导，民营企业运行机制活动得到了创新，那么就能很快适应当前的经济形势和格局，在激烈的市场竞争中占有一席之位。

（二）民营企业经济管理制度的创新

制度是民营企业经济管理的基础。民营企业经济管理创新的进程在很大程度上受民营企业经济管理制度的制约，民营企业要想进行经济管理的创新，必须从根本上创新经济管理制度。所以，现代民营企业应该根据当前的经济形势并结合民营企业自身的发展方向，建立一种较为完善、切实可行的经营管理制度，为民营企业进行创新性活动打下坚实的基础，全面推动民营企业进行创新，确保民营企业稳定快速的增长。

首先，民营企业应该构建"以人为本"的人性化管理机制，为员工的个人发展提供良好的条件，例如，改善员工的薪资制度，建立相应的奖罚制度、绩效考核制度等。其次，对人力资源规划要给予高度的重视，并不断进行完善。最后，民营企业还需创建一种监督和决策机制。监督与决策机制的主要目的就是倡导民主，让民营企业内部的所有员工都参与进来，增强民营企业内部员工的归属感和忠诚度，让员工能够心甘情愿地为民营企业做事，使员工能体会到工作不单单是为民营企业赢得利润，更重要的是能为自己赢得利润。还要充分调动员工的工作热情和主动性，使整个民营企业都充满活力。

（三）民营企业经济管理组织模式的创新

经济管理组织在民营企业的发展中有着重要的作用，有效的经济管理组织能够不断提高民营企业的经济和社会效益，落后的经济管理组织则会严重阻碍民营企业预期经济效益的实现。为了取得良好的经济效益和社会效益，必须创新民营企业的经济管理组织，为此，可以从以下几方面着手进行创新：第一，促进柔软化管理组织的建立，实现民营企业管理组织的多样化；第二，促进民营企业经济管理扁平化管理组织的建立，简化管理组织的层次，形成紧缩的组织结构，提高民营企业经济管理组织的效率，促进管理信息的传递和反馈；第三，促进虚拟化管理机制的建立。随着信息化技术的发展，民营企业要借助先进的信息技术对管理组织的结构进行合理规划，实现对管理信息和管理数据的整合，从而建立无形的管理机制。

民营企业的经济管理对民营企业的发展尤为重要，创新是一个民营企业得以发展的基本动力，在当前形势下，进行民营企业经济管理方面的创新是民营企业获得更高竞争力的基本途径。民营企业要想保持良好的发展势头，保持自己的长足发展，必须要进行深入有效的经济管理创新，才能够从根本上提高民营企业管理水平，提升民营企业经济管理的效率与水平，促进民营企业的可持续发展。

第二节　宏观经济视角下民营经济的宏观调控

宏观调控是国家管理国民经济的重要职能。宏观调控应坚持以经济手段为主，经济手段与行政手段、法律手段、思想政治工作相结合的方针，努力形成"政府调控市场，市场引导经济"的新格局，以保证民营经济与整个国民经济的协调发展和可持续发展。

一、对民营经济宏观调控的重要性

民营经济是社会主义市场经济的产物，它一开始就是按照市场经济规律运作的，它的生产经营活动主要接受市场调节。但是，民营经济是国民经济的一个重要组成部分，国家绝不能忽视对它的宏观调控。

（一）宏观调控是国家管理经济的重要职能

随着改革的不断深入，政府职能发生转变，实行政企分开。政府管理经济的主要职能从直接管理企业转向宏观经济调控，即主要是通过经济、行政、法律、教育等手段调控国民经济全局的总量，保证社会总需求和总供应的平衡，弥补市场调节的不足和空隙，校正市场调节可能出现的偏差，强化市场调节的积极效果，促进民营经济持续、稳定、健康发展。宏观调控是社会主义市场经济的客观要求，是社会主义市场经济条件下国家管理经济的重要职能。目前，各级政府都在认真探索和总结转变政府职能、加强宏观调控的经验。但是，他们对民营经济的宏观调控问题重视不够，力度也不大，认为民营经济是民间所有的经济，可以让它在市场经济的海洋中自生自灭、自求发展。我们应该看到我国民营经济已经成为国民经济的一个重要组成部分，目前，民营经济产值在国内生产总值中的比重已达 60%以上，如果在占国民经济比重如此之大的一个经济领域中国家的宏观调控缺位或不力，政府对国民经济的宏观管理职能就难以全面实现。因此，各级政府要把搞好对民营经济的宏观调控作为转变政府职能、加强国民经济宏观管理的重要内容予以重视。

（二）宏观调控是保证民营经济顺利发展的客观需要

民营经济主要是接受市场调节的，市场调节不是万能的，市场调节具有自发性、盲目性和滞后性，有许多不足、空隙和缺损，可能导致盲目生产和不良竞争，造成资源浪费、通货膨胀甚至经济危机，人们把这种现象称为"市场失灵"。在资本主义发展过程中，周期性的经济危机使资本主义经济受到过多次严重打击，不少中小型企业倒闭，许多工人失业，现实残酷的经济生活使资本主义国家也逐步认识到了宏观调控的重要性。在社会主义市场经济条件下产生和发展起来的民营经济，如果只有市场的直接调节而没有国家的宏观间接调节，也可能在盲目竞争中畸形发展甚至萎缩。因此，为了保证民营经济的健康发展，国家必须加强对民营经济的宏观调控。

（三）宏观调控是维护社会主义市场经济正常秩序的客观需要

建立社会主义市场经济是一个创造性的事业，在人类历史上尚无先例，没有现成的模式可供借鉴。根据我国的特殊国情和改革实践，为了维护社会主义市场经济的正常秩序，保证社会主义市场经济建设的健康发展，一方面必须充分发挥市场的调节作用，另一方面必须加强政府宏观调控。如果不充分发挥市场调节作用，就不是市场经济，经济也不可能活起来。如果没有政府的宏观调控，可能会带来盲目生产、通货膨胀，造成经济混乱，这是由市场经济所固有的矛盾决定的。而民营经济自身的特点，使它最容易出现盲目生产和盲目竞争。由于民营经济在国民经济中占有较大比重且呈上升趋势，民营经济秩序混乱必然带来整个国民经济秩序的混乱。因此，为了维护社会主义市场经济的正常秩序，必须加强宏观调控，特别是加强对民营经济的宏观调控。

二、国家对民营经济加强宏观调控遵循的原则

根据民营经济的特点，对民营经济的宏观调控，应该遵循以下主要原则。

（一）"三个有利于"的原则

在谈到怎样判断改革的是非得失时邓小平同志提出了"三个有利于"的判断标准，即"应该主要看是否有利于发展社会主义生产力，是否有利于增强社会主义国家的综合国力，是否有利于提高人民的生活水平"。加强对民营经济的宏观调控，也应该把"三个有利于"标准作为首要的和主要的原则。对于民营经济的发展规模、速度以及在国民经济中的比重，都应以"三个有利于"标准来衡量。凡符合"三个有利于"标准的，就应该让它在市场经济的广阔天地里大显身手，平等竞争，优胜劣汰，自我发展；凡有碍于"三个有利于"标准的，就应该运用经济杠杆和政策、法规等手段予以调控、校正，促使其向"三个有利于"方向发展。

（二）优化结构的原则

（1）优化所有制结构。要通过政府宏观调控，在坚持公有制为主的前提下，使国有经济和民营经济之间以及民营经济内部各种经济成分之间达到一个最佳比例，形成一种以公有制为主体、多种经济成分之间平等竞争、相互促进、相互补充、相得益彰的充满生机和活力的经济格局。

（2）优化产业结构。民营经济的产业结构要在与整个国民经济产业结构相适应的同时，继续巩固和发展第三产业，加强第二产业，开拓第一产业。

中国是一个农业大国，农业产业的深度开发还大有可为，要鼓励民营经济向农业产业特别是养殖业和农产品加工业发展。

（3）优化产品结构。要重点扶植民营经济中的名优新特产品，努力提高民营经济产品的优质产品和高新技术产品的比重，淘汰陈旧低质的产品，坚决杜绝伪劣产品。

（4）优化区域经济结构。要通过宏观调控优化区域经济结构，促进地区经济的平衡发展，特别是要促进中西部地区民营经济的发展，缩小东西部地区差距。

（三）与整个国民经济协调发展的原则

（1）发展比重的协调。我国实行的是坚持以公有制为主体、多种经济成分并存的方针，因此，一定要注意协调民营经济在整个国民经济中的比重。对于那些关系国家安全、国计民生的重大行业和产业，应该由国家占主导或垄断地位。

（2）发展速度的协调。民营经济的发展速度应该与整个国民经济发展速度相适应，过快容易形成不能持久的泡沫经济，过慢又会影响整个国民经济的发展速度，因此，应该在国民经济发展计划的整体要求下，发挥民营经济的优势，保持适宜的发展速度。

（3）资源配置的协调。首先是要协调好与国有经济的资源配置，特别对于那些稀有资源和短缺资源，以及关系国计民生的重大资源的配置，要优先主导经济。其次也要注意协调民营经济自身的资源配置，做到资源流向合理、开发充分、转化率高，防止重复建设、"小而全"、粗放经营、技术陈旧、资源浪费、规模效益低等现象。

（四）讲究社会效益的原则

民营经济由于产权清晰，利益直接，一般都十分注重自身现实的经济效益而容易忽视社会效益和长远利益，这也是市场经济不可避免的缺陷。因此，在对民营经济实现宏观调控的过程中，要特别注重讲究社会效益的原则。要通过宏观调控，使民营经济在注重经济效益的同时追求社会效益，在注重眼前利益的同时兼顾长远利益，防止盲目生产、资源浪费和环境污染。

（五）充分发挥优势的原则

要充分发挥民工经济自身的优势，促进试工企业集团和企业集群的形成，进而形成地方特色明显、宏观布局合理的经济格局。目前，像浙江温州市、福建石狮市等具有地方特色的民营经济产业群体已初具规模，国家要通过宏观调控在全国逐步形成各具特色的民营经济产业群和民营企业集团。

三、国家对民营经济加强宏观调控的手段和方式

国家对民营经济的宏观调控应采取经济手段与行政手段、法律手段、教育手段相结合，以经济手段为主的方针，充分运用经济杠杆的调控作用，实行"政府调控市场，市场引导经济"的新格局。

（一）国家实行宏观调控的手段

国家实行宏观调控的重要手段如下。

1. 经济手段

（1）货币发行。这是国家宏观调控的总阀。货币一旦流出这个阀门，就以市场为导向，无法完全人为地操纵它的流向。因此，国家在控制货币发行总量时一定要考虑到民营经济这一块，把它作为确定货币发行量的重要参数之一。

（2）银行信贷。可通过信贷规模和利率来调控民营经济。如需要对民营经济进行总量控制时，可以停止对其发放贷款；需要大力发展时，可扩大贷款发行额度。对需要大力发展的民营经济产业，可扩大贷款规模；对需要限制发展的产业，可以缩小贷款规模。

（3）国家汇率。由于"三资"企业的增多，还有其他民营经济也逐步迈向国际市场，汇率对民营经济的宏观调控作用也越来越大。国家要根据经济发展的客观要求来调整汇率。

（4）税收。主要通过税率浮动和税收优惠来调节，包括关税、国税和地税都可以通过税率的提高、降低和减免来调节民营经济生产。

2. 行政手段

（1）国民经济总体计划。国家在编制国民经济发展五年计划和年度计划时，一定要将民营经济纳入计划之列，包括其发展速度、规模、布局、产业

结构和在整个民营经济中的比重。如果将民营经济放在宏观经济之外，任其自由发展，就可能会出现宏观经济失控，进而影响民营经济乃至整个国民经济的健康发展。

（2）国家制定产品最高限价、最低劳务收费标准和工资标准。目前，民营经济的产品价格和劳务、工资标准差异比较大，国家也不可能管得太死。但是，为了维护市场的正常秩序和保证劳动者的合法权益，国家应该对民营经济的产品制定最高限价，对民营经济的用工制定最低劳务收费和工资标准。

（3）法律手段。通过制定法律法规实行宏观调控。一是加强现在已经出台的法律法规的执行力度；二是结合新情况修改完善法律法规；三是建立健全一些不与国家法律法规相悖的地方性法规；四是建立健全一些相应的政策。法律手段具有强制性，对宏观调控是十分有效的。

（4）教育手段。通过舆论媒体宣传国家的宏观调控方针政策、法律法规、经济手段，引导市场和民营经济发展。

经济手段与行政手段、法律手段、教育手段是相辅相成的，采用任何经济手段都要与行政手段、法律手段、教育手段相结合。没有国家政策法规的保护和宣传教育工作，经济杠杆就不能充分发挥调节作用。同时，行政的、法律的和教育的手段具有经济手段没有的独特作用。如行政手段和法律手段的强制性和教育手段的说理性对人们经济行为的规范有很大作用。因此，在强调以经济手段为主的同时，为更好地发挥经济杠杆对民营经济的调节作用，必须努力加强有关民营经济的法律法规建设，加强对民营经济的宣传教育工作。

（二）国家实行宏观调控的方式

国家实行宏观调控的主要方式如下。

（1）间接调控。即国家通过运用经济杠杆和利益诱导机制调节市场来引导民营经济的生产经营活动，使之符合国民经济协调运行的要求。前文所述的经济手段属间接调控方式，间接调控是国家调节民营经济乃至整个国民经济的主要手段。

（2）直接调控。即国家通过政策、法规、命令等方式直接调节市场和经济，前文所述的行政手段和法律手段属直接调控方式。在强调对民营经济实行间接调控的同时，并不完全放弃直接调控。如对严重浪费资源或严重污染环境的民营企业，必须采用行政手段或法律手段进行直接调控。在运用直接调控手段时要注意控制有度，政策适当，措施得力，执法严格，惩处分明。但在总体上，要坚持以间接调节为主、直接调节为辅。

四、国家对民营经济加强宏观调控的具体措施

（一）将民营经济的宏观调控纳入国民经济宏观调控的总体目标

国民经济的宏观调控主要包括总量调控、结构调控、行为调控和特定目标调控，为了实现国民经济宏观调控的总目标，必须将民营经济的宏观调控纳入国民经济宏观调控总体目标之内。在总量调控中，为实现社会总供给与社会总需求之间的平衡，必须综合考虑民营经济的需求和供给。当需求大于供给，而供给又难以正常增加时，则要压缩需求；当供给大于需求，而需求又难以正常增加时，则要控制供给。在结构调控中，为协调需求结构与供给结构之间及其内部结构的关系，必须把民营经济考虑进去，要分析民营经济的需求结构、供应结构之间及其内部结构的关系，并通过宏观调控，使之与整个国民经济的供需结构相协调。在行为调控中，主要是对民营经济及有关管理部门有碍国民经济协调发展的各种行为进行调控。如生产领域的重复建设、乱采滥伐、粗制滥造、偷工减料、污染环境等行为，金融领域的乱集资、乱拆借、任意发行有价证券、任意提高利率、炒买炒卖外汇等行为，流通领域的倒买倒卖、哄抬物价、欺行霸市、牟取暴利等行为，分配领域的克扣工人工资、任意扩大分配差别等行为，管理领域的乱收费、乱罚款、乱摊派等行为，这些都必须通过加强宏观调控来解决。在特定目标调控中，如对经济过热、通货膨胀等问题的调控，也必须把民营经济放在调控之列。总之，必须把民营经济宏观调控纳入国民经济宏观调控的总体目标之内，才能保证国家宏观调控目标的圆满实现。

（二）充分发挥各级政府及其职能部门在宏观调控中的作用

国家的宏观调控是通过横向、纵向两个体系和层次来组织实施的。横向系统由各级政府及其职能部门组成，纵向系统由中央政府和各级地方政府组成。对民营经济的宏观调控，也必须充分发挥这两个体系的作用。中央要赋

予各省、自治区、直辖市必要的权力，省、自治区、直辖市也要赋予各级地方政府必要的权力，使各级地方政府能够按照国家的法律法规和宏观政策，制定地方性法规、政策，通过地方税收和财政预算，按照国家宏观调控目标和要求以及本地区经济发展的实际情况，调控本地区民营经济的运行，使本地区民营经济的发展既能发挥地方优势，又符合本地区和全国经济协调发展的要求。

计划部门、金融部门和财税部门是国家实行宏观调控的三大杠杆部门，在民营经济的宏观调控中，要充分发挥它们的职能作用。计划部门要及时提出包括民营经济在内的国民经济宏观调控的任务和要求，提出配套实施的宏观调控政策，协调经济杠杆的运用；金融部门要通过制定和完善信贷政策、利率政策、外汇政策，引导民营经济的运行；财税部门要通过制定有关财政税收政策，发挥对民营经济的宏观调控作用；其他各有关政府部门都要根据自己的职责权限积极发挥职能作用。还应该强调的是，宏观调控是以国家为主体，在中央人民政府统一领导和组织下，由国务院各职能部门和各级地方政府共同进行的，因此，在对民营经济实行宏观调控时，各职能部门和地方政府都必须与中央保持一致，主动配合，相互协调，相互支持，以保证宏观调控有效实施。

（三）努力改善宏观调控的微观环境

国家对民营经济实行宏观调控，需要民营经济的主动配合，如果民营经济对国家的宏观调控不予理睬，我行我素，国家的宏观调控目标就难以顺利实现。因此，必须努力改善宏观调控民营经济的微观环境。首先要加强民营经济主体的整体观念。宏观调控着眼于国民经济整体的协调发展，而民营经济往往着眼于自身的现实利益，因此要通过多种形式、多种渠道、多种机制教育和引导民营经济加强整体观念，自觉地服从国家的整体利益，在不妨碍国民经济协调发展的前提下发展自己。当民营经济自身的发展妨碍国民经济协调发展时，要能够自觉服从国家的宏观调控。其次要加强民营经济主体的法治观念。不少民营企业主法制观念比较淡薄，不知法和知之不多的现象比较普遍，因此要加强法治宣传，使民营企业主能知法守法，提高依法经营的自觉性。最后要健全民营经济的监督体系。一方面要强化外部监督，包括工商监督、税务监督、物价监督、质量监督、市场行为监督等；另一方面要健全内部监督，民营经济内部要建立健全工会组织，有条件的要建立党、团组织。国家通过监督体系可促进民营经济宏观调控的落实。

第三节　微观经济视角下民营企业的科学管理

现代化建设进程中，各类企业都实现了非常迅猛的发展，其中，中小企业的蓬勃发展是我国市场经济发展的重要构成。但与此同时，中小企业在经营管理过程中，与国有企业和大型企业比较，在市场竞争力、发展规模和前景、政府扶持等方面都存在比较明显的劣势。作为我国社会经济发展的重要构成，中小企业的长远发展至关重要。企业的长远发展和经营，受外部宏观经济与内部微观经济的共同作用，基于微观经济学，一方面包括企业决策对市场供需产生相应的影响，另一方面也包括企业在日常经营中的内部作为。所以深入研究企业管理与微观经济间的联系，采取科学化的管理路径，是推动现代企业实现更广阔发展的重要保障。

一、微观经济与企业管理概述

（一）微观经济

作为相对于宏观经济的概念，微观经济是指独立的个体经济单位开展的经济性活动，具体包括企业在发展过程中的生产经营活动、产品价格等多样化内容。宏观经济是与微观经济相对的经济学概念范畴，其经由国家主导，根据国家整体局面和利益需求开展宏观调控，无法仅基于市场机制实现。微观经济的运行则是通过市场需求和价格信号，基于市场竞争活动，实现自发性的调整与平衡。微观经济与宏观经济两者之间具有非常密切的联系，一方面微观经济需要在宏观经济平稳发展的前提下才能开展，另一方面，宏观经济需要以微观经济的健康发展作为基础。在微观经济领域，产品价格与产品或服务供给、需求量之间存在非常密切的关系，企业产品价格会在市场中影响其产品反应和销售状况。在社会主义和市场经济发展背景下，微观经济在我国市场调节过程中仍然具有其独特性，国家参与市场调节相关行为。在此过程中，一方面，我国的经济体制和分配制度均具有社会主义发展特色，所以国家对微观经济的调节都体现了社会主义经济基础和与分配方式，另一方面，国家对微观经济的调整具有多功能、全面性及范围大等特点。

（二）企业管理

企业管理是在企业经营过程中对生产经营活动贯彻进行组织计划、指挥协调、控制等活动，这一过程兼具细节性和整体性同。其具体内容非常广泛，主要包含发展战略管理、资本管理、营销管理、人力资源及领导能力提升管理、财务管理等多方面的内容。企业管理的含义主要包括三个方面。首先，企业管理包括最基本的五项管理职能，即组织、领导、计划、控制及激励。其次，通过对基本管理职能的充分运用，协调企业物力、财力及人力等多方资源，推进各部门之间的和谐发展。最后，促进生产经营活动的全面发展，为企业创造理想的经济

收益，推动企业长远发展，这也是企业管理活动的终极目标。企业管理三个方面含义的内容循序渐进，最终推动了现代企业的健康发展。现代企业在日常管理中，主要具有以下两个特点。一是具有指标性。企业对自身财务指标进行设定，能够对自身运营情况加以真实全面体现，有助于管理人员全面深入了解自身经营状况，从而在此基础上进行具有科学性与针对性的管理决策，令企业管理更具有效性和有序性。可见，管理指标的科学合理制定，具有非常显著的必要性。二是具有关联性。企业的运营管理和其他管理模块之间并不是互相独立的，梳理各个部门的管理，明确其工作职责和经营管理具体内容，使现代企业内部实现有序工作开展，提高企业经营规范化和高效化的关键性。除此之外，企业的经济效益和资金来往与经营管理也具有密切关系。所以，经营管理工作开展过程中，企业要注重加强不同部门和经营管理的联系，营造科学积极的内部经营管理环境，以保障顺利开展相关经营管理活动。

（三）微观经济在企业管理中的意义

在企业管理活动中国内，微观经济发挥的作用是就是对其包括销售、生产以及经营的各个环节、财力、人力及物力等各项资源进行最为客观直接性的经济管理。在企业管理中微观经济最为直观核心的体现就是财务管理，在企业经济收益中直接发挥作用，快速、全面且客观地反映企业财务数据和其他各项数据信息，帮助企业决策者和管理者第一时间了解掌握企业动态，发

现经营期间的问题与不足。与此同时，也是直观体现企业规模、利润和负债、资产及经营情况的重要途径。在企业经营管理中，财务管理贯穿整个过程，同时也是企业的命脉所在，能够直观体现运营业绩变化情况。故此，企业管理中，微观经济是进行决策活动的重要推动力，具有不可或缺的关键意义。

二、企业科学管理的重要性

日益激烈的市场竞争环境下，持续进行管理理念革新优化，优化管理模式，是现代企业的必然发展途径。在此背景下，科学管理是确保企业经济收益不断提升，实现最大化利益的关键保障。科学管理要求企业构建科学的内部管理体系，采取科学先进的管理方法和生产技术，推动企业实现可持续性发展，在市场上占据相应的竞争优势。与此同时，企业必须不断进行管理方法和模式的优化创新，实现企业的转型变革，从而与市场发展需求更好地适应，提高企业生产和管理效率水平，促进企业管理工作的有序规范化开展。首先，对于现代企业，提高自身科学管理水平，是对企业制度进行巩固的必然要求。随着现代企业在集约化、大规模方面的发展，不同企业之间的竞争关系与合作关系具有较高的复杂性，所以对于企业自身，在内部管理工作开展中，也具有比较高的难度。传统企业管理理念已经无法适应现代社会的发展，因此必须通过科学的管理措施，才能帮助企业进一步建立巩固现代化的企业制度，满足社会发展与市场经济的需求，推动企业形成健全的内部组织管理体系。其次，科学管理是企业满足社会发展相关需求的必然要求。随着社会主义市场经济的不断发展，企业要实现长久的发展，提高自身竞争力，就必须以市场作为自身经营发展的导向，充分满足市场需求，提高企业产品的价值。所以，基于社会经济发展中消费者需求多样性的不断增加，企业就必须履行科学管理路径，加强市场趋势调研，不断对自身的管理服务进行创新，调整企业产品性能与结构，适应不断变化的市场需求。最后，科学管理相关理论有助于提高企业内部管理决策人员的综合素质水平。在企业经营管理过程中，要实现高水平的管理工作，除了要具备相应的管理经验，对于管理决策层而言，其必须具备丰富的理论知识储备，才能在实际工作中加以科学灵活的运用，最终提高企业的管理水平，推动企业实现发展。在企业的管理过程中，管理决策人员必须具备超前眼光，基于科学管理相关理论知识，优化提升自身管理观念和综合素养水平，才能实现对企业创新工作的有力推动，降低决策过程中的失误概率，降低企业经营风险。

三、微观经济视角下民营企业的科学管理路径

（一）加强科学发展观对生产经营活动的指导

很多企业在运营管理中，财务管理方面存在比较明显的问题，基于此，企业要加强对科学发展观的认知，结合自身情况，采取针对性的管理措施，构建健全的财务预算管理体系，与时代发展需求相适应。实践工作开展中，企业要定期进行市场调研，充分了解当下的市场现状，基于此，对企业的管理方案进行相应的调整。另外，企业要制定内部监督与激励机制，加强对内部员工的约束与激励，推动内部管理工作开展过程中的高效高质量进行，从而奠定预算管理工作的良好基础，使企业实现健康的发展。通过管理机制的建立，能够使财务管理工作在开展过程中更加高效和高质量。对于现代企业的管理而言，科学发展观的运用，最为明显的特点就在于其具有统筹兼顾性，能够对各个工作模块实现全面协调。通过管理体制的制定，能够加强企业内部不同部门之间的联系性，推动内部管理，工作顺畅开展，降低不必要的内耗与成本浪费。在制定财务预算管理体系的过程中，要注意避免束缚工作人员思想，推动相关人员以动态化思想看待分析相关问题，具备长远发展的目光，从而使财务预算方案和企业发展管理具备更强的适应性。财务预算管理体系的全面性是最为关键的，可以将企业内部的各个环节实现高效结合，覆盖企业各个管理和生产模块。

（二）加强科学管理相关学习

现代企业要不断提升自身管理工作的科学性，就必须进行持续性的学习。首先，企业经营管理人员要对科学管理相关理论知识不断加强学习，随着现代社会的不断发展，科学管理相关理论处于不断更新发展的状态，不同理论中对于企业管理而言都具有一定的可借鉴之处，从而推动现代企业管理水平的提升。其次，企业在日常管理中要坚持以人为本的理念。以人为本是现代社会逐渐深入人心的管理理念，加强对企业员工积极性和主观能动性的激发与鼓励，调动每一位员工的能量，使企业在科学管理过程中实现更高水平的

效率。最后，要加强借鉴先进企业的管理经验。在提高企业科学管理水平的过程中，向其他企业学习先进经验也是很重要的，对于优秀实践经验的学习与灵活应用，往往能够实现更加理想的落实效果。

（三）拓宽企业融资渠道

大数据发展和"互联网＋"背景下，很多新型融资模式借助网络平台越来越多地被社会各界了解运用，在此背景下，现代企业具有越来越多元化的融资方式。基于目前时代发展趋势，企业要基于具体情况和自身的发展情况，合理科学地选择适合自身的融资方式，从而将更多的社会资本引入企业发展中企业要加强对目前融资方式的认知，尽可能降低认知方面的偏差，在此基础上合理大胆吸收社会资本，为自身经营管理准备更多的流动资金，确保资金链条具有更高的完整性，从而进一步开展相关营销与生产经营活动。企业决策者要对微观经济和宏观经济的相关理念实现充分结合，基于市场与国家宏观调控作用发挥的基础上，积极借助间接补、资金变基金等多种方式，吸引风险投资、天使投资等，从而获取更多的融资方式。

（四）优化创新营销工作

在市场营销工作方面，企业要加强对市场的细分工作，针对营销模式进行持续性创新。细化市场能够进一步整合具有不同需求的客户群体，实现对其的快速集中。随着网络技术的普及应用，诸如OTO、B2C等电商营销模式层出不穷。对于中小企业而言，创新是其发展的核心所在，而除了要在技术和产品服务、质量水平方面进行创新，营销渠道及开拓市场方面的创新同样具有决定性的作用。通过对市场进行充分调研，有助于企业明确不同类型客户的具体消费需求，在此基础上帮助企业对消费者需求实现更具针对性的满足，对于企业的发展实现有力的促进作用。对于企业营销方式进行创新，能够使企业具有更高水平的社会影响，提高企业知名度。而基于微观经济视角，加强细分与创新营销市场，能够进一步对企业价值进行体现，细分营销市场，明确划分消费者群体，能更好地增强企业产品与服务的针对性。现代企业发展要与时代潮流趋势相适应，充分运用互联网，加强自身产品在各类网络平台上的营销宣传，通过新媒体手段更高效地进行本企业产品和服务的宣传工作。例如，微博、微信已经成为现代社会人们的重要交流与信息获取渠道，所以可以借助大 V 账号推广企业产品，或者借助微信公众号发布推广，使客户更好更多渠道地接受宣传，同时对于潜在客户的发现拓展，也能够实现非常理想的效果。现代企业对于基于新媒体的产品营销大都已经具有较全面的认识和应用，全新的营销方式，有助于使看到本企业产品宣传广告的消费者群体更加多样化，数量也会大大提高，能够取得的营销效果也会愈加理想。除此之外，与传统营销方式相比，其所需的成本费用会显著降低，对于控制企业营销成本，具有很大的作用。

（五）加强产品质量管理

产品的质量水平，是决定企业市场竞争能力的根本所在，是企业的命脉。基于市场经济的发展竞争规律，现代企业要通过对自身产品的质量水平提升，奠定企业经济效益、信誉与长远发展的基础。高质量水准的产品，是现代企业赢取客户认可和市场份额的关键所在。在加强产品质量水平管理工作开展中，首先，企业要加强对原材料质量水平的管理。原材料是决定企业产品质量水平的基础构成，所以必须对其质量加强跟踪与检验。对于不符合国家相关质量要求的原材料，企业要及时停止使用，并将相关情况上报有关部门，对违规原材料厂家进行彻查处理。其次，企业要加强对质量管理流程的优化和管理。在日常生产过程中，要制定科学全面的质量标准，在生产流程中的各个环节中实施对产品的质量控制。对于不合格的半成品，要在生产过程中就加以消灭，实现产品生产的全过程监控与管理。最后，企业要加强产品的成品质量管理。在流入市场之前，企业要对所有产品进行质量与安全的检查，只有符合相关标准的产品，才能允许其流入市场。

（六）提高人力资源管理水平

现代企业要实现高水平的科学管理，就必须坚持以人为本的管理理念，做好人力资源管理工作，并不断提升管理水平。在开展人力资源管理工作时，企业要注重对激励手段的合理应用，通过构建科学合理的管理制度，激发员工的工作热情与能动性，促使全体员工在工作中不断提升工作质量和工作效率。企业要根据实际情况建立符合自身发展状况的绩效与考核制度，有些企业在对员工进行考核时，将利润增长率、销售收入增长率等作为考核指标，并将股票期权、股权等纳入对员工的激励机制，从而使员工在工作中具有更强的动力。通过在人力资源管理中引入内部竞争机制，能够使员工的创造性得以更好地实现，从而调动企业内部的活跃性。通过科学合理的激励措施的运用，能够进一步增强企业管理过程中的理性化与制度化。除此之外，企业要对人才的重要性实现更加深刻全面的认知，积极引进具备高专业素养的专业人才，通过良好的发展前景和薪酬待遇，吸引操作类人才、技术类人才及管理类人才踊跃加入企业内部，从而使企业的人力资源具备更高的水准。内部管理过程中，企业要构建全面科学的人才管理和引进机制，实现科学创新的管理水平。同时，决策管理层人员要充分认识到人力资源管理工作对于企业管理的意义，加强对人力资源工作的日常引导，将其与企业的发展战略相结合。

第五章　信息时代网络经济管理的宏观把握与微观透视

第一节　信息时代网络经济管理简述

在当前的社会背景下，网络经济已经成为了一种新的经济形态。在该经济形态当中，互联网是最重要的手段和最主要的工具，在互联网技术应用的背景下可以实现互联网的产业化发展，同时可以将互联网在发展过程当中所形成的创造性成果融入各个社会领域当中去，使其在生产要素配置当中的功能和价值得到充分发挥，为实体经济的发展提供动力，促进企业财富和社会财富的持续增加。在企业经济管理的领域当中，无论是管理方案的设定还是管理体系的形成，都可以依托于"互联网＋"，构建起现代化的财政支持系统和组织系统，逐步形成一个科学的创新模式。

一、网络经济的定义

网络已改变了人们的一部分生活习性，各种计算机语言被大众普遍认可。麦克尼里说："网络就是生意所在，就是未来所在，就是一切的关键。"

既然网络是一种经营，那么就与经济有直接的联系，而这种联系又能创造经济效益，这就体现了网络在这个时代的价值。因此，我们用网络经济来概括在互联网络上进行的经济事务。

就网络经济这一概念来说，目前尚无统一规范的定义。有的专家认为网络经济就是生产者和消费者通过网络联系而引起的经济活动，其主要特征是以信息产业和服务业为主导；还有的专家认为，网络经济是指计算机互联网络在经济领域的普遍应用，使得经济信息成本得以下降，从而导致信息替代资本主义在经济中的主导地位,并最终成为核心经济资源的全球化经济形态;另外一些专家认为,网络经济是基于网络技术而发展出来的、以多媒体信息为主要特征而形成的一种新经济潮流和形态,包括对现有经济规律、产业结构、社会生活的种种变革,是信息化社会最集中最概括的体现。一般而言,我们可以把网络经济定义为通过网络(既包括具体的、有形的物理网络,又包括抽象的、虚拟的网络)而进行的一切经济活动的总和。

对于网络经济,我们可以从不同的层面来认识。从经济形态来看,人类文明经历了游牧经济—农业经济—工业经济—网络经济的发展过程。网络经济依赖的是以数字化信息网络为依托的全新的生产力。在网络经济时代,信息成为最重要的生产要素,这有别于游牧经济、农业经济和工业经济。因此,我们可将网络经济看作是目前人类发展程度最高的经济形态。

从产业发展的中观层面来看,网络经济就是与电子商务紧密相连的网络产业。它既包括网络通信基础设施、网络设备和产品等硬件设施,也包括各种网络服务的建设、生产和提供等经济活动,还包括与电子商务有关的网络贸易、网络银行、网络企业及其他商务性活动。这也就是目前信息产业界人士所宣扬的互联网经济。

从企业、居民的微观层面看,网络经济可以被看成是一个新型的市场或超大型的虚拟市场,它为数量众多而又分散的微观经济主体提供了一个便捷、低成本的交易场所。在该交易场所,消费者的巨大的可选择性使厂商必须生产出更具个性化和差异化的产品,厂商将告别单向设计、规模生产、重在推销的经营模式而转向与消费者交互式设计、小规模多样化生产、全球营销的柔性经营模式。

二、与网络经济相关的概念

在中国,充斥于各种媒体的新名词让人们兴奋而困惑:信息经济、知识经济、新经济、网络经济、电子商务等。那么这些概念与本书要谈的核心概念——网络经济有什么区别和联系呢?为了明确网络经济的研究范畴,必须将这几个密切相关的概念的基本含义弄清楚,然后加以分析比较。

(一)信息经济

关于信息经济的定义目前主要有以下几种。

（1）"信息经济是相对物质经济而言的，它与传统的农业经济和工业经济不同。农业经济和工业经济属于物质经济的范畴，物质经济是大规模生产与大规模消耗物质的经济。信息经济是通过提高和增进商品服务中智力和信息的含量，减少物质消耗和提高经济效率、效益及整个国民经济素质的经济。"

（2）"一般而言，信息经济是指依靠更多的知识信息，生产出物质和能源消费更少、质量更好、更耐用的产品的经济。它要求产品中包含的信息比最大限度地增加，物质比重最大限度地减少。物质经济是工业化时代的经济，它以大规模使用和消耗原料，资源和能源为基础，其特征是机械化；信息经济则是减少产品和劳务中的物质消耗，提高其中的智能和信息比重的经济。工业化时期的机械化，延伸了人类的肌肉，而现代化的微电子技术则把人类的智力加以延伸"。

（3）"信息经济是以信息为主导的全面经济的活动……信息经济将是以信息高速公路为基础，没有时间、空间、地域、国界、业界之分，所有或部分交易都将在你的键盘与视窗上完成。事实上我们已经进入了信息经济的时代"。

（4）"所谓信息经济就是以信息为主要资源，依靠科学技术和"知识信息的传播、转移、应用和增殖，以技术密集型和知识密集型取代劳动密集型和资本密集型产业从而生产出物质和能源消耗少而技术和知识含量高的产品，为社会创造更多效益和财富的经济增长模式。它是继人类经济发展在经历了劳动经济和资本经济之后的一种新型经济。

由上述各种定义可以看出，目前对信息经济的看法还是比较一致的，主要是强调了信息经济与物质经济（农业经济和工业经济）的不同之处在于商品和服务中信息的比重不断增加，而且不是一般的增加，信息的比重已经增加到了使国民经济成为"以信息为主导"的全面的经济活动。上述定义还不够全面，因为如果从社会经济形态的角度出发，不仅在生产服务领域（无论是信息产业还是非信息产业），而且在社会生活领域都出现以信息活动为主导的局面时，才能称之为信息经济。因此，信息经济最好定义为信息经济是继农业经济、工业经济之后出现的一种新型经济，是信息及其相关活动在社会生产、生活及思维方式中起主导作用的社会经济形态。

（二）知识经济

关于知识经济的定义目前主要有以下几种。

（1）总部设在巴黎、以发达国家为主要成员国的经济合作与发展组织（OECD），在1996年发布了一系列报告，在国际组织的文件中首次正式使用了知识经济这个新概念。1997年美国政府、1998年世界银行分别使用知识经济这一概念，用它来描述知识和信息起主导作用的新经济，并明确宣称世界正在进入知识经济时代。按照OECD的报告，所谓知识经济就是以知识为基础的经济，即直接依赖于知识的生产、传播和应用的经济。

（2）根据当前比较一致的理解，知识经济是建立在知识和信息的生产、分配和有效使用基础上的经济，是继农业经济、工业经济之后的一个新的经济发展阶段，它将引起生产方式、生活方式以至于思维方式的重大变革。

（3）知识经济在生产中以高技术产业为支柱，高技术是特指的，不是传统工业技术的简单创新，按联合国的分类主要有信息科学技术、生命科学技术、新能源与可再生能源科学技术、新材料技术、空间技术、海洋科学技术、有益于环境的高新技术和管理科学（软科学）技术。

（4）所谓知识经济，是指区别于以前的，以传统工业为产业支柱，以稀缺自然资源为主要依托经济的新型经济，它以高技术产业为第一产业支柱，以智力资源为首要依托，因此是可持续发展的经济。

以上各种对知识经济的定义，从总体上看观点比较一致，均强调"以知识为基础的经济"，但也有不同之处。前两种定义要准确一些，因为它们强调的是总体意义上的知识在经济中的基础性作用，具有普遍性和实用性。后三种定义则强调了知识中的专业知识（如高技术）对经济增长的贡献，内涵和外延都比较狭窄。如果从社会经济形态的角度出发，用比较宽泛的定义是合适的。因此，笔者认为知识经济的定义可以采用前两种说法，或者可以套用信息经济的定义：知识经济是继农业经济、工业经济之后出现的一种新型经济，是知识及其相关活动在社会生产、生活及思维方式中起主导作用的社会经济形态。

（三）新经济

关于虚拟经济的定义目前主要有以下几种。

（1）虚拟经济在国外有三种叫法：一是 fictitious economy，是指虚拟资本，比如证券、期货、期权等的交易活动；二为 virtual economy，也翻作虚拟经济，指以信息技术为工具所进行的经济活动。大家比较熟悉的就是 e-commerce 或 e-business，所谓电子商务这一类；三是 visual economy，是指用计算机模拟的可视化经济活动，即用计算机模拟市场来进行经济政策的模拟等。

（2）虚拟经济对应的英文，主要是 virtual economy 和 symbol economy 两个词，后者又被译为符号经济。要寻求虚拟经济的定义，首先要理解虚拟经济和实物经济的对立统一。虚拟经济产生于实物经济，又独立于实物经济。实体经济是指货物、工作和劳务，虚拟经济以无形为特征。广义的虚拟经济包括网络经济、符号经济和信息经济等。其中，金融虚拟经济（Financial Econonny 或者称为 Fiction Economy）出现最早，是虚拟经济的核心内容。

（3）在经济运行中，"实体经济"是用于描述物质资料生产、销售以及直接为此提供劳务所形成的经济活动的概念。它主要包括农业、工业、交通运输业、商业、建筑业、邮电业等产业部门。

"虚拟经济"则是用于描述以票券方式持有权益并交易权益所形成的经济活动的概念。在现代经济中，它主要指金融业。"虚拟经济"目前尚未成为学术界通用的概念，人们较多使用的是"虚拟资本"。在马克思理论中，虚拟资本是指在资本的所有权与经营权分离的基础上，资本的所有者以股权（或股票）形式所持有的资本。

（4）什么是虚拟经济？虚拟经济是资本独立化运动的经济。首先，虚拟经济是和资本运动相联系的经济。虚拟经济的本质特征之一，以营利为目的的资本是其运动的主体。其二，虚拟经济是和资本价值形态的独立运动相联系的经济。资本的基本形态是价值形态。资本以脱离实物经济的价值形态独立运动，这是虚拟经济之虚拟属性的根本体现。

（5）在经济学里对虚增的经济现象原称"泡沫经济"。也许因受近年来"虚拟"泛滥的影响，原作者把"泡沫经济"也改称为"虚拟经济"。这样使用"虚拟"本来可说没错（因为汉语"虚拟"的原意就是虚构），但因目前流行拿"虚拟"来代表 virtual，"虚拟经济"就可能是 virtual economy，那就变成计算机中模拟的经济了。

从上述定义可以看出，在虚拟经济的所谓三层意思中，最好理解的是用计算机模拟实际经济活动的"虚拟经济"（为方便起见简称"模拟虚拟"）；其次是作为描述金融活动的"虚拟经济"（为方便起见简称"金融虚拟"），它基本上可以看作是"金融经济"的代名词；最不容易理解的可能是与信息技术、电子商务这类词相关联的、"虚拟经济"（为方便起见简称"网络虚拟"），而这种意义上的虚拟经济恰恰是与本书的核心概念——网络经济密切相关的。依作者看来，这几年虚拟经济一词之所以如此流行，主要原因恐怕是由于网络经济的产生和发展，使经济活动蒙上了一层"虚拟"的色彩，例如，电子商务活动使人们通过在网上点击鼠标便可购物，网上银行使金融经济愈加虚拟化等。这种虚拟性使人们产生了极大的兴趣，引发了对虚拟经济概念的溯本求源，找出了与"虚拟"和"经济"相关的三层含义。虚拟经济最好用于"网络虚拟"层面的含义，因为"金融虚拟""模拟虚拟"的含义早已有之，我们完全可以用大家所熟悉的"金融经济""模拟经济"这类词汇描绘我们想要描绘的特定经济含义。而"网络虚拟"层面的含义则是新出现的，用新词汇描述新含义，词汇的"创造"才有其合理性与必然性。我们除了用虚拟经济一词描绘电子商务、网上银行等这类事物的虚拟性以外，还可以用它来描述由于网络经济的发展而使企业其他方面的活动产生的虚拟性（网络的发展促进了虚拟活动的发展，或使这些虚拟活动成为可能）。

三、网络经济的特征

（一）超越时空

由于信息网络每天 24 小时都在运转中，从而基于互联网的经济活动可以全天候地连续进行，很少受到时间因素的制约，打破了一周 5 天、每天 8 小时的工作时间的局限；互联网将整个地球变成了"地球村"，位于世界上任何地方的任何人都能够通过网络让世界上其他任何地方的任何人访问其网站，寻找到其所需要的信息，地理位置变得无关紧要，基于网络的经济活动把空间因素的制约降低到最低限度，使整个经济的全球化进程大大加快，世界各国经济的相互依存性空前加强。人类通过互联网，可以在任何地方、任何时间保持实时的沟通和联系。任何一家企业，不论实力大小，都可以在网上面对全球用户，产品通过网络"走向世界"，任何人都可以在网上工作、学习、聊天，网络经济打破了时空限制，整个世界在成为企业的客户和合作伙伴的同时，也变成了企业的竞争对手，机遇与挑战并存。

　　企业的全球化运营、全天候运营成为选择和可能，企业运营的起点从本土经济转为全球经济。网络经济是全球化经济，全天候经济。

（二）直接经济

　　网络改变了人们的沟通方式，使企业组织结构趋向扁平化，生产者和消费者，企业与客户、供应商、合作伙伴可以直接联系，使传统经济中的中间管理层和中间商失去了存在的必要性，这必然改变企业的组织结构和生产、经营模式，比如美国戴尔计算机公司的直销模式，是网络经济的经典模式。同时，为企业组织提供了一个新的电子化营销渠道，互联网可以作为信息产品的分销渠道，如软件、音乐、电影票或飞机票、经济服务、保险业务及研究数据都可以通过互联网分销。当产品本身无法通过互联网分销时，产品的特性、定价、分销时间或其他关于产品的有用信息可以通过互联网传递。互联网对已有的分销渠道的影响有两种：替代或扩充。当互联网用于向与旧有分销渠道相同的客户服务，并不创造新的客户时，就会产生替代效应。旅行服务机构的机票分销服务形式的更替就是一个很好的例子，人们不会仅仅因为网络售票的出现去购买机票。在另一方面，那些无法承受从，股票经纪人那里购买股票的经纪费的投资者，在支付较低的在线经纪费后就可以使用互联网参与股票市场交易，这就是扩充效应。替代效应和扩充效应经常相伴发生。网络经济是直接型经济。

（三）客户主权

　　网络经济条件下，客户的选择范围扩大，客户可以在短时间内通过网络在大量的供应商中反复比较，找到理想的供应商，而不必像现在这样花费大量的时间和精力去"货比三家"；互联网由于减少了信息不对称，客户和经销商具有同样的信息，消费者的消费行为将变得更加理智，对商品的价格可以精心比较，不再因为不了解行情而上当受骗；消费需求将变得更加多样化和个性化，消费者可以直接参与生产和商业流通，向商家和生产厂家主动表达自己对某种产品的欲望，客户定制化生产将变得越来越普遍，客户成为市场的主导力量。企业以产品和自我为中心的运营模式将受到挑战。网络经济是客户化经济。

（四）速度制胜

1999 年 4 月 24 日，世界经济论坛总干事司马加先生在中国企业管理协会成立 20 周年大会上发表了《21 世纪全球经济发展的四大特点》的主题演讲，提出："21 世纪经济是以知识为基础的经济，21 世纪经济将受到技术和革新的推动，21 世纪经济不断向我们阐明几个重要概念，那就是速度、灵活性和多样性；21 世纪经济将面临着具有高度流动性的资本，人们将不懈地追求更高的资本回报率。"网络经济时代消费者需求趋于多样化、个性化、易变化，导致产品生命周期越来越短；网络信息传播的迅捷快速，使企业的运转速度加快，商机稍纵即逝，企业的核心竞争力就是不断推出新的产品，创造新的服务模式，在第一时间、第一个、以第一流的质量向客户提供满意的解决方案。21 世纪的竞争法则是"快鱼吃慢鱼"，输赢区别的标志是创造产品和服务的能力比对手更快，减少时间上的成本，减少产品生产和产品上市的时间，即减少时间的能力，公司应有缩短从上到下决策时间的能力。网络经济是速度型经济。

（五）创新为本

网络经济时代，为了应对产品生命周期缩短和客户多样化、个性化需求，获取市场竞争优势，企业必须不断创新，创新成为企业的效益源泉。

一个企业长期持续的发展需要有长期的竞争优势，而长期的竞争优势来源于有一种不断改革和发展的核心能力。核心能力的形成、发展、维护和再创新都要依赖于企业的不断创新活动。美籍奥地利经济学家约瑟夫·熊比特认为"创新"才是推动企业成长的根本途径，网络经济时代更加强调创新。创新活动包括市场创新、技术创新、产品创新、制度创新、管理创新等多个方面，但是作为企业运营，关键是树立创新价值观、建立创新制度、培育创新能力。网络经济是创新型经济，企业持续发展的动力就在于企业持续不断的创新。

（六）知识稀缺

农业经济时代的关键资源是土地，工业经济时代的关键资源是资本，网络经济时代的关键资源是知识和信息。随着生产力水平的提高和网络经济的发展，客户需要的不仅是产品和服务本身，而是基于自身需求的解决方案，解决方案的知识含量和信息要素越来越丰富。通用汽车公司是工业经济时代的代表，依靠物质资本为社会创造财富；微软公司则是依靠知识资本创造财富，是网络时代的代表。因此企业必须通过自身的客户知识积累和信息积累，为客户创造价值，作为知识载体的人才成为企业发展的支柱。网络经济是知识型经济。

（七）合作竞争

互联网使企业之间的竞争与合作的范围扩大了，也使竞争与合作之间的转化速度加快了。任何一家企业面对复杂多变的市场环境，很难独立地全面满足客户的多样化需求，企业进入了合作竞争时代，市场经济的基本特征就是竞争，就是优胜劣汰，网络经济就是合作经济，没有合作，将不成网，没有合作，企业也难以在网络环境下发展。在竞争合作或合作竞争中，各个企业根据各自的优势和核心竞争力，相互合作，优势互补，共同构造为客户服务的价值链体系，企业的活力加强了，企业的应变能力提高了，企业从拥有资产转变为拥有渠道即可，企业竞争的基础是企业是否有能力取得资产，而非是否拥有资产，战略联盟成为企业的必然选择。网络经济是合作型经济。

四、网络经济的发展趋势和策略

（一）网络经济的发展趋势

随着电脑用户的激增和互联网的日益普及，中国的网络经济发展呈现出多样化、全球化、信息化、全天化、普及化、创新化和收益化等特征。可以说，中国的网络经济发展趋势更加广泛和多样，它与中国传统经济进一步加大结合和深化发展。

网络经济的内涵是指由于计算机和互联网络的日益发展和强大，它们在国家经济领域中得到了越来越多的普遍应用，由此使得国家经济信息成本得以急剧下降，从而导致信息替代资本在经济中的主导地位并最终成为国家经济中的核心构成部分。我们知道，在互联网上有着无限丰富的信息资源和用户资源，这就使得使用者们可以降低经济活动的交易成本，同时，也在获得不可估量的巨大经济利益。对于中国来说，网络经济的发展及趋势可以总结如下。

第一，网络新技术和新应用层出不穷并在中国经济发展中越来越具有深远的影响力。随着信息的一体化和国际化，网络在中国经济中的作用是不可估量的，加之其新技术的开发、发展和应用的不断深化，互联网在中国的经济发展中势必占有主导地位，这对于中国的整个社会生活和意识形态领域的作用和影响也会随之增大。在国际网络时代背景之下，电子商务的应运而生并得到快速增长，这就会在中国的经济生活中的各个环节得到渗透和发展，这种趋势势必会对我国的传统经济方式产生影响，例如在企业生产方式、组织模式、管理制度、经营渠道和营销理念等诸多方面起到了极大的推动和影响，使得我们的企业和商业形式发生很大的变化。根据统计我们得知，中国的网络经济自 20 世纪 90 年代后期开始起步，目前仍处于发展初期，但是，我国的网络经济发展趋势迅猛、发展速度迅速并得到了各级政府的高度重视，使得相关产业和技术支撑有了保障，而中国经济中的电子商务必将成为网络经济发展的主要方向。

第二，由于中国网络终端很多，所以，多网融合式经济发展是我国网络经济发展的必然趋势之一，并由此带动中国的经济发展。网络终端有着各种形式，如有线、无线、手机、电脑、电视及其他的终端，这些网络终端会各自为营，也会相互结合共同促进，并最终以更大的应用形式服务于经济生活。以手机为例，手机在我们的日常生活中越发变得不可或缺，人们在享受手机便利的同时也在应用手机中的各种应用，而网络在手机中的应用更是在我国经济生活中扮演着不可低估的角色。根据国家统计局的各项数字，通过手机所产生的网络经济在我国的比重越来越大，这都是由于其便利性和易于操作性等特点的结果，并且，在未来，手机必将成为网络经济中的主导占有者。网络经济在我国的迅速传播就使得相关实物产品和服务在质量和性能不变甚至是提高的前提下，其价格反而在降低，这就使得我们的企业在进行投机和经营时要不断考虑和权衡如何以较少的投入来缩短在信息技术应用和信息服务领域的发展并以此来缩短与发达国家之间的距离，加速我国国民经济的发展和壮大，并最终形成后发优势来促进经济的发展。

第三，在我国，网络经济的发展并将与传统经济的结合进一步结合和深化，这是我国网络经济发展的趋势之一。我们知道，网络经济是不同于以往的诸如农业经济和工业经济等传统经济的，它是以网络信息为基础来展开经济活动的，使得经济发展具有全球化、国际化等特点，将整个经济运行的机制、方式和规则重现在网络之上，使得人们在获取便利性的同时也享受到了实惠性等。但是，这并不是说我国的传统经济就不重要了，而是要将传统经济与网络经济结合并相互促进，这样才是我国网络经济发展的必然趋势。因此，我们绝不能把网络经济理解为一种独立于传统经济之外或是与传统经济完全对立的纯粹性的"虚拟性"经济。根据中国的实际情况来说，我国拥有相对优势的轻工、纺织等劳动密集型产业，它们完全可以与信息技术进行有机结合，增强其在国际市场和国内市场上的竞争力，并在网络经济中得到推广和应用，具有很大的发展空间。可以说，网络将进入我国经济生活的更深层次，它可以给社会生活带来更大范围和更加深层次的变革，并且它对于我国商业的带动作用会越来越大，可以断言，新一轮的网络经济发展的高潮即将到来。

在发展网络经济过程中，需要注意以下几点：一，我国的网络经济发展要突破行业限制和地域限制，这样可以使有能力的企业快速进入，使优秀产品和优秀项目能够迅速推广和迅速移植，使相关的重复建设成本大大降低；二，我国的网络经济发展要实现优势行业优先培植和发展的原则，这样可以使有能力的企业快速进入，使优秀产品和优秀项目能够迅速推广和迅速移植，使相关的重复建设成本大大降低；三，我国的网络经济发展要实现优势行业优先培植和发展的原则，这样可以使得财力、物力、人力等资源得到有效的利用。四，我国的网络经济发展要以普遍受益为发展目标。对于中国网络经济来说，那些可以使得大众从中受益的才是良好的发展趋势，因此，要以提高人民生活水平和工作质量等为前提，使得大众都可以享受到因网络发展而带来的物质收益和精神收益。五，我国的网络经济发展要将实物经济和网络经济协调起来共同发展和相互促进。具体来说，网络经济是实物经济的发展的载体，它可以为实物经济发展提供信息、技术等方面的保障；而实物经济又为网络经济提供物质基础，使得网络经济有了物质内涵和竞争力，二者的关系是相互促进和相互影响的。六，我国的网络经济发展要提倡以企业投资为主体的发展模式，这就使得各个企业可以充分发挥主人翁的力量，将企业的主动性、灵活性和创造性进行最大限度的促进和推动。

（二）网络经济发展策略

1. 加强网络基础设施的建设

网络基础设施是和其他基础设施同样是经济发展的基础条件，而且网络基础设施在与其他物流的基础设施的配合下能够释放出更大的乘数效应。近年来我国的网络基础设施建设取得了很大进展，但是还存在一些不足。我国应该在提高网络的利用率、降低上网费用、建立不断趋向于开放的市场竞争机制等方面继续努力。

2. 加强立法与宏观规划

政府要为发展电子商务制定一系列的配套政策和法规，鼓励社会各部门和厂商积极参与电子商务的竞争。政府要为发展电子商务制定一套有效的管理机制，由国家统一布置和协调，避免条块分割和重复建设。我国现有的许多法律法规已经无法适应电子商务的发展需求。在原有的金融、商务、税务、电信、计算机和网络安全等方面发展的基础上，加以适当的修改，并进一步加强相应的立法，构建电子商务的法律框架，这可能是一种比较现实的选择。同时，政府可以先制定一个总体规划，用作宏观指导。对于较为迫切，而且已经没有多大技术问题的层面，则可先制定些条例。在条件成熟的时候制定并颁布《电子商务法》。该法应对国内国际电子商务规约、知识产权的保护、打击利用电子商务进行的违法犯罪活动等做出规定。

3. 实行利于网络经济发展的人才战略

教育是经济发展的基础设施，人才是网络经济发展中至关重要的因素。我国政府应鼓励各类教育部门加大科技和经济知识的教育力度，向学生普及网络知识，在有条件的学校，特别是一些大专院校的经济、技术等专业增加网络经济学、电子商务等课程，培养适应网络经济发展要求的高素质的复合型人才。还要注意利用网络教育的手段培养网络经济方面的人才。采用送出去和请进来相结合的办法培养网络经济的复合型高级人才：派出留学生、鼓励留学人员回国工作，可以采用聘为专家或邀请讲学的方式，增加交流，提高国内人员水平；政府应制定政策允许有能力从事新技术开发的高校教师、科研院所的专家、科技人员到各类网络企业兼职，并以智力、专利、技术入股参与收益分配。

第二节　信息时代网络经济的微观经济学

信息时代网络经济的经济学本质上是内生复杂性的经济学。信息化指标体系的创新，首先要求信息化与网络经济的基础理论的创新。这种创新旨在使信息化与网络经济中的未观测经济（NOE）得以充分显现。这要求将信息化与工业化、网络经济与工业经济的不同之处，高度概括在范式一级的差别上进行辨析。

我国经济新常态，将在工业化基本实现，信息经济全面发展的背景下展开。这一背景决定着，市场均衡从工业化常态向信息化常态的演化，将成为新常态中一个需要特别考虑的新元素。由信息革命催生的多样性的常态化，是产生这一新动向的原动力。将多样性上升到均衡范式高度加以总结，观察信息化对工业经济均衡与最优的影响，对于构建信息化与网络经济的微观均衡理论具有重要意义。

我们假定单一品种的工业经济对应同质性的完全竞争均衡；差异化多品种的信息经济对应多样性的垄断竞争均衡，即异质的完全竞争均衡；在 D-S 模型基础上，以品种（计为 N）代表多样性，作为均衡的内生维度，嵌入传统的数量—价格均衡架构中，构成品种—数量—价格三维均衡范式。其中，以数量—价格二维构成的同质性市场代表工业化部门，以品种—价格二维构成的多样性市场代表信息化部门，二者共同构成以数量—品种二维均衡为基础的工业化—信息化两部门模型。在工业化—信息化两部门经济中，工业化常态下的均衡价格与信息化常态下的均衡价格，存在一个由多样性的常态化形成的、等于平均成本与边际成本之差的落差。这个价差的量值等于对创新的"补贴"，对应支撑创新驱动的固定成本（或"沉淀成本"）。经济转型升级的微观实质，应被视为通过创新驱动使多样性（如质量提高、个性化、增加附加值等）从成本不经济变为成本经济。

我们在理论经济学前沿上，将垄断竞争理论发展为内生品种的范围经济理论，使隐形于新古典范式经济学分析的多样性因素，在均衡水平变得可显现、可量度、可分析，为"新常态"提供新的分析工具。

181

一、微观角度分析信息时代网络经济的内生复杂性

在典型的工业经济中，同质性的完全竞争是常态，多样性被视为非常态，是"不完全"的常态（不完全竞争）。同质性的完全竞争将市场机制理解为厂商围绕同一种产品展开的数量—价格竞争。市场经济的基本问题是，一个市场机制能否导致社会最优的产品数量。但在典型的信息经济中，异质性的垄断竞争将成为常态，以品种代表异质性来表现的多样性成为新常态（例如，体现为需求多样性的个性化与供给多样性的创新驱动）。这种被视为异质性的完全竞争的垄断竞争，将市场实证地理解为厂商围绕多种产品品种展开的数量—价格竞争。市场经济的基本问题变成"一个市场机制能否导致社会最优的产品种类和产品数量"，多出一个"产品种类"。工业化—信息化两部门模型由此引出，这是对工业经济与信息经济基本问题的新综合。

（一）品种作为表征复杂性的均衡新范式

与工业经济、信息经济这样的概念相比，信息化与工业化更多是指生产方式转变的过程，在技术经济学中，对应的是技术经济范式转变过程。工业化生产方式的特点是单一品种大规模生产，而信息化生产方式的特点则在于小批量多品种。

信息化代表着一种新的技术经济范式，是信息技术内生为经济模式（对我们来说是均衡模式）的过程。信息技术不同于工业技术的特殊性表现在处理复杂多样性的效能提高（智慧化）上，其对应的经济特性在供求两方面皆有显著表现。例如，在需求上表现出个性化形式的多样性效用、在供给上表现出范围经济形式的低成本多样性。

采用工业化和信息化这两种不同生产方式的经济，即工业经济与信息经济均衡点是否会有所不同？这还是一个理论经济学上从没有被提出过的问题，在进入问题之前，我们需要先从技术经济学问题中提炼出对应的理论经济学问题，从技术经济学范式转向理论经济学范式。

信息化的这种新技术经济范式，反映到理论经济学基本问题上，会带来何种均衡范式改变？信息经济学家斯蒂格利茨对经济学基本问题的重新设定—"一个市场机制能否导致社会最优的产品种类和产品数量"，给了人们一

个重要的、均衡水平上的思考方向。这一提法针对的是作为参照的新古典范式经济学的基本问题，也可以说是工业化的基本问题，"一个市场机制能否导致社会最优的产品数量"。区别在于均衡模式中是否内生品种。

比较这两种说法可以发现，如果以品种—数量—价格为新的均衡范式重新审视问题，作为单一品种经济的工业化均衡，仅相当于 $N=1$ 这个特例情况下的数量—价格均衡（最优）；而作为多品种经济的信息化均衡，不过是推广为 $N>1$ 时的数量—价格均衡（最优）。由此，发现了以标准均衡（最优）范式解释信息化时被忽略的差异点所在—工业经济与信息经济在均衡水平上，二者之间相差一个品种变量的影响。在经验上对应的事实是，单一品种大规模的工业经济与小批量多品种的信息经济，主要相差在品种单一和品种多样上。如果不能结合品种和数量（规模）综合考虑，工业经济与信息经济的基础理论一级上的区别，在均衡水平就无从显示。

这意味着，需要把多样性上升为均衡范式，对由此形成的新的均衡模式进行总结。我们将多样性标准化为"品种"这一新的均衡计量单位，以求从工业经济中自然而然地推导出信息经济的结论。

将多样性上升为均衡范式，同时还是对新范式的市场机制的一种理论提炼。品种可视为网络市场中分布式存在的节点。网络作为内生品种的市场，是资源配置新机制，新机制可以在复杂多样化的条件下，分散地、一对一精准地配置资源。工业化—信息化两部门市场，实际是简单性范式的市场机制与复杂性范式（以多样性标示复杂度）的市场机制的结合，应在发挥市场配置资源的决定性作用的同时，充分发挥网络配置资源的主导性作用，使高附加值的个性化定制从不经济变为经济，从而主导经济的质变。

（二）简单性—复杂性两部门均衡之差

多样性反映了复杂性这一信息化的内在经济特性。以多样性范式看待均衡，基本的均衡模式有两种，一种是不存在多样性的均衡（品种为 1 的完全竞争均衡），另一种是多样性的均衡（差异化的垄断竞争均衡）。我们通过设定品种为指代多样性的独立均衡维度，以单一品种的工业经济对应完全竞争均衡；差异化多品种的信息经济对应垄断竞争均衡，建立品种—数量—价格三维均衡模型，从工业化—信息化两部门均衡模型中得出结论，工业化均衡与信息化均衡价格之差，正好等于完全竞争均衡与垄断竞争均衡价格之差。

新古典范式（同质化完全竞争理论）是对制造业同质化大规模生产经验的理论总结。其同质化设定，是一种简单性设定，相当于$N=1$（单一品种）的设定，对同质化生产（如传统"中国制造"）是有解释力的。但信息化从供求两个方面，使多样性（$N>1$）这一关键性特征成为新常态。一方面，信息技术产业的发展，极大降低了多样性的成本；另一方面，以多样性为特征的服务化在各产业中的兴起，说明人们越来越肯为多样化的需求支付更高价格。在这一现实面前，仅以数量—价格维度刻画市场经济，就不如以品种—数量—价格维度刻画市场经济更加全面。

本书构建了一个新的均衡理论，即简单性—复杂性两部门均衡模型，将代表简单性的标准的数量—价格二维均衡，推广为代表复杂性的品种—数量—价格三维均衡，以明确显示工业化作为特例与信息化作为通则时的均衡与最优转换关系。二者是简单性范式与复杂性范式的关系。

均衡理论中的内生品种，并非今天才想到。其始倡者斯蒂格利茨解释这样做的动机在于："市场经济的一个关键性特征就是能够创造出许多多样化的产品，标准的新古典范式忽略了市场经济这个重要特征。"[1]将复杂性以品种形式内生嵌入新古典范式的数量—价格均衡，可以有效解释市场经济从工业经济发展为信息经济，从多样性变量角度观察到的均衡点的变化。

多样化作为复杂性的代表，是信息化、服务化、创新驱动和质量提升所共同聚焦的核心对均衡主要产生什么样的影响呢？D-S模型得出的结论是，在数量不变的条件下，品种变量对均衡价格的影响正好等于一个相当于平均成本（AC）与边际成本（MC）之差的"补贴"。换句话说，不考虑多样性（$N=1$）时的市场竞争均衡（即同质的完全竞争均衡）的价格，正好等于多样化（$N>1$）的市场竞争均衡（即异质的垄断竞争均衡）的价格减去这个相当于固定成本（FC）的补贴。当我们把多样性作为信，息化均衡的本质特征时，这意味着同质的完全竞争均衡与异质的垄断竞争均衡价格之差，正好等于工业化均衡与信息化均衡价格之差。

（三）新均衡的基本设定

设品种（N）为多样性的抽象计量单位。N与数量（Q）一样是带有1、2、

---

[1] 约瑟夫·斯蒂格利茨. 微观经济学：不确定性与研发 [M]. 纪沫，等译. 北京：中国金融出版社，2009：5.

3、…等差刻度的数轴，数轴上的每一取值是同质的，仅代表产品差异化程度在量上的区别，而忽略这些差异化的产品之间在质上的区别（即假设它们具有相同的需求曲线和成本曲线）。以这种方法建构的模型被称为代表性消费者模型，其方法特征是在二元函数中进行 CES（不变替代弹性）的设定。放松 CES 设定将导致抽象品种还原为具体品种，例如 D-S 模型的后半部分及寻址模型为我们所不取。

品种虽然在内容上反映的是异质性价值，但数学形式上遵守的是同质性的要求。设定抽象品种，从实证上（意即忽略价值论上的分歧）将经济学的同质性假定与异质性假定综合在同一个均衡框架之下，变为 Q 轴与 N 轴共享 P 轴（价格轴）的关系。二者转换关系为，同质性假定等于异质性假定在 $N=1$ 条件下的特例，异质性假定为同质性假定推广为 $N>1$ 时的通则；异质性假定等于同质性假定在 $Q=1$ 条件下的特例，同质性假定为异质性假定推广为 $Q>1$ 时的通则。在三维均衡的底平面—数量—品种平面上，同质性假定与异质性假定统一于长尾曲线，长尾曲线代表着从单一品种大规模生产的工业经济向小批量多品种的信息经济转型的"统一场"。

从品种这一新范式出发，形成由品种—价格形成的新均衡模式。它与现有垄断竞争均衡模式既有联系，又有区别。联系在于，它与现有垄断竞争均衡计算的实证结果是相同的，相对于同质的完全竞争的计算关系也是相同的。例如，均衡价格是相同的，都是 $P=AC$，相对于完全竞争均衡价格 $P=MC$，同样相差一个等于固定成本的价差。但技术性的区别在于，现有垄断竞争理论中同—平面（数量—价格平面）中的双需求曲线，在两部门模型中，分别位于数量—价格平面（DD' 曲线）和品种—价格平面（dd' 曲线），二者之差为需求曲面的价格落差；现有垄断竞争理论没有双成本曲线，而新的三维均衡模式中设有同质—异质双成本曲线。实质性的区别主要表现在成本理论上。现有内生品种的垄断竞争均衡模式（典型如 D-S 模型）的成本理论是规模经济理论，而新的三维均衡模式中新设了范围经济的成本曲线，与可竞争市场理论中的范围经济成本曲线在形式上完全不同，不是设在数量—价格平面，而是设在品种—价格平面。内生品种的范围经济理论是我们的首创，意在突破现有成本结论，发展新增长理论。

由于均衡模式的框架性调整，我们定义的均衡，从传统的需求曲线与供给曲线交点形成的平面均衡，改变为需求曲面与供给曲面交会形成的三维均衡（曲面均衡）。为简化计算，供求曲面均由工业化—信息化两商品市场构成，同质商品市场代表工业化市场，异质商品市场代表信息化市场，用数量—品种二元函数表示。在三维空间中，术语底平面特指品种—数量平面，这是工业化—信息化两部门均衡平面；侧立面特指价格—数量平面（这是新古典范式标准理论的二维均衡平面），这是工业化均衡平面；正立面特指价格—品种平面，这是狭义的信息化的均衡平面。标准理论指同质假定下新古典范式的完全竞争均衡理论。

二、微观角度分析信息时代网络经济的需求论：简单性—复杂性曲面

在三维建模全局中，二元效用函数是品种—数量底平面构造的一部分，首先，从三维底平面建构看，与 D-S 模型的代表性消费者效用函数不同，它取消了标价物的设定，从而使数量和品种同时得以内生（如果设 $Q=1$，则还原回 D-S 模型的效用函数）；其次，效用函数只是关于数量的（在此是品种数量和产品数量的组合），效用函数与价格结合，形成需求函数，将二维的底平面与第三维价格轴关联起来，形成三维的需求曲面。

（一）二元效用函数

建模第一步是设计效用函数作为需求曲面中的目标函数。

三维均衡中的效用函数是二元函数，由数量子效用 Q 和品种子效用 N 的组合构成。

$$U = u[Q(q_1, q_2, q_3, \cdots), N(n_1, n_2, n_3, \cdots)] \tag{5-1}$$

$q_1, q_2, q_3, \cdots$，是同一品种产品的不同数量。对应 D-S 模型中作为标价物的同质组产品。$n_1, n_2, n_3, \cdots$，可以认为是一组具有不同品牌的同一类产品，实际是不同品种的同一类产品，对应 D-S 模型中的异质组。

对信息化来说，在效用函数中内生品种，意在显示信息经济带来的多样性福利，例如因为利用信息通信技术增进的多样化效用，包括难以计入 GDP（国内生产总值）的个性化、质量提高、选择多样化等增进的效用，甚至具有多样性特征的情感、主观幸福等。对工业 4.0 来说，代表服务化、智慧化所增进的高于同质化部分的效用（高附加值）。

$$u = U \sum_{i=1} v(q_i, n_i) \tag{5-2}$$

n 和 q 分别是两个子效用函数，n 代表品种数量，q 代表产品数量[①]。

假设同一个品种及同一个 n 值的商品，占有同等份额的市场空间。这是代表性消费者模型的假设。为了在技术上实现这一点，可以采用 D-S 模型同样的不变替代弹性的设定。

对具体的分析来说，可以采取不变替代弹性（CES）形式的效用函数[②]：

$$u(q,n) = [a_1 q^\rho + a_2 n^\rho]^{\frac{1}{\rho}} \quad (a_1, a_2 > 0, 0 < \rho \neq 1) \tag{5-3}$$

参数 ρ 显示多样性偏好强弱，ρ 越趋近 1，组内产品替代性越强，多样性偏好越弱。

CES 有不变的替代弹性，以

$$\sigma = \frac{1}{1-\rho} \tag{5-4}$$

表示品种与数量之间的替代弹性。如图 5.1 所示。

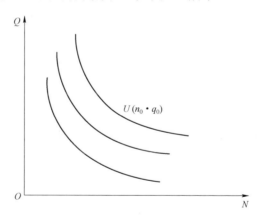

图 5.1　工业化—信息化两部门二元效用函数对应的无差异曲线

图 5.1 显示的工业化—信息化两部门效用函数对应的无差异曲线，反映的是工业经济一旦与信息化的技术经济范式结合所带来的效用上的改变。在工

---

① 当不特别说明的时候，数量均指产品数量（产品特指同一品种的产品），品种均指品种数量。

② 刘树林，数理经济学 [M]．北京：科学出版社，2008：180；关于 CES 效用的一般讨论及 CES 效用函数算例参考：沃尔特．尼科尔森．微观经济理论：基本原理与扩展 [M]．9 版．北京：北京大学出版社，2008：76-93．

业 4.0 形式的工业经济中,效用向无差异曲线的右下移动。这一过程对应经验中的转型升级,在标准理论中是"隐形"的。

(二)二元支出曲线

设计支出函数,作为效用函数的约束条件。二元支出函数,将预算分为两类,一类是针对数量的预算,另一类是针对品种的预算。支出函数将在两类预算中分配合适的比例。在方法上,可以采用两阶段预算来处理。

用 (q, n) 表示消费者的消费束。已知两商品(数量与品种)的价格 (p_1, p_2) 和消费者要花费的货币总数 m。

预算约束可以写为:

$$p_1 q + p_2 n \leqslant m \qquad (5\text{-}5)$$

当 q 的价格为 1(标价物)时,预算约束可写为:

$$q + p_2 n \leqslant m \qquad (5\text{-}6)$$

预算线的斜率 $-p_1/p_2$ 表示在两种属性间进行选择"替代"的机会成本。比如,在同等预算约束下,追求更多的差异化,要放弃同品种多大程度的数量规模。

q 与 n 以预算来单独表示,可以通过截距和斜率在替代中表示被选项:

$$n = \frac{m}{p_2} - \frac{p_1}{p_2} q \qquad (5\text{-}7)$$

注意品种的表示方法,用异质组数量表示品种与用这一数量的参数表示品种,有所区别。

在成熟的信息经济中,可自由支配收入占个人总收入之比达到一定程度,可能对预算线的斜率产生较大影响,出现越来越多的情感定价和"情境定价"现象。对工业 4.0 形式的工业经济来说,它显示的是为什么消费者愿意为转型升级后的产业的产出,提供更高比重的预算。也就是传统工业经济为什么越来越不值钱,而升级后的工业经济为什么越来越值钱。

(三)二元需求函数

用 (q,n) 表示消费者的消费束 x,对于二元的价格向量 p 和收入 I,二元消费束 $x = \xi(p,I)$,使得效用在约束集 (I) 上实现最大化。函数 ξ 被称为需求函数：

$$x = \xi(p, I) \tag{5-8}$$

其中总量包括两个分量：

$$p = p_q + p_n$$

$$I = I_1 + I_2$$

以乘子 λ 表示最优效用对初始的 I 变动的敏感度：

$$\lambda(p, I) = \frac{\partial U[\xi(p, I)]}{\partial I} \tag{5-9}$$

但我们这里的需求函数不同于一般的马歇尔需求函数，它是二元的，X 代表的是 N 和 Q 的组合。不仅有两个子需求量，而且有两个子需求价格 P_n 和 P_q。

标准的垄断竞争理论具有数量—价格平面上的双需求曲线，由 DD' 与 dd' 两条需求曲线构成。在品种—数量—价格三维均衡空间中，DD' 曲线对应侧立面的需求曲线，dd' 曲线对应正立面的需求曲线，垄断竞争均衡价格 $P=AC$，与完全竞争均衡价格 $P=MC$，存在一个等于固定成本 FC 的价格之差（$FC=AC-MC$）。在三维空间中，这个差实际是需求曲面两条边（同质需求曲线 DD' 与异质需求曲线 dd'）在曲面上的落差。

在信息化的经济中，子需求价格 P_n 和 P_q 可以理解为组合商品中情感定价与理性定价两个"心理账户"的关系。P_n 可以是一个商品价格组合中文化附加值等差异化价值所占的部分。它有可能不是信息技术供给直接带来的结果，但却是信息化在需求端呈现出的现象，如信息消费现象。

工业化—信息化两部门模型中的需求曲面显示的是标准理论中隐形的如下事实：当同质化的工业经济向服务化、智慧化方向转型时，向高附加值方向升级的特殊福利表现在消费支出方面，一方面多样化效用相对于同质化效用在不断增进，另一方面消费者预算中有更大比例的支出用于多品种部分。这可以很好解释服务业在劳动生产率低于制造业时，为何在 GDP 比重中却不断上升（鲍莫尔的服务业生产率之谜），进而在工业 4.0 中出现制造业服务化的趋势，从而改变工业经济的传统面貌。

三、微观角度分析信息时代网络经济的供给论：简单性—复杂性曲面

（一）简单性—复杂性二元成本函数

设工业化—信息化二元成本函数，由同质成本 H_1 与异质成本 H_2 构成。分别位于 Q 轴与 N 轴。先验假定，主要作用于 Q 轴上的技术为工业化技术，主要作用于 N 轴上的技术为信息化技术。如果信息通信技术作用于 Q 轴（如产生规模经济）时，视同工业化技术（相当于信息化技术在工业化中的应用）。

在标准理论中，所有投入简化为两个投入：同质劳动（L，用劳动时间来计量）和同质资本（K，用机器使用时间来计量）。企业的总成本函数是 $TC = wL + vK$，相应的经济利润是 $\pi = Pq(K, L) - wL - vK$。

用 H_1 取代 K，H_2 取代 L，H_1 的价格仍沿用口，H_2 的价格仍沿用 ω（但不代表工资，而代表异质成本价格，类似张伯仑理论中的"销售成本"的价格）。

要素向量为 $X = X(H_1, H_2)$，X 代表生产要素组合的向量，H_1、H_2 分别代表同质生产要素与异质生产要素。价格向量表示为 $r = r(v, w)$，r 代表生产要素价格组合，v、w 分别代表要素 H_1、H_2 的价格。

总成本为：

$$C = C_1 + C_2 = vH_1 + wH_2 \tag{5-10}$$

生产者投入要素生产时，使价格向量与要素向量相匹配，保持总成本固定不变，构成等成本线。

从几何角度看，工业化—信息化二元成本函数是一个成本曲面，同质成本曲线与异质成本曲线构成这一曲面的两条边。如图 5.2 所示"两部门均衡空间中的双成本曲线与二元成本曲面"中，成本曲线有两条（这里以平均成本代表成本曲线），分别是由 raV 构成的 AC 和由 rbW 构成的 $A'C$[①]。

图 5.2 中的 $A'C$ 曲线(rbW)为新定义的范围经济平均成本曲线。其中 rb 段代表范围经济（成本递减，对应范围报酬递增），bW 段代表范围不经济（成本递增，对应范围报酬递减）。新旧定义区别在于，原定义的范围经济（潘泽，

---

① a. b 分别代表曲线的最低点，A'C 在这里实际是超额平均成本。Long Tail（长尾曲线）由数量和品种的组合构成，由单一品种大规模组合向小批量多品种组合演变。

1988）为多产品范围经济[①]，新定义的范围经济为多品种范围经济。

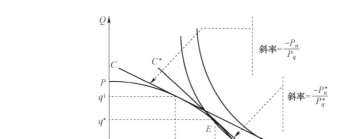

图 5.2　工业化—信息化两部门均衡价格决定

这里重新界定了信息化中的某些现象。在新古典范式（甚至内生增长范式）的各种理论中，都不存在对 r（品种越多，平均成本越低）这一区间现象的解释。包括内生品种但采取规模经济设定的 D-S 模型，默认的选项都是 bW（品种越多，平均成本越高）。经济学家普遍看漏了利用提高质量来降低成本的可能，看漏创新驱动可能不仅不需求补贴反而可能从市场（例如增值 App 中）直接得到租金补偿的可能（例如苹果商店模式），而这一切都与信息化带来的新技术经济范式具有均衡水平的内在联系。

rb 对应的就是这样一种新技术经济范式，在经验上表现为，信息通信技术固然可以支持自动化（作用于 Q 轴），但更擅长智慧化（作用于 N 轴）。智慧化的技术经济本质，就是越复杂化（N 值越大），成本（例如异质平均成本 $A'C$）相对越低。

对工业经济的转型升级来说，图 5.2 突出显示了对工业化部门进行信息化改造和转型的必要性。当代表物质投资驱动的 AC 曲线越过 a 点进入 aV 区间（成本上规模不经济，例如企业越大，对市场响应越迟钝）时，信息化意味着，一旦从 aV 上的任一点移向 $A'C$ 曲线的 rb 上的任一点，绝对成本的提高可能被多样化带来的更高收益所补偿，且出现范围报酬递增，企业会由做大做强转向做优做强做大。

---

①　多产品是指同一品种内部多个产品，相当于把此处的 Q 轴展开为超平面，利用射线平均成本（Ray Average Cost，RAC）表现平均成本。

（二）简单性—复杂性二元利润函数

在工业化—信息化二元生产函数$[y = f(H_1, H_2)]$下，厂商希望最大化利润：

$$\pi = py - vH_1 - wH_2 \qquad (5\text{-}11)$$

π是企业的等利润线。在这里，产出y是q和n共同的产出，q这个符号已分配特指狭义的数量。将投入需求函数$H_1(p, w, v)$、$H_2(p, w, v)$、产出供给函数$y(p, w, v)$代入式（5-11），可得利润函数：

$$\pi = py(p, w, v) - vH_1(p, w, v) - wH_2(p, w, v) = V(p, w, v) \qquad (5\text{-}12)$$

根据霍特林引理，利润函数关于价格微分，可以得到投入需求函数和产出供给函数。

对信息化来说，多样性成本wH_2的降低，对应的经验现象是智慧化水平的提高。因为智慧的本质就是事物越复杂，处理成本相对越低；wH_2的降低在其他条件不变时，直接提高了利润π。在这里，信息技术的微观作用表现在，通过应用和转型使企业的业务变得更加灵活，可以更有效能地响应复杂性的市场需求变化。根据式（5-12），仅仅测度wH_2上的投入是不够的，还必须测度py特别是其中多样化产出n与价格p的影响。

工业化—信息化两部门利润模型显示了信息化与工业化两化融合带来企业做强做优的效果。比较企业做强与做优，如果说这是两种不同模式的利润增进，做强对应的是Q轴上的利润增长，而做优对应的则是N轴上的利润增长。工业4.0的一个鲜明特征在于，利润增长不是靠简单的规模扩大，而是靠品质提高，也就是在均衡水平下扩大N值中实现，或者说在价格与N值关系的优化中实现。

总体来说，工业化—信息化两部门的供给曲面显示的是在标准理论中隐形的、提高经济增长质量的逻辑：相对于多样化的成本，有可能（这一可能的条件正是信息化）出现范围报酬递增。这颠覆了标准理论的成本模式，显示了以互联网为代表的商业模式创新的新逻辑。工业经济转型升级在供给方面微观改进的关键在于，引人新的信息化成本约束条件（开放条件下范围成本递减），以达成复杂多变市场需求下可持续的利润增长。

四、微观角度分析信息时代网络经济的均衡论

从几何角度直观说明在数量供求市场（工业化部门）与品种供求市场（信息化部门）一起运作（相当于"两化融合"）时，供求的一般均衡调整过程。信息技术对两个市场都有影响，图 5.2 显示了工业化与信息化两化融合的均衡轨迹。需要指出，两市场无论在物理空间还是虚拟空间，都是同一个市场。这表现在，组合商品(q*, n*)对应的是同一个最终价格，市场同时出清。

观察两部门经济中均衡价格的决定。给出该经济的生产可能性边界 PP，无差异曲线 U 表示个人对商品的数量和品种的偏好。在预算约束 C，也就是"二的价格比率上，厂商在 PP 上寻找数量与品种的价格比率等于商品边际成本的比率（RPT），厂商选择(q', n')的产出组合，在此点上实现利润最大化。

在给定的预算约束 C 下，个人的需求是（q', n'），在此价格下，对品种存在过度需求 $n^{l} - n'$；而对数量却存在着过度供给 $q^{l} - q^{l'}$。在经验中，这意味着市场过度粗放（如产品过度同质化引发价格战，而服务化或质量提高等差异化机会空间巨大），要求向服务化、创新驱动和质量提高方向升级。市场的完全竞争将使 P_n 上升，P_q 下降；导致价格比率 P_n/P_q 上升，从而使价格线更陡，最终把价格移向其均衡水平 E 点(q*, n*)。在这个新的价格上，社会的预算约束线由 C* 给定。厂商沿生产可能性边界对价格变化进行回应，增加 n 而减少 q。

均衡点在(q*, n*)得以成立，均衡的价格比率为 n*/ q*。在这个价格比率下，对数量和品种的供给与需求都达到均衡，数量和品种两个市场会同时出清。这代表的是工业化—信息化两部门市场均衡必须充分考虑目前隐形于GDP 计算的"质的差异"这一因素。考虑以品种度量的"质的差异"（即多样性）因素，由差异化引发的消费者剩余和所谓"过剩生产能力"都将内生于三维均衡，由二维视野（唯 GDP 论）中被视为非帕累托最优，转变为三维视野的内生异质性的帕累托最优。

比较标准理论，有一个明显的区别：标准理论市场完全出清时，隐含了 $N=1$ 的假设（同质化假设），但在真实经济中，这并非实际的出清状态，$N>1$ 也完全可以是"经济"的。例如，正因为有这个引力的存在，德国工业才有从工业 3.0 向 4.0 升级的动力。但在 $N>1$ 且经济时，按标准理论市场却是没有出清的。例如，按传统"中国制造"隐含的价值标准，工业 4.0 是不值得追

求的，因为其中由 N 值变化引起的绩效是不计入影响官员升迁的统计中的。按照数量—品种两市场的三维均衡理论，$E(q^*,n^*)$ 才是真正的出清状态。这就是标准理论的纯粹竞争与容纳异质性的完全竞争理论的重大区别，后者更加接近"新常态"。

这一发现的现实意义在于，在多样性居于主导地位的市场条件下（例如，超越传统"中国制造"的市场中），按新古典范式标准出清的市场，可能在工业化—信息化全局中却是非帕累托最优的。因为以 $N=1$ 特例为标准的所谓均衡，一旦处于 $N>1$ 偏离程度较大时，就基本不能反映全球化经济的实际动力变化。反过来说，$N>1$ 包括产品多样化、创新驱动、质量提高，等等，都因无法直接计入 GDP（数量与价格之积），而使这一部分产出陷于无形；但以新的标准却可能达到实际均衡和最优。这意味着，当 GDP 增速下降而质量提高时，加入 N 作为标准，工业化—信息化两部门经济的均衡是可以实现的。在工业化基本完成时，发展工业 4.0，使信息经济全面发展，意义正在于追求更高标准的帕累托最优。

如果以传统均衡为标准衡量，工业化—信息化两部门均衡实际是均衡与非均衡之间的"均衡"（平衡）。因为以品种为标度的信息化部门实质是放松同质性假定（$N=1$）后，以异质性（$N>1$）为新常态的经济。而以同质均衡来看，N 值（异质性）的每一分增加，都是对传统均衡（"控制"，对应"循环流转"）的系统偏离（"失控"，对应创新），都是二维均衡意义上的帕累托非优。将同质均衡（"控制"）与异质均衡（"失控"）综合为一个新的平衡，意思如凯文·凯利所说，是"在摇摇欲坠中保持平衡"，是一种动态的均衡。

第三节　信息时代网络经济的宏观经济学

信息化与网络经济学科的一个基本假定是复杂性是信息化与网络经济所赖以区别于传统经济的新技术经济范式。

工业技术主要提高简单性效率（专业化效率），信息技术主要提高复杂性效率（多样化效率）。前者支持由数量—价格维度构造的简单性系统的经济，即工业化经济；后者支持由品种—价格维度构造的复杂性系统的经济，即信息化经济。

工业化与信息化在商务本体上的绩效区分标志为如果复杂性程度越高，

平均成本越低，定义为信息化；复杂性程度越高，平均成本越高，定义为工业化。内部情况互有交叉，但主导方面大致如此。

从技术内生角度看，信息化的技术经济的主导方面本质在于通过信息技术对于差异化成本的降低，提高服务化效率与效能，实现范围报酬递增；同时，信息技术也不排斥在其作用的次要方面，对同质化成本的降低，提高产业化效率与效能，实现规模报酬递增。二者在两化融合中依一定条件相互转化。

一、信息时代网络经济宏观经济学角度：内生复杂的增长、货币与就业

信息时代网络经济的宏观经济学，是上述微观经济学结论在宏观领域的自然引申。其中一个重要的相通之处在于都在核心层面内生了复杂性。

设定工业化均衡为完全竞争宏观均衡（工业经济为 GDP 经济），信息化均衡为垄断竞争宏观均衡（信息经济为 GDP 与未观测经济的综合），对应于基于新凯恩斯学派与新熊彼特学派改进的宏观范围经济理论。二者的均衡价格相差 $FC=AC-MC$、$FC=an$（"补贴"）。这个差，就是复杂性对均衡点的位移。

在宏观上对应质量提高带来的消费者剩余与要素完全竞争条件下的成本之差，表现为消费者为质量提高、服务差异化带来的异质性效用的支出（导致服务业占比上升，贸易支出大于收入），与组织复杂性带来的宏观交易费用之间的折冲关系。这些都是复杂性表现于外的现象。

信息化与网络经济条件下的增长、就业与货币问题，与标准宏观经济学的主要区别在于内生了复杂性，复杂性在实证上表现为差异化（在均衡水平是指垄断竞争），核心是费尔普斯说的"让人进入宏观经济学"[1]。因为人不同于物质的本质，人是复杂性的，具有选择多样性的自由意志。

研究信息技术对差异化成本趋势的逆转对于宏观经济关键变量的影响机理，是将信息化测评应用于宏观政策指导的基础。历史上内生差异化的宏观经济学（即基于垄断竞争的宏观经济学）有两种相反的主要理论，一个是新凯恩斯主义，一个是熊彼特内生增长理论。我们将在与这两种理论的比较中，

---

[1] 徐秋慧，费尔普斯经济思想研究 [M]．北京：商务印书馆，2010：31.

揭示信息化与网络经济自身独特的宏观经济规律。

二、宏观经济学角度分析内生质量复杂性的增长论

（一）复杂性与质量内生

垄断竞争的宏观经济学，包括在就业、货币和总需求问题上的内生复杂性。总需求问题在宏观经济学中，基本就等于增长问题。因为在均衡水平谈论增长，在产能过剩的经济（而非短缺经济）中，最主要的制约因素就在总需求。在总需求上的观点和主张是区分各个经济学派的主要试金石。

对总需求，新熊彼特学派和新凯恩斯主义解释有所不同，但是解释得都比前一代理论更加细致，都在说垄断竞争和总需求有关。正是由于微观上的差异性，导致总需求的波动；或者说由于需求不一样，有质的差异，导致准确地寻找供求均衡价格的难度加大了，比如会出现信息不对称。

新凯恩斯主义利用垄断竞争理论说明总需求的外生性，得出垄断竞争市场无效性的理论。或者说，垄断竞争市场的无效性，在宏观上就表现在总需求的外生性上。其原理是，在完全竞争条件下，竞争导致价格下降，总需求会增加，厂商的需求曲线向右移动，社会福利增加。但在垄断竞争中，因为厂商都有提价力，总需求会减少，厂商的需求曲线向左移动，产出会减少，这又会使总需求下降。这种情况不断循环往复，会使产出处于偏离最优的水平，损失效率，导致社会福利下降。新凯恩斯主义论证总需求外生的目的，还是为政府干预提供理论依据。因为总需求不足，说明市场失灵（对凯恩斯的唯一改进只在于说明了市场的常态不是完全竞争，而是垄断竞争），而解决这个问题自然只能靠政府。可以说，总需求外生论的动机就不"纯"。

新凯恩斯主义这种说法，从罗宾逊夫人的角度可以解释通，但从张伯仑的角度却有很大疑问。最大疑问在于，它把质量问题完全忽略了。厂商为什么能具有普遍的提价力？在张伯仑看来，这是质量不同的结果；但在罗宾逊夫人看来，却只是竞争不完全的结果。说到底，还是物化价值观在起作用，新凯恩斯主义因为仍是主张物质驱动导向的，看不出人的因素的作用。从需求角度，会导致把人看成物欲的动物，这种动物没有高级需求、非物质需求，没有因情感满足、生活质量而提价的内在动力。从宏观上的总需求看，服务业的发展就符合普遍提价的条件，但不是因为垄断（当然也不排除存在个别

垄断），因为即使在服务业的激烈竞争中，服务业相对制造业普遍在提价也是不争的宏观事实。

新凯恩斯主义认为提价会导致效率降低，福利损失，对此要具体分析。福利损失的说法显然有漏洞，因为完全忽略了质量提高带来的福利，尤其是忽略了无法计入 GDP 的福利。GDP 计量上的问题当然不是这个学派的问题，是整个经济学的问题。但用新的价值观、财富观一衡量，原来没有问题的说法就显露出物质驱动的原形来。至于效率降低，这倒是部分事实，因为鲍莫尔解释"服务业生产率之谜"时，已指出了其中原因。但按异质完全竞争理论看，效率降低不是定论，而只是传统服务业的特例。信息技术恰恰就是人与机器在新水平上的结合，鲍莫尔所谓服务业无法利用机器提高劳动生产率的说法，在新条件下缺乏宏观实证依据。这还没有算上创新对提高劳动生产率的贡献。

熊彼特内生增长理论倒是也强调总需求的外生性，但观点与新凯恩斯主义相反。经济增长要沿着质量阶梯上升，就自然要打破总需求的平衡，以新的总需求取代旧的总需求。总需求的外生性，来自人的物质欲望之外的部分。就连属于新凯恩斯主义的费尔普斯也在强调"美好生活"对提高经济活力的重要，认为需要阿马尔·拜德型的消费者感知创新。垄断竞争理论恰恰是在价值观上支持这种观点，强调在提价的表面背后，实际发生的是经济的质的变化。正是由质的变化带来的福利（"美好生活"型的福利），能使市场达到均衡，反而能平衡由完全物化的完全竞争带来的"扰动"。

熊彼特内生增长理论也有让我们感到不满的地方，它把质量提高与增长混为一谈。增长质量的提高，一定会带来增长的效果，这一点是无疑的。例如，服务业的增长会创造 GDP，提高 GDP。但这不等于质量提高（内涵增长）可以比粗放增长更能提高 GDP，或者说增长率更高。"服务业增长率之谜"已清晰彰显出了这个问题。仅仅在 GDP 的范围内论证增长质量问题固然有益，但也有限。质量阶梯理论很好，但它真正需要说明和解决的问题应该是，为什么质量提高不如数量提高更能提高增长速度，它仍然是可欲求的。我们提出的将财富计量由存量发展为流量的办法，可以完美解释这个问题。相形之下，质量阶梯理论似乎把存量与流量搞混了。笔者认为，不能把质量阶梯理解为质量的数量阶梯，而应理解为质量的（价格）水平阶梯，它与 GDP 的关系应是价格水平与数量（存量）之间的关系。

内生复杂性的异质完全竞争的观点是，如果把网络（异质市场）加入广义市场，在垄断竞争导致市场"失灵"时，这种加入质量市场的广义市场可能是均衡的。换句话说，现有帕累托最优从"品种—数量—价格"三维均衡看，并非最优。而现在所谓的垄断竞争均衡，从二维观点看不是最优，但在三维中却已是最优。从这个角度再看总需求，这一决定增长的宏观问题的真正聚焦点应在于，把总需求外生的部分内生化，而且是基于质量内生化，也就是使质量内生进入总需求，才可实现宏观上真正的平衡。

内生质量的本质是在经济中内生复杂性。按照内生质量的观点，垄断竞争中的市场是有效的，有效是相对于"品种—数量—价格"三维均衡而言的。原来所谓无效性的部分，只不过是"品种—价格"平面上完全竞争形成的曲线，在"数量—价格"平面上的投影。厂商基于质量提高而产生的提价力，并不会导致广义的总需求减少，相反，它是福利的提高，只不过福利提高的部分不是现有福利经济学定义的总效用意义上的福利，而是阿玛蒂亚·森和斯蒂格利茨在修改 GDP 时补充的福利，如生活质量等。这一思路还将在后面深入展开讨论。

（二）经济增长黄金率

经济增长的黄金率是费尔普斯提出的。这是一个近于增长自然率的概念。传统高增长主要依赖于物质资本投入，投资越高，增长越快。在这种高增长的背后，隐藏着一个发源于原凯恩斯主义的理论，认为国民收入的均衡增长取决于投资等于储蓄这个条件。既然如此，储蓄越高，增长就越快。在不考虑人口、技术变化条件下，一国的储蓄决定着产出水平。其代表形式就是索洛—斯旺模型。

这种观点存在的问题在于，片面强调储蓄率越高越好，存在着系统的价值观偏离，忽略了民生，导致一种偏离平衡的均衡。

费尔普斯对增长理论的一个突出贡献，就是坚持把经济增长的目标定位于提高全体人民的福利水平提高，把人的消费最大化内生于增长模型，提出"经济增长的黄金率"。

经济增长的黄金率实际上是对"道"—也就是复杂性的表征，只不过它不是一个固定值（道可道则非常道），而是一个动态变化的值（不如说是一组关系的组合）。费尔普斯抓住索洛—斯旺模型没有讨论与人均消费最大化相联系的最优储蓄率的弱点，将"人"的视角带入宏观经济学，于 1961 年发现并提出与人均消费最大化相联系的人均资本量应满足的条件，即经济增长的黄金率，又称资本的黄金分割率。

费尔普斯以暗讽方式杜撰出一个类似索洛名字的国家，叫索洛维亚。索洛维亚的国王要人们找到一个最佳的储蓄率，保证经济合意地增长。一个乡巴佬破解了这道难题，提出这个储蓄率应等于资本产出与国民收入产出的比率。索洛维亚王国采纳之后，其国民就像童话故事结尾常说的，从此过上了幸福而美好地生活。

他提出的经济增长的黄金率，将人均消费当作储蓄率的函数。不高也不低的储蓄率，应等于资本收入占国民收入的比例。具体来说，人均消费作为生产函数与投资函数之差，以人均资本稳态为约束条件求解这个差的最大化，最大化的边际条件是，资本的边际产出等于人口的自然增长、技术进步和资本折旧之和。如图 5.3 所示。

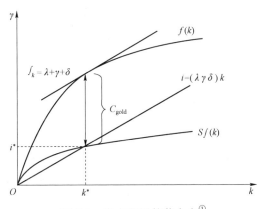

图 5.3　资本积累的黄金率[①]

以人均消费达到最大为目标处理增长与消费的关系，使增长理论从以往不讨论经济目的转向讨论经济目的。费尔普斯是一个转折点。

经济增长的黄金率揭示出，储蓄率并不是越高越好。如果储蓄率高于最优水平，会导致经济增长的"动态无效率"，降低人们的长期福利。

经济增长的黄金率击中了当前中国经济超高增长的要害。中国经济连续30 年的超高增长，是以世界各国和人类历史罕见的超高储蓄率为基础实现的；

① 徐秋慧，费尔普斯经济思想研究 [M]. 北京：商务印书馆，2010：115；埃德蒙德·菲尔普斯。经济增长黄金律 [M]. 北京：机械工业出版社，2015：62.

其存在的增长粗放问题正在于"动态无效率";而人均收入和人均消费长期低于 GDP 增长,是其忽略民生的具体表现。

包括经济学家在内,许多人认为高速增长中的粗放、无效率,是可以在高储蓄条件下实现的。他们提出和要解决的所谓增长质量问题,只是如何让高储蓄下的增长更有效率一些,让已高于自然率的资本如何更有效率一些。殊不知,超过自然率的高储蓄本身就已经是粗放和无效率的主要原因。

质量的核心是人。质量问题的核心是人的问题。人的问题在增长率上又具体落实为储蓄率的问题。储蓄率的问题,主要在于是以物质驱动的投资为目标,还是以人均消费为目标,来确定合意的储蓄率标准的问题。然后才是操作上的事。在确定储蓄率时,仍然以物质驱动为本,不以人的消费为本,说明根上的问题仍没解决。长期解决不好的问题,就不是主观认识问题。除了利益上的考量之外,从宏观经济学角度说清增长的道理,才能在认识上取得共识的深层基础。

对强制性储蓄(动员储蓄)的消解,理论前提必须以增长的自然率为基础,而自然率的核心不是以往被简单化理解的效率问题,而是需要有价值观上的校正,把民生的复杂性、多样性与效率共同作为目标。一般来说,凯恩斯主义总是以变相的强制性储蓄为能事,无论是通过货币手段还是财政手段,最终都通向损害民生造成的有效需求不足;但费尔普斯是个例外,别人都把他视为新凯恩斯主义的代表人物,他自己却不承认,从他"把人引入宏观经济学"这个价值观立场来看,也确实不像。他主张政府有限干预,多半需要出于政府通过干预实现经济包容,如就业补贴等。这与其他新凯恩斯主义经济学家有所不同。他的许多主张与熊彼特内生增长理论倒是较为接近。

当然,人均消费只是人的问题的一个方面,虽然是一个非常重要的方面。生活质量的提高、生活方式的选择、人的创造性的发挥,等等,都关系到"美好生活"的实现。

信息化对增长的影响表现在,增加以 N 表示的质量变量。在工业经济条件下,多品种的经济性为需求(表现为 P 的效用)经济与供给(表现为 C 的成本)不经济之间的权衡。向信息经济的转型,主要表现为质量供给从不经济到经济的转变,从范围报酬递减转向范围报酬递增。对应的宏观现象是,相对于超出收入的支出,当宏观交易费用(报酬递减)对应的收入,在传统工业化阶段，需要补贴；当宏观交易费用（报酬递增），例如社会固定成本（信息基础设施）合理均摊，达到异质均衡，经济质量得到提高，信息国民收入适中，对应两化融合；当宏观交易费用（报酬递增），例如面向增值应用的租金足以补偿社会固定成本（如平台）时，或实现基于信息技术的创新驱动，对应信息经济全面发展，未观测经济成为主导，信息国民收入较高。

三、宏观经济学角度分析内生信息复杂性的货币论

信息时代网络经济对货币的影响表现在，宏观交易费用从信息不对称转向信息对称，导致国民收入结构从中间收入和同质化支出，转化为最终收入和异质化支出。

（一）复杂性与货币非中性

在宏观经济学的货币理论中，新凯恩斯主义的垄断竞争理论几乎完全成了不完全竞争论，已经变成了纯粹围绕价格（商品价格和货币价格）进行的讨论，与质无关了，纯"物质驱动"化了。

新凯恩斯主义的货币主张是货币非中性，强调实际刚性。原凯恩斯主义主张刚性名义工资和刚性价格。新凯恩斯主义弱化了这个立场，借助垄断竞争理论的微观基础，在宏观上提出一种近于半刚性的理论。张伯仑说过，"所有的产品实际上都是不同的，至少说是有轻微的不同"。张伯仑的本意是在谈质的不同，但移植到这里，"不同"可以借用为数量上的刚性，"轻微的不同"就可以成为新凯恩斯主义说的具有黏性的实际刚性。

强调实际刚性的货币非中性理论的基本思路认为，名义刚性来自既定的菜单成本和近似理性行为，会导致实际刚性程度增强。实际刚性为较大的名义刚性提供了基础，这在垄断竞争理论中相当于短期调整与长期调整之间的关系。短期调整之所以不会马上引起长期变化，是因为一些厂商的调整不会带动整体价格变化。

对新凯恩斯主义来说，调实际刚性与调名义刚性的收益和成本是不同的。当名义量变动后，厂商改变它的名义价格的所得，由于信息不对称等原因，小于改变商品价格的成本。厂商因此不愿调整商品价格，使得商品价格在存在刚性条件下经济也可以达到均衡。这就是垄断竞争可以成为市场常态的原

因。关于造成这种情况的具体原因，经济学上有许多细枝末节的讨论，张伯仑当年曾以销售成本概括，制度经济学家如科斯扩展到整个交易费用，空间经济学家也有自己的解释。

如果商品价格不变，名义价格的调整必然对实际总需求造成冲击。当各个厂商都不改变商品价格时，产品间的比价也保持不变，商品价格就存在实际刚性。这种实际刚性减少了商品价格紧贴名义价格变化进行调整后可能产生的收益，使得名义冲击出现后，不调整价格的区间扩大。

货币非中性的主张，意在使政府通过货币政策进行干预合理化。至于干预的是什么，依政策取向的不同多有差异。在内生增长理论中，罗默主张政府干预是为了加大研发投入。这有别于将干预用于加大物质投入，但与熊彼特学派的区别仍然是存在的，熊彼特学派主张的是货币跟着创新走，创新有可能打破同质化均衡的"循环流转"，从旧的均衡走向新的均衡，在这个过程中形成垄断竞争均衡。而这个过程是常态，传统的均衡反而是特例。在这一逻辑指导下，货币只不过是为创新服务的工具和手段，它的作用仅限于把物质资本从原来的用项上拔出来，重新插到新的用项上，是根据创新需要重新配置资源的资本插拔运动。而真正起主导作用的，还是创新本身。相信市场会自发配置创新资源。相比之下，新凯恩斯主义更强调物质资本投入—不管对物质驱动增长还是创新驱动增长—的主导作用，以为企业是不喜欢研发的，没有创新的内在动力，只有通过政府干预，外部刺激他们搞研发。而垄断竞争的本质或者说垄断竞争均衡与完全竞争的差异就在于一个等价于固定成本的"补贴"。

由此可见物质驱动与创新驱动在货币观上的不同，特别是围绕研发的宏观货币政策上的不同。熊彼特内生增长理论认为经济主体具有创新的内在动力，更为接近我们的观点。

（二）增长与金融创新

增长和金融创新在宏观上是什么关系？在宏观经济学中，新凯恩斯主义与熊彼特内生增长论这两个新的理论对于金融理论的贡献，与趋势的关系比较顺路。

新凯恩斯主义严格说是一个大杂烩，其中与张伯仑思想走得较近的一部分理论十分超前，其中代表的是斯蒂格利茨，他持反货币主义的观点。原来的凯恩斯主义是主张政府干预，他却反对金融特殊利益集团，他认为金融危机的结果就是华尔街故意造成信息不对称。原来金融集团在我们大家都不掌握信息的情况下，他的信息能力比我们强，用他知道我们不知道的方式指引我们进行投资，我们为他的专业能力付钱。

但是现在他做过了头，光赚钱不干活，或者干的活是错的。这就造成了对消费者的双重惩罚。第一重惩罚，当消费者是华尔街的顾客时，他利用信息不对称，从惩罚顾客的投资错误中赚钱；第二重惩罚，他把自己的投资错误的代价转移给所有消费者，让全民为华尔街的失误埋单。

这不是监管能解决的。因为监管不能改变信息不对称（金融不民主）这一条件本身。

这给我们完全不同的指向，常认为对金融集团要加强监管，包括引入塞班司法律对企业造成极大的困扰。如果信息不对称，永远监管不过来，甚至把企业监管破产都解决不了问题。

熊彼特学派的主要观点略有不同。阿吉翁的主张就是差异化的市场，他为了治凯恩斯学派，为了反对强制储蓄或者动员储蓄，提出一个奇怪的观点，这是他学派独有的观点，认为经济越发展，分散风险的机会越得到改进，越有利于创新。

这个观点非常奇特，奇特在哪儿？在于他和费尔普斯的观点是非常相似的，费尔普斯说大众创新无非要化解风险，他要让老百姓自愿化解风险，他把金融发展理解为分散风险机制的完善。以风险投资（VC）为例，经济越发展，VC越起来；经济越不发展，VC越起不来。

这是他们关于金融的观点。总而言之，都是在差异化的条件下怎么应对信息不对称的问题。

（三）货币新范式与新金融秩序

1997年笔者预言"银行内部正在从货币机构向信息机构蜕变"，原来以为"再过五年，金融界将重新洗牌"，结果等了15年，期待中的变化才萌生。所谓"洗牌"，看来确切的含义应是主业转换。正如电信业的主营业务从语音转向数据一样，金融业的主营业务也可能从金融变为数据。

斯蒂格利茨在《通向货币经济学的新范式》一书中主张："应该将货币理论的研究重点从货币转向信贷。"把重点放在"可贷资金"上，从而建立了"基于信用可得性"的货币经济学新学派。

斯蒂格利茨把信贷的本质，界定为与货币不同的信息，指出信贷问题"核心是信息"。而信息的特殊性，又在于它异质、分散这些不同于货币的方面："信贷在本质上是异质的""大量的相关信息是散布于整个经济活动之中的，而且只是被当作其他经济活动的副产品"。

银行业务与信贷业务的不同，在于一般与个别的不同：关于产品质量，企业也许可以对银行隐瞒这些问题，但对其顾客则不能。对银行来说，要获取日常商业过程中所产生的信息成本极高，因而几乎是不可能的"。但对互联网来说，获得商务活动中自然生成和记录的信息，一分额外的钱都不用花。不把信息作为主业，这些是做不到的。

对于分散的信息，如何进行商业利用呢？默顿·米勒主张的是利用金融手段，将分散的信息聚为一体："交易利润可以理解为某种'贿赂'，社会用它来刺激人们广泛收集分散的供求信息，并最终将其融为一体。"但问题在于，将信息"融为一体"的股市仍然是集中模式的。

而斯蒂格利茨的观点相反："分散化必然造成一个经济体中复杂的信贷链，其中公司既是贷款人又是借款人，而银行起着中枢作用。将这类高度专用性的信息集中起来是难以想象的。"也就是说，斯蒂格利茨主张的是绕过银行和股市，让高度专用性的信息分散地与信贷相结合。实际上，一个批发市场里形成的一对一信息，要比股市精准得多。

斯蒂格利茨发现，不是用集中的货币，而是用分散的信贷的方式进行交易是可能的："正是信息技术的变化最终导致货币是交易媒介这一观念的过时。个人在和他们熟悉的人进行交易时，总是广泛地运用信贷；只有在这个狭小的圈子之外进行交易时，他们才需要货币。"

如果说货币经济学的新范式从理论上把信息置于体系的核心，希勒提出的新金融秩序则主要是一种实践上的主张。

新金融秩序是指"信息+金融"的新秩序。相形之下，"旧"金融秩序是以货币为中心、信息边缘化的配置资源的体系。信息处于金融秩序的边缘与中心的不同，主要在于信息不对称与信息对称机制的不同。新金融秩序要求以信息对称机制化解金融风险，这是互联网金融最值得发展的空间。

熊彼特内生增长理论关于经济增长与金融之间的关系问题，主要持不完全的信贷市场的观点。在这点上与斯蒂格利茨有点像。与完全竞争假说不同，该理论认为分担风险是增长与金融发展之间产生关联的主要问题。在不完全的信贷市场上，由于存在代理成本，资本市场存在着潜在的不完善，金融中介需要一个回报，达到收支相抵。得出的结论是，代理成本越大，均衡的研发水平越低，经济增长率也越低；金融体系越发达，则中介成本由于存在规模经济而越低，则增长率越高。因此金融发展与经济增长之间存在正相关关系[①]。

　　熊彼特内生增长理论对金融监管抱有一种不切实际的期望，以为监督成本会随着监管的规模报酬递增而递减。他们的思维还是以集中的方式而非分散的方式化解风险，因此认为"对企业家和/或研发项目的监督也可以通过股票市场来进行"[②]。他们对金融发展的理解是，在以高收益、高风险为特征的创新投资中，起到"分散"风险的作用。认为"当经济已经到了一个较高级的发展阶段时，投资在高收益、高风险项目中出现的风险将能更好地分散。但在那时，正是因为分散风险的机会得到了改进，个人也就更加愿意投资于高收益、高风险的项目，而不是局限于投资比较安全，但产出较少的投资项目。因此，投资的回报率在发展的高级阶段将会增加，平均储蓄率也会因此而增加"[③]。这一点与熊彼特本人的认识倒是同方向的，但与斯蒂格利茨和希勒关于利用信息分散化解风险的观点比，已经落后于现实的发展。关于金融发展与金融深化的争议由来已久。费尔普斯已更加精确地辨析出，这种能化解高收益、高风险的机制应是风险投资机制，而不是随便的什么资本市场或股票市场。资本市场和现有财务报表的最大问题，恰恰在于它们是风险回避型的。最近人们关于资本之殇的讨论，已经注意到资本制度的这种保守性。我们的观点主张在网络条件下，以信息对称的方式，通过范围报酬递增而非规模报酬递增，来分布式地化解创新的高风险。

四、宏观经济学角度分析内生民生复杂性的就业论

　　将民生区分为简单性范式与复杂性范式，新的就业论由此入手展开。
　　简单性范式的民生，以就业为核心，在宏观上通过二次分配转移支付增

---

① 阿吉翁，霍依特. 内生增长理论［M］. 陶然，等译. 北京：北京大学出版社，2004：64-65.
② 阿吉翁，霍依特. 内生增长理论［M］. 陶然，等译. 北京：北京大学出版社，2004：66.
③ 阿吉翁，霍依特. 内生增长理论［M］. 陶然，等译. 北京：北京大学出版社，2004：66-76.

进社会福利；复杂性范式的民生，以工作为核心，通过一次分配使劳动者获得更具包容性的机会。这里的简单性是指将劳动者简化为同质化（因而失去创造力）的劳动力，把人当作简单性的机器；复杂性是指使劳动力复归为异质性（具有创造力）的劳动者，把人当作复杂性的人本身。

内生民生复杂性的就业，在现实中是指基于分享经济的大众创业，万众创新。利用平台（生产资料）免费而按服务收费的模式，普通草根分享生产资料的使用权（而不是支配权），从而获得进入工作机会（如非就业的参与App 应用增值服务的机会）的能力，在一次分配中就获得创造性的收入（高于生产资料租金的收入）。

信息化与网络经济对就业的影响表现在，较高的信息国民收入，较高的ICT 未观测经济，增加潜在工作机会（无就业的就业），提高一次分配收入从而进一步增加差异化支出，提高人的自我实现水平。

凯恩斯就业理论中，有一个关键问题没有解决好，这就是通货膨胀与就业的关系问题。凯恩斯认为，"名义变量会通过影响总需求对失业产生持久影响"。按照菲利普斯曲线，失业与通货膨胀之间存在反向关系，即通货膨胀高，就业就高；通货紧缩，失业就高。但现实的情况是，当失业增加时，货币工资和价格并不立即下降以进行适应性的调整，这被称为"凯恩斯难题"为了解决这一难题，费尔普斯提出了自然失业率的理论，认为失业根本与通货膨胀或紧缩无关，而主要取决于"劳动力市场和商品市场的实际特点，包括市场不完全、需求和供给的随机变化、收集工作空位和劳动力信息的成本、职业流动成本，等等"。因此，自然失业率是预期通货膨胀率保持不变时的失业率。

在就业问题上，新凯恩斯主义的一般观点是黏性工资，不是不能就业，而是找新工作需要时间，在差异化的情况下很难实现信息对称，这就加大了信息搜寻成本。转换工作需要培训等成本。主张政府帮助大家更好地获得信息和技能来安排就业。认为在失业过程中应该做的事是加强人力资本投资，不可能使同样素质的人反复就业，一定是新的就业机会覆盖旧的就业机会，而新的劳动者不适应新的工作，需要由政府来培训他们。

熊彼特内生增长理论的观点和熊彼特当年的理论有点类似，认为失业本身不是问题，技术进步"一方面摧毁一些职位，同时又创造出一些新的职位"，关键是"快速的技术进步是否使原有职位的毁灭快于其所新增加的职位"[①]。

熊彼特内生增长理论不同于原熊彼特理论的地方在于重视技术的作用。当报酬不变时，提高创新频率对于失业不产生任何作用，因为新的技术顶掉多少工作职位，新的技术就会创造多少工作职位。这可能是熊彼特不重视技术创新对就业作用的原因。但技术创新更多表现为报酬递增，在这种情况下，如果已有的生产单位不能利用技术来增长，提高增长率只能引发失业率升高；而如果利用技术创新，资本化效应可能抵消创造性毁灭的效应，由此带来的增长率提高可能会使失业率下降。当中间投入多于一种时，产品之间存在很强的互补性，也会达到同样的效果，即生产率增长率提高会使失业率下降[②]。这显示出水平创新与垂直创新，在质的变化这个本质上是一致的。

除此之外，熊彼特还有一个考虑就是经济周期这件事，这件事跟凯恩斯相反，凯恩斯认为经济周期越平稳越好，熊彼特觉得周期越起伏越好。他认为经济周期就相当于人体内的新陈代谢，人应该加强新陈代谢，这是一个长波技术周期，就是一个技术管几年。新技术刚开始出现时，发展得非常好。到技术的潜力释放殆尽，快不行时，经济就出现低谷。而新的力量就出现了，旧的技术被更新的技术颠覆。这个就是一个周期。

主张既有别于新凯恩斯主义，也有别于熊彼特内生增长理论。与前者的区别是立场上的，与后者的区别是方法上的。我们主张包容性的就业。这一点相对而言，与费尔普斯的观点稍微接近一些，但也有区别。

以往在就业这个宏观指标上，考虑得更多的是效率（特别是资本的效率），而不是多样性，包容性就是对多样性标准的一种接纳。包容性就业不光要考虑如何与发挥资本的效率相适应，而且需要考虑人本身。单纯从资本效率来说，以机器替代人是有效率的，但它可能导致效率高而效能（相对于多样性的效率）低，造成人力资源利用上的不充分。提高经济增长质量，从就业的角度看，还应包含更有效地利用多样化的人力资源。

包容性就业不光是一个福利性的概念，还应具有参与式就业的含义。福利性的包容，往往是从再分配公平的角度，以牺牲资本的效率来满足就业。这种就业虽然使劳动者获得工作机会，从而提高了劳动力的分配份额，但并

---

① 阿吉翁，霍依特，内生增长理论［M］．陶然，等译，北京：北京大学出版社，2004：111.

② 阿吉翁，霍依特，内生增长理论［M］．陶然，等译，北京：北京大学出版社，2004：127.

没有使劳动者真正进入经济的开发，从中释放自身的创造性潜能，无法使之介入剩余的分配，获得应有的自豪和尊严。

参与式就业是对经济过程的深度介入，例如创业式的就业，以及在工作岗位上发挥创造性并得到与创造性匹配的回报。参与的关键是创新，以及为尽可能多的人提供足够低门槛的创新条件。创新如果只是企业家精神的实现或研发专业人员的事情，而不是全体劳动者共同参与的活动，它就不是包容性的。因此，包容性就业应与大众创新更紧密地结合起来，以实现大繁荣。

最后，包容性就业还应包含整个工作机会的创造，无论是雇佣劳动（包括兼业），还是自我雇佣的劳动（如在家办公、自我动手，或互助等），甚至无论是不是可计入现有 GDP 范围的经济活动。按照美好生活的标准，使人摆脱物役，在基本生活水平之上获得更高满意度的活动，都应成为包容性就业的政策目标。

在内生复杂性的新就业观中，对福利的认识从简单性的福利（社会总福利等于社会总效用，有钱即快乐）转向复杂性的福利（强调幸福不等于 GDP，有钱不等于快乐）。因此，不倾向于采用福利国家以再分配（二次转移支付）为主方式解决公平问题，而强调通过分享机会（分离支配权与使用权，实现广泛的生产资料分享）以一次分配为主，在分享创造性收入、能力实现和良好体验层面上解决福利问题；只有当一次分配失灵（特指部分劳动者已获得充分公平的机会——没有任何生产资料进入障碍——但由于能力和风险等原因无力自我实现）时，再以二次分配为主进行福利分配，以此大大缩小国家福利负担，提高经济效率。

在宏观经济学中内生复杂性对应的是质量、信息与民生，质量，相对的是增长。在传统经济中，这是指 GDP 数量。GDP 代表的是同质化、标准化的数量，它因为排斥了异质性、个性化，而应当被归于简单性范式。与质量对应的增长，则要求以质的多样性为内涵的品质。信息，相对的是货币。作为一般等价物的货币也应被归类于简单性范式。信息的复杂性表现在它包括多样化的意义。民生，相对的是就业。就业之所以被当作简单性范式，在于它以标准化的劳动力为计量单位。但人除了是劳动力之外，还是具有多样化创造力的劳动者。以创客这样的方式解决民生问题，可能不需要就业，但同样可以得到增加收入和实现梦想的机会。

　　实际上，在我们谈论微观问题的时候，信息化与网络经济也总是会把我们引向宏观上的内生复杂性。

　　内生复杂性不意味着成本的提高，ICT、网络技术及智能计算，以范围经济为杠杆，把未来经济引向更加质优、更加透明、更加包容，并因此变得更加满意、轻松、愉快。

第六章 经济管理创新发展案例分析

第一节 FV 公司经济管理创新发展案例分析——
无人经济商业模式

一、简述

（一）无人经济商业模式背景分析

我国的经济发展在过去的几年中已经步入了一个全新的阶段，我国经济的发展也相应地进入动能鼎新革故的要害环节，基于此，战略性新兴产业在新时代新阶段的发展要得到促进与支撑，相关市场进行发展的全新动力需要得到发掘与塑造，就需要坚定地实施行可持续发展战略。无人经济商业模式作为在我国新时代、新阶段应运而生的新型商业模式，不仅是战略性新兴产业商业模式的前驱者，也体现出了我国现阶段在战略性新兴产业方面所表现出的一定程度上的技术跃进。无人经济商业模式在相关领域之中的发展程度与展现出的创新能力在一定程度上也反映出了我国经济市场在相关领域方面的发展前景与动力，由此可见无人经济商业模式创新将有潜力成为我国可持续发展战略实现过程中的关键组成部分之一。这意味着，无人经济作为市场中出现的新型新商业模式将加快渗透进入到各行各业中来的速度，大量的新兴企业将在各个领域中使得无人经济商业模式得以涌现出来并得到广泛应用。

随着现代科技信息技术的发展，特别是在网络空间社群运营、移动支付、云计算及大数据这些基于全新网络空间技术的新应用蓬勃发展与交相辉映的时代背景下，传统企业商业模式面临着如同革命一般的影响与挑战。目前，我国无人经济商业模式在电子商务、传统制造业以及养殖业种植业、金融和卫生等领域取得了令人为之侧目的成效，市场上也逐渐展现出了相当数量上的基于网络空间技术相关应用于传统行业并在一定程度上进行和合并进发展的先进典型。无人经济在商业模式相关方面进行的创新也为相关行业开展更佳发展带来了全新的指向性服务，而凡此种种也在相当程度上对传统意义上的经营理念造成了不尽然和谐的冲撞，也正因如此企业也在冲突与碰撞中得到了种种事关多元化发展契机的倾向性道路。

世界管理学领域学术巨匠皮特·F.杜拉克先生在其著作中提出观点中并表示，影响企业间竞争的关键因素正逐步以商业模式创新的方式替代传统意义上的产品竞争。这意味着企业在发展的过程中为了实现企业在较长时间内保持高水平的市场竞争力并获得长期利润，需将企业的发展重点从以往的提升企业服务水平与产品质量方面逐步向企业进行商业模式创新方面进行转变。在企业日常生产运营的过程中，创新的困难程度要远超于单纯提升企业服务水平与企业产品质量，而与之相对的则是创新一旦在商业模式方面得以实际应用，企业将因此得到很大的发展空间从而迅速生长，甚至在一定程度上可以影响整个行业的发展现状。与此同时，由于无人经济需要企业在产业科技与企业自身能力方面的支撑，所以企业在向无人经济方向进行商业模式的创新的过程中企业在自身各相应方面的能力能够在一定程度上得到对应的提升，除此之外无人经济这一商业模式尚且有能力整合善变的市场环境与行业内丰富的资源，使得传统行业相当程度上产生了革命性的变化，基于此，图谋在商业模式方面进行变革、进行无人经济商业模式创新已经逐步成为了越来越多的企业的发展方向。目前具有无人经济特征的商业模式已经在社会中在市场中不断大量涌现出来，如无人零售模式、无人酒店模式、无人驾驶模式、无人仓储模式、无人工厂模式、制造业无人生产流水线模式等，基于网络空间技术飞速发展并广泛运用的时代背景，企业在商业模式方面寻求变革创新已经成为了企业在发展过程中向自身源源不断地提供动力的源泉，同时这也是国家在实施创新发展新战略过程中所必不可少的关键要素。

从政府与国家创新战略层面而言，对符合现行保障市场可持续发展相关概念的无人经济商业模式创新过程中所可能遭遇的风险相关问题进行研究，一方面，针对无人经济商业模式提出的系列研究成果进行分析整合，研究无人经济商业模式创新过程中潜在的风险，有利于整体促进无人经济商业模式的平稳发展，有助于企业不断对其商业模式创新方式进行整体优化，并推进"技术和文化的深度融合"，另一方面，研究无人经济商业模式创新过程中提供支撑的网络空间技术及其关联的信息化技术等成果，将更有利于带动政府，企业及消费者多方努力，既为无人经济商业模式创新发展提供良好的空间，又能更好的把握无人经济商业模式创新所带来的社会效益。

（二）FV公司无人经济商业模式研究意义

从政府与国家创新战略层面而言，对符合现行保障市场可持续发展相关概念的无人经济商业模式创新过程中所可能遭遇的风险相关问题进行研究，一方面，针对无人经济商业模式提出的系列研究成果进行分析整合，研究无人经济商业模式创新过程中潜在的风险，有利于整体促进无人经济商业模式的平稳发展，有助于企业不断对其商业模式创新方式进行整体优化，并推进"技术和文化的深度融合"，另一方面，研究无人经济商业模式创新过程中提供支撑的网络空间技术及其关联的信息化技术等成果，将更有利于带动政府，企业及消费者多方努力，即为无人经济商业模式创新发展提供良好的空间，又能更好地把握无人经济商业模式创新所带来的社会效益。

从行业层面而言，一方面，现阶段无人经济商业模式在相当数量的零售业、服务业、养殖业、农牧业及制造业等方面得到应用，无人经济商业模式所提倡并应用的一些简单人工替代系列研究成果，也在相当程度上向各界展示出了无人经济商业模式其特有方便快捷的优势，且在相当程度上满足了当下社会节奏日益加快的现实需要；另一方面，研究中发现的与技术及平台提供者相关的影响因素及其关联的管理协调、信息机制等成果，也将带动和倒逼传统商业模式行业抓住机遇，实现产业转型升级，在这样的先决条件下无人经济商业模式会有积极的发展前景，对无人经济商业模式创新过程中可能遇到的潜藏的风险进行研究有利于行业整体的发展。

从企业层面而言，企业进行无人经济商业模式创新的过程中会在相当程度上不可避免地受到来自于企业内外部所带来的正向或负向的作用，而这些正向或负向的作用也会由于其未知性特点与繁复程度而相应地发生变化，随之而来的是企业进行无人经济商业模式创新失败的可能性增加。况且现阶段无人经济商业模式仍是处于发展不完善阶段的新兴事物，各相关研究尚未进行深入研究发展，无人经济商业模式创新方面相关资料文献也相对过少，故此，本研究在基于对具体的企业进行调查研究的基础上，通过对企业经济风险管理相关学术研究理论进行实际应用，对 FV 公司在进行无人经济商业模式创新过程中各部分潜藏存在的各类风险进行辨识分析，并基于此确定无人经济商业模式创新风险具体因素，对相关风险因素进行权重确定并在建立相关数学模型的基础上开展评价活动，以期通过对风险因素进行详细评估从而对 FV 公司进行无人经济商业模式创新过程中风险管控提出有效应对措施。

二、FV 公司概述

（一）FV 公司简介

FV 公司成立于 2017 年 12 月，位于陕西省西安市未央区浐灞大道，主要经营范围包括瓜果、苗木、蔬菜的生产销售；无土栽培、立体栽培设施的研发生产和销售；作物配套种植技术的研发生产和销售；植物人工土、营养液的研发生产和销售；超强保水剂的研发生产和销售；计算机网络工程设计与施工；网站、网页的设计制作与建设；计算机软件开发及维护；计算机硬件开发；计算机信息系统集成服务；计算机信息技术咨询服务；农副产品、保健品、食用油、土特产品、预包装食品的销售（含乳制品）等。其主要业务是依托现有网络空间技术平台对其特有的有机认证产品进行生产销售，团队由原北京某森生物科技有限公司高管作为领导者下属组建而成。

2018 年 1 月开始，经过 FV 公司领导者对北京、上海等相关市场进行深度调研，FV 公司决策层作出决定，着手构建基于现有网络科学技术的产品销售渠道，于西安市多个商圈展开市场调研业务开拓等工作，与西安地区多家知名品牌商场如永辉超市、兴盛、麦德龙、王府井等多家大型卖场构建业务往来，同时与陕西老兵驿站人才信息服务集团有限公司（陕西老兵集团）、杨凌 HN 生物科技有限公司等开展深度业务往来合作，在有机食品健康领域市场进行深入开拓，为消费者在食品健康方面提供满意且有保障的服务。

与此同时，FV 公司着手构建基于现有网络空间技术的产品销售平台，通过对 TB、TM 以及 WX 等平台现有模式的学习与借鉴，在相关平台运营的基础上对自身所掌握的基于网络空间技术的销售平台进行开发构建。

（二）FV公司组织架构

FV公司作为一家成立时间不长、发展时间尚且较短的创新创业公司，其组织构架在一定程度上显得较为单薄与扁平，不过FV公司依然在努力进行严格要求，按照相关目标，对其组织架构进行设计打造，根据责任划分与职责要求，设立了明确的企业组织架构：FV公司组织机构从上至下分别由董事会和管理层构成。公司董事会下设总经理与副总经理各一人，对董事会所履行的决策和监管职能给以协助，从而使公司的各个层级部门之间相互协调配合，最终达到各部门责任清晰、各司其职，以更好地为组织发展进行工作。FV公司组织架构图如图6.1所示。

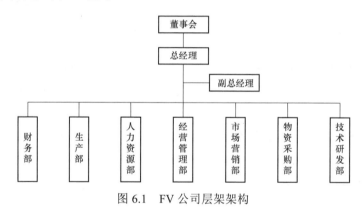

图6.1　FV公司层架架构

（三）FV公司发展与无人经济商业模式

FV公司是一家以有机农产品作为主要生产经营对象的生物科技实业公司，主要生产产品为有机蔬菜食品等种植与生产加工，在2018年1月，FV公司所生产产品通过了国家有机食品认证，其现阶段主要经营产品包括"绿香芽"系列有机蔬菜类产品，以及国内首创国际领先的天然功能性植物饮品。其产品在种植生产过程中还曾与国家政府在相关方面进行过紧密合作，如FV公司与青海省门源县县政府就当地贫困户如何实现脱贫攻坚问题展开过深入合作，建立为期一年的试点工作合作，即FV公司为当地贫困人口提供工作机会并助力实现脱贫，当地政府为FV公司选取优良种植产地及优秀劳动力，从而实现双向合作共赢的目标。

2018 年 6 月，FV 公司与陕西老兵驿站人才信息服务集团有限公司（陕西老兵集团）、杨凌 HN 生物科技有限公司等开展深度业务往来合作，同年 11月，FV 公司产品在中国杨凌农业高新科技成果博览会上参展并在杨凌农高会上分别获得后稷奖以及后稷特别奖，这极大地鼓舞了 FV 公司及公司高层管理人员在食品健康领域继续发展的信心与动力。

2019 年 3 月，FV 公司所有者、原北京某森生物科技有限公司高管 Z 先生提出在 FV 公司原有有机农产品有机食品的产品的基础上，继续按照公司原有计划开展向功能保健食品方向进行发展，如 FV 公司主打产品提取白藜芦醇正是基于对有机花生芽产品进行深层次加工处理所得。与此同时 FV 公司所有者Z 先生基于现有网络空间技术提出 FV 公司在经营过程中经营方式的转变——基于无人经济商业模式创新概念而生的云图店概念，云图店其核心思想即只需占地很小面积的门店，通过投影设备等方式将产品图片及信息投影在展示平台向潜在消费者进行展示，消费者可以通过在展示平台上通过投影设备储存在云端所提供的文字、图片、视频等信息了解到某特定产品从播种养殖到加工生产全产业链巨细无遗的生产过程，并通过云图店所提供的基于网络空间技术的产品销售平台完成自助购物，通过系统分配自助快递送货至云图店快递柜，全程消费者无需人工服务。云图店作为基于无人经济商业模式创新概念而生的新型商业模式，在人工方面极大地节省了用人成本，提升购物效率，并使用云存储技术巨细无遗地向消费者展示全产业链流程，这一点是仅凭人工无法做到的创新亮点。

然而就在 FV 公司所有者 Z 先生提出相关概念的过程中，由于公司一直以来的良好发展，使得 FV 公司内部某些高层管理人员不可避免地产生了严重的怠惰心理，FV 公司在企业内部管理人员方面开始产生问题，与此同时，在与杨凌 HN 生物科技有限公司合作研发生产的某款纯天然有机功能保健食品产品分销模式方面，FV 公司与杨凌 HN 生物科技有限公司产生了分歧，双方公司所有者因分歧而在一定程度上陷入僵持状态，双方公司的合作也出现了裂痕。恰逢 FV 公司与青海省门源县政府合作处于将要续期阶段，是否要继续进行也是 FV 公司此时所需考虑的重点。在 FV 公司处于这样一个可谓决策决定未来的关键性时刻，在 FV 公司进行无人经济商业模式创新的重要阶段，如何均衡各方，如何确保 FV 公司在进行无人经济商业模式创新过程中能够顺利高效进行、避免因无人经济商业模式创新而给企业带来风险甚至损失，如何对

FV 公司无人经济商业模式创新风险进行有效管理，是 FV 公司当下最亟须进行研究分析并加以解决的问题。

三、FV 公司无人经济商业模式的创新与风险

（一）FV 公司无人经济商业模式创新风险辨识

风险具有随机变化性、偶发性和客观性的特点，并且在进行无人经济商业模式创新过程中存在的风险的种类颇多，且相关风险存在于进行无人经济商业模式创新过程中的部分也大有不同，同时相关风险的诱导因素也与无人经济商业模式创新开展的具体活动相关，彼此成瘾各有不同。风险存在的客观性决定了企业的任何活动中均存在着一定的风险因素。企业的外部环境与内部因素都会在相当程度上对企业进行无人经济商业模式创新的具体过程造成或多或少正向或负向的具体作用。

在进行无人经济商业模式创新时，按照风险因素的来源，对于企业来说无人经济商业模式创新风险可以分为基于内部的企业内部风险与外部的宏观环境风险，其中企业内部风险可以进一步细化分为技术风险、管理风险和财务风险等，宏观环境风险可以进一步细化分为政策风险和市场风险等。

1. FV 公司无人经济商业模式创新技术风险

无人经济商业模式是依托于基于网络空间互联技术、大数据技术及人工智能等技术应运而生的新型商业模式，在进行无人经济商业模式创新的过程中在相当程度上与基于网络空间互联技术、大数据、人工智能等技术息息相关，在无人经济商业模式创新过程中对于技术有着不可或缺的需求，无人经济商业模式构建的根本基石也包括技术资本，技术风险是以技术创新为主体受多方因素影响的风险。

2. FV 公司无人经济商业模式创新管理风险

管理风险是指企业在管理运作过程中因种种因素对企业管理水平产生影响的风险。无人经济商业模式创新是一个涉及多方面的复杂过程，涉及范围在相当程度上也甚为广泛，在一隅发生的变化往往会对全局产生重要影响，如此一来企业内部出现突发特殊事件的概率也会相应增加，由于可能出现的突发特殊事件具有随机性在一定程度上导致有阙先例，也正因如此相关管理人员将处理在此类事件的过程中花费更多的精力更多的时间，并且对相关事

件进行处理的效率与正确性也当受到影响。因此，管理风险的重要性不言而喻。

3. FV 公司无人经济商业模式创新财务风险

财务风险在企业运营的过程中有些时候也会被称为资本筹集风险，资本筹集等筹资活动对于进行无人经济商业模式创新的创新创业企业来说正是其生产经营活动的起点，且任何企业在经营过程中都必然会涉及到资本筹集活动，而随之应运伴生的则是所有企业在经营过程中都无法完全不涉及财务风险。在商业模式创新过程中企业面临的财务风险包括企业融通资金能力的融资能力风险及企业攫取利益能力的盈利能力风险。

4. FV 公司无人经济商业模式创新政策风险

基于我国目前的市场环境下，我国正在有组织有秩序地针对在新生商业模式方面进行研究，包括对商业模式新形态以及新创造等创新内容进行所对应的产权保护和政策支持以及无人经济商业模式相关法律法规编纂工作等，进行无人经济商业模式创新对政府政策所提供基于相关政策法规支持和保护在相当程度上有着依靠性。

5. FV 公司无人经济商业模式创新市场风险

对所有企业而言，企业的运作都会与市场密不可分，企业产品最终都会流向市场，经受市场的选择与考验。对于 FV 公司这样依托于基于网络空间的、大数据、人工智能等技术进行无人经济商业模式创新的创新创业企业来说，市场中所存在的风险不仅意味着 FV 公司企业所进行的无人经济商业模式创新能否在市场上抢得先机、是否能赢得潜在消费人群的信任、是否能得到服务对象的青睐认可以及是否能与其他利益相关群体协同合作发展从而实现互利共赢等。

（二）FV 公司无人经济商业模式创新风险分析

结合以上对无人经济商业模式创新过程中相关风险辨识结果开展相应的分析研判工作，本部分开展对于 FV 公司进行无人经济商业模式创新过程中的各个部分的风险对象与各类风险加以整合的相关工作，在结合 FV 公司无人经济创业模式创新现状分析的基础上，采用对相关专家进行访问与深入 FV 公司开展实地调查走访研究工作、对 FV 公司相关领导以及 FV 公司无人生产流水线工厂以及"云图店"相关无人经济商业模式创新思路设计构建提出者进行访问与讨教研究学习的具体调查分析研判方式,开展基于对 FV 公司进行无人经济商业模式创新过程中可能潜在的风险进行识别具体工作对其进行分析工作。

1. FV 公司无人经济商业模式创新技术风险因素分析

无人经济商业模式是依托于基于网络空间的、大数据、人工智能等技术应运而生的新型商业模式,FV 公司在进行无人经济商业模式创新的过程中与基于网络空间的、大数据、人工智能等技术息息相关,对于 FV 公司来说,在无人经济商业模式创新过程中对于技术有着不可或缺的需求,无人经济商业模式构建的根本基石也包括技术资本。技术风险是以技术创新为主体受多方因素影响的风险,主要有以下几点。

(1)技术选择风险

目前,无人经济市场的发展非常迅速,变化越发多样并且与日俱增,但技术的发展和应用,需要企业在相应阶段的时间和资金的持续投入。FV 公司在进行无经济商业模式创新的过程中,如何正确识别市场的发展趋势,选择合适的技术预先研究和开发、引进及采用,综合考虑技术成熟度、技术在开发过程中有可能遇到的诸多阻碍与挑战以及接下来的技术在实际应用过程中存在的操作难易程度以及功能实现的繁复程度、市场对技术的认可程度、技术的市场转化率、技术是否存在备用方案也就是技术的可替代性、技术的拓展性等因素,使企业的无效或低效支出最小化,并使潜在消费者对相关技术表现出最大程度的认可,也应包含在企业的风险管理考虑之中。

(2)系统稳定性风险

无人经济商业模式在其运作经营的过程中,与顾客直接进行接触互动的各个流程基本上是依托互联网系统而完成的,FV 公司进行的无人经济商业模式创新所选择的云图店模式更是如此,因而 FV 公司在进行无人经济商业模式创新的过程中所使用的系统的稳定性决定了经营过程中用户的直接体验是否良好,这也是用户重视的要点之一。反应迟钝,甚至完全无法正常运行的系统导致的操作困难不但无法调动起顾客进行交易的欲望,在一定程度上甚至会使顾客逐渐丧失对 FV 公司进行无人经济商业模式创新这一新型商业模式的信心,从而给 FV 公司留下负面印象。系统的不稳定性受很多因素的影响,包括网速在各地域的差异、系统在设计使用中是否出现漏洞等。

（3）系统安全性风险

无人经济商业模式在运作的过程中所使用的系统能否正常运行，除去系统自身稳定性影响因素之外，还与系统是否遭受网络攻击、遭受了怎样的网络攻击有关，也就是系统安全性风险。FV 公司在无人经济商业模式创新过程中所采用的系统事实上是基于网络空间的系统，而基于网络空间的系统存在其安全性与易用性在一定程度上相互矛盾的情况，造成这种情况出现的是由于基于网络空间的系统市场对技术通用易用性需求的上涨、技术更新换代的迅速及相关行业压力的激增，直接导致相应系统软件开发主体们为了满足市场对技术的需求往往只注重技术在更新方面的速度，而对系统安全性的关注不甚充分，甚至在最后阶段才考虑安全性的情况也时有发生，并且往往使用第三方系统安全服务平台所提供的安全服务来为所用系统提供安全功能，因而系统本身在安全性方面有所欠缺，以至于会出现系统成为网络攻击的目标却无法对攻击做出有效应对的情况，也就是系统安全性风险。系统安全性风险的存在可能会导致企业系统向消费者等各方所提供的门户网站卡顿、企业无人经济商业模式平台运作系统运行不畅甚至瘫痪及企业因系统遭受攻击而遭受敲诈勒索等问题的发生。

（4）数据安全风险

数据对于 FV 公司进行无人经济商业模式创新来说起着不可或缺的作用，数据是企业中重要的信息情报来源，与企业经营运作过程相关的数据包括消费者的个人信息、消费者消费选择与偏好、企业合作者、企业所选择的供应商的各类信息等，通过对这些数据进行分析研判可以得到消费者的消费习惯、消费偏好、消费差异、消费选择趋势等信息，企业方面则可以得到企业与供应商之间的供求关系、供求趋势以及市场变化趋势等重要信息。FV 公司在无人经济商业模式创新过程中可以利用这些重要信息对消费者、合作者、市场等相关方正面进行综合考量以做出改进创新。

数据不仅是能够影响企业的运作、创新的重要因素，还是一家企业社会责任感与道德的彰显，数据安全风险的存在会导致消费者以及企业信息的泄露，近年来，由于消费者个人数据泄露导致的电信诈骗案件层出不穷，造成的后果十分恶劣，所以只有能够尊重和妥善保护消费者个人数据的企业才能够得到消费者的信任与青睐。同时，也有企业关键信息泄露导致的企业遭受财产损失的情况，数据安全风险问题不容忽视。FV 公司在进行无人经济商业模式创新过程中存在的数据安全风险属于技术风险之一，往往是与企业采用的信息系统息息相关。

2. FV 公司无人经济商业模式创新管理风险因素分析

管理风险是指企业在管理运作过程中因种种因素对企业管理水平产生影响的风险。无人经济商业模式创新是一个涉及多方面的复杂过程，涉及范围之广，不但包括企业内部各个部门，亦包括企业外部各个价值伙伴，在一隅发生的变化往往会对全局产生重要影响，如此一来企业内部出现突发特殊事件的概率也会相应增加，由于可能出现的突发特殊事件具有随机性，所以有可能是没有先例的，也正因如此相关管理人员将处理在此类事件的过程中花费更多的精力更多的时间，并且对相关事件进行处理的效率与正确性也受到影响。因此，管理风险的重要性不言而喻，管理风险包括以下几点。

（1）企业组织协调能力风险

企业内部存在的组织协调风险具有二向化的特点，分别为企业内部自组织风险与企业外部与其他企业之间的组织协调风险。

FV 公司进行无人经济商业模式创新的过程离不开健康稳定的企业内部环境，而健康稳定的企业内部环境往往是由良好的企业运营管理来提供，所以 FV 公司在进行无人经济商业模式创新的过程中对企业内部环境的管理会产生较高水平的需求，而企业的自组织能力会对企业的管理水平产生深远的影响。FV 公司在无人经济商业领域进行创新发展的一个技术企业，随着无人经济商业模式创新过程的推进，其公司内部的各个职能部门、组织结构都会变得日渐复杂。也正是因为正处于无人经济商业模式创新的特殊时期，企业的相关项目、业务流程以及内部部门妥洽分配等情况会因企业为了协调匹配企业内部组织架构与企业创新发展之间的关联而做出与之相对应的改善变动。在这种情况下，企业内部的自组织协调能力如若不能及时根据相应的变动而进行相适配的跟进调整，发挥其积极作用，那么在一定程度上可能会引发企业的管理不能及时到位、控制无法有效进行以及资源无法健康有效妥洽配给等一系列问题接踵而至，风险由此产生。

此外，FV 公司在进行无人经济商业模式创新过程中，采用与其他的行业相关企业达成较长周期的战略合作的方法也不失为一种有效的选择，倘若在与其他不同企业进行合作时缺乏必要的协同调和能力的话，那么就有可能遇上在信息传输、协作沟通、资源配给共享等方面相应出现的问题，这些问题将有可能在企业长期的战略联合发展的过程中发展成为隐患和阻碍。

（2）企业领导者创新精神风险

领导者的创新精神在 FV 公司进行无人经济商业模式创新的过程中起到了至关重要的作用，对整个 FV 公司来说，领导者的创新精神驱动了 FV 公司进行无人经济商业模式创新的进程，在 FV 公司进行无人经济商业模式创新的过程中在相当程度上推动了公司进行无人经济商业模式创新的脚步。在 FV 公司进行无人经济商业模式创新的过程中，领导者的创新精神与意识起到了领航明灯的作用，领导者是否具备创新精神、具备怎样的创新精神，决定了 FV 公司进行无人经济商业模式创新的目的、方向、方式与方法。

除此之外，企业领导者的创新精神不仅对 FV 公司进行无人经济商业模式创新有着显著的影响，而且对 FV 公司企业内部从业人员也起到了不可忽视的作用。企业领导者的创新精神会影响到企业内部从业人员对企业进行商业模式创新的目的、方向是否认可，对企业进行商业模式创新的方式与方法是否接受以及对企业商业模式创新的结果是否感到满意，因此在企业进行商业模式创新的过程中可能会出现企业内部从业人员对新的工作方式或新的任务流程的不适应，以及与领导者意见相左的情况，这些情况会反过来对企业进行商业模式创新造成影响，因此，企业领导者在企业进行无人经济商业模式创新的过程中的创新精神是不可忽略的风险因素。

（3）企业内部从业人员素质风险

无人经济商业模式创新的过程中对技术与投入都有着较高水平的要求，同时伴随着较高水平的风险，正因如此 FV 公司伴随着无人经济商业模式的创新，对企业内部从业人员相关综合素质方面在相当程度上依赖性逐渐增大，FV 公司企业内部从业人员是 FV 公司进行无人经济商业模式与模式创新过程中重要的参与者与执行者，他们的一举一动正是企业运营过程的缩影，与企业的日常运营息息相关。而企业内部从业人员的综合素质作为企业在进行商业模式创新过程中对企业自身进行保障的重要保险，是企业的坚实后盾与支撑，企业内部从业人员的综合素质的提升意味着企业的管理水平有了保障，企业进行无人经济商业模式创新的风险就会相应减小。

3. FV 公司无人经济商业模式创新财务风险因素分析

财务风险在企业运营的过程中有些时候也会被称为资本筹集风险，资本筹集等筹资活动对 FV 公司这样一家处于亟待寻找机遇转变而进行无人经济商业模式创新的创新创业企业来说正是其生产经营活动的起点，且任何企业在经营过程中都必然会涉及到资本筹集活动，而随之应运伴生的则是所有企业在经营过程中都无法完全不涉及财务风险，自然对于 FV 公司来说也是如此。在商业模式创新过程中企业面临的财务风险包括企业融通资金能力的融资能力风险及企业获取利润能力的盈利能力风险。

（1）企业融资能力风险

FV 公司作为一家依托于基于网络空间技术、大数据、人工智能等技术进行无人经济商业模式创新的创新创业企业，在进行无人经济商业模式创新的过程对无人经济技术自主创新研发有着较高水平的要求，而进行无人经济商业模式创新相应技术在具体研发与创新过程中对资金注入方面有着较高程度的实际要求，除此之外，FV 公司是一家创新创业企业，也正处于刚刚遭遇一些状况寻求机遇与转变而进行无人经济商业模式创新的重要阶段，所以对企业资本有着相当程度上的需要，故此 FV 公司的融资渠道与能力非常重要，如若企业在融资能力方面有所欠缺则会导致因融资能力而引发的财务风险。

与此同时，正在进行无人经济商业模式创新的 FV 公司所面临的财务风险也有可能会因为企业外部环境的变化而遭受重大影响，如通货膨胀的影响、贷款利率的变化等，都会对企业在相关财务方面带来难以预计的影响。且企业在进行无人经济商业模式创新过程中对融资所得的资金如何进行使用和分配，也是 FV 公司在进行无人经济商业模式创新过程中在财务风险方面所需要考虑要素之一。

（2）企业盈利能力风险

由于 FV 公司进行无人经济商业模式创新所带来的有利影响是随着 FV 公司进行无人经济商业模式创新的进程而发生变化的，所以在一定程度上具有滞后性的特点，其有利影响是需要相当的时间进行沉淀之后才能向外界显现出来的，而这段时间却又不受企业主观意愿的支配，其具体跨度也难以预计，这会导致资金提供方如银行等机构对企业的盈利能力产生信心上的动摇，而对于 FV 公司这一尚处于创新创业阶段且正处于企业发展关键阶段亟须机遇与转变的创新创业企业来说，在进行无人经济商业模式创新的过程中，要保证无人经济商业模式创新顺利高效地开展与进行并在此过程中尽可能地不影响到 FV 公司现有产业进行正常经营运作，需要 FV 公司在有效增加攫取利益方面进行提升从而保障 FV 公司拥有足够的资金来进行应对与保障。所以 FV

公司在进行无人经济商业模式创新过程中公司的盈利能力对 FV 公司开展无人经济商业模式创新有着相当程度上直观的影响,也是 FV 公司在进行无人经济商业模式创新过程中在财务风险方面所需要考虑要素之一。

4. FV 公司无人经济商业模式创新政策风险因素分析

（1）法律法规风险

目前,无人经济商业模式各个行业仍归类于新兴产业,在整个大环境中还是有一定的盲点存在于在法律法规的制定中,如基于网络空间移动互联网络领域以及电子商务方面的法律法规不健全等,相关法律法规不健全表现最为突出的便是在基于网络空间技术的交易平台进行交易活动时交易双方的信用体系方面,在这一体系中相关法律法规尚未得到完善的建立,尤其是在对交易过程汇总的过程中如何能够对交易双方的合法正当利益以及权利进行全方位且有效果的保障、如何做到在相关方面有法可依仍是亟待解决的问题。国家对在基于网络空间技术作为平台的商业活动等相关商业模式以及相关行业方面的法律法规制定亟待规范与完善,而由相关方面法律法规的制定相对不规范不完善所引导而来的风险也应当被企业所重视并加以考虑防范。

（2）政府监管风险

截至目前,无人经济这一商业模式在各个行业中仍处于新兴发展阶段,政府在对各行各业的监管中本就留存有一定的盲区,在对无人经济商业模式相关行业进行监管活动的过程中更是如此,这也是由无人经济这一新型商业模式的特性所决定的,无人经济是在一定程度上摒弃了以往场景中企业大量依赖人工进行经营的新型商业模式,顾名思义这也就意味着一般情况下无人经济商业模式在经营过程中是不会有除了消费者之外的人员存在的,这也就意味着政府在对无人经济商业模式相关企业进行监管会出现难以进行下去的尴尬局面,而脱离了政府监管企业的发展就有可能出现各种无法预知的问题,这也是企业需要将政府监管作为风险因素进行重点关注的原因所在。

（3）政策支持风险

FV 公司在进行无人经济商业模式创新的过程中企业的产品生产、品质控制、生产环境、工作安全、质量标准及产品流程等方面会受到政府政策的直接把握控制,在这样的情况下,FV 公司进行无人经济商业模式创新对政府政策所提供给予的政策支持和保护在相当程度上有着依靠性。基于我国目前的市场环境下,我国正在有组织有秩序地针对在新生商业模式方面进行研究,包括对商业模式新形态以及新创造等创新内容进行所对应的产权保护和政策支持等，FV公司整体企业在进行无人经济商业模式创新的过程中有必要着重关注与无人经济商业模式创新方向有利的政策，着重关注国家与当地政府对无人经济商业模式创新的态度，尽可能地迎合相关方面并得到支持，与其观念所背道而驰的行为将在相当程度受到制约与限制，甚至会为企业的创新发展带来难以抵抗的阻力，所以在相关方面FV公司在进行无人经济商业模式创新的过程中有必要对政府所鼓励支持的方向、项目等做出有较强针对性的整体发展进行计划，从而寻求到政府在相关方面提供的机遇支持与优惠政策，就譬如前文提到的FV公司与青海省门源县建立的脱贫攻坚项目合作，在当地建立有机农产品种植基地，为当地贫困人员提供工作机会，从而获得了青海省门源县政府的支持，在一定程度上使得企业发展得到了长足的进步。现阶段FV公司进行无人经济商业模式创新的过程中也更加要注重政府政策支持，从而避免在进行无人经济商业模式创新所带来的创新风险。

5. FV公司无人经济商业模式创新市场风险因素分析

对所有企业而言，企业的运作都会与市场密不可分，企业产品最终都会流向市场，经受市场的选择与考验。对于FV公司这样依托于基于网络空间的、大数据、人工智能等技术进行无人经济商业模式创新的创新创业企业来说，市场中所存在的风险不仅意味着FV公司企业所进行的无人经济商业模式创新能否在市场上抢得先机、是否能赢得潜在消费人群的信任、是否能得到服务对象的青睐认可以及是否能与其他利益相关群体协同合作发展从而实现互利共赢等。FV公司在进行无人经济商业模式创新的过程中有可能遇到的市场风险主要有以下几方面。

（1）消费者风险

FV公司在进行无人经济商业模式创新的过程中势必会对现有企业运行经营方式进行相关方面的优化调整，而一系列的改变会带来企业主观展示平台方式、全新采购模式、售后服务以及售后评价维权等各项活动发生改变的可能性，对于老客户而言，已经十分熟悉且掌握的消费过程方式就需要随着FV公司进行无人经济商业模式创新而发生相应的改变，而原有老客户是否愿意接受这样的改变；对于尚未对FV公司有所深入了解的新客户而言，FV公司所选择的云图店这样的新型无人经济商业模式是否值得信赖、提供的服务是否能够令人满足皆是未知之数，而潜在新客户是否会选择接受这样的新型消费模式。以上所述皆为 FV 公司在进行无人经济商业模式创新过程中所直接面临的消费者风险。

（2）合作者风险

在目前 FV 公司在进行无人经济商业模式创新的过程中，单凭 FV 公司一家之力来完成向消费者提供服务所需的所有流程仍旧是力有未逮的，于是企业势必需要企业外部的合作者来提供相应的服务或支持，由此一来 FV 公司整体企业在市场上所提供的服务与产品在一定程度上也包含着合作方企业所提供相应的服务或支持。由企业合作者因素所有可能带来的风险通常会表现在相关交流合作信息在一定程度上不均匀不连续等问题以及企业在经营理念、经营模式等方面，由企业选择不同的合作者所带来的风险通常表现在合作者在面对可能出现的问题时自身的响应速度与控制解决问题的能力以及合作者在面对问题时的态度或其是否会表现出退出意愿来决定。对 FV 公司来说，合作者在面对可能发生的问题时的态度与对相应问题进行处理速度、能力都会直接影响到 FV 公司在进行无人经济商业模式创新过程中的正常运营以及消费者对 FV 公司的看法，这些因素又会反过来限制 FV 公司进行无人经济商业模式创新，甚至影响到 FV 公司的正常发展，而如上所说 FV 公司在对企业外部所存在的合作者及其影响与支撑在一定程度上是有相关需求的，而在合作过程中 FV 公司需要考虑到由于相关交流合作信息在一定程度上不均匀不连续等问题有可能所造成的影响，以及企业在经营理念、经营模式等方面有可能产生分歧等因素对企业之间的合作带来影响。在此过程中 FV 公司需要明确，企业在任何时候都不只是独立存在市场之中，企业的正常生产经营运作行为需要通过长期与其他企业建立良好有序高效的合作的方式来进行支撑，从而实现互惠互利双向共赢，若贸然在与其他企业建立合作的过程中对合作内容或合作本身进行减少或终止行为将对企业的发展造成一系列不可预估的影响。因此合作者风险存在的可能性不容小觑。

（3）竞争者风险

FV 公司在进行无人经济商业模式创新的过程中面临竞争者风险主要是由所处行业的竞争对手包括价格方面以及相关者在产品等方面的模仿能力而引出，通过对企业的模仿，市场价格可能会因为企业竞争者与己不同的定价策略而发生改变。况且 FV 公司所处的行业以及所经营的产品门槛在一定程度上较为便宜跨过，在这种情况下若是 FV 公司在进行无人经济商业模式创新过程中所研发生产的新产品不能同市场上已有产品产生较大的区别性，竞争对手就还是有采取低价策略生产开发同类可替代物以便抢占市场资源的可能性；而如果 FV 公司在进行无人经济商业模式创新的过程中选择采用使用有关网络空间的新型技术而开发出的新型产品或服务，就要警惕相关产业的市场竞争者在一定程度上的模仿能力，警惕相关产业产品与服务被其窃取模仿这一风险发生的可能性，而这一可能性会直接导致 FV 公司在进行无人经济商业模式创新过程中所研发生产的产品或服务失去了在市场中领先于人的优势，企业在进行无人经济商业模式创新的过程中对其产品进行相适配的调整时所进行的投入也有相当的可能对企业本身造成损失。

FV 公司在进行无人经济商业模式创新的过程中除了有自身服务与产品可能有被竞争者模仿的风险存在需要考虑之外，同时也要考虑到自身企业产品是否也受到来自可替代产品的威胁性问题，如 FV 公司现阶段所特有基于有机农作物无损提取技术进行生产加工的天然植物功能饮料，在生产加工方面本身技术含量相对较高，而在向无人经济商业模式创新方向进行发展的过程中，是否会遭遇到因技术共享、产品协作、消费者拓展等各方因素而被夺取其原有市场份额的风险，都是需要 FV 公司继续深入研究的。无人经济商业模式本自有其开放共享的特性于前，而随着 FV 公司进行无人经济商业模式创新，这种开放共享性会愈加凸显，在这种情况下如何对企业与相关竞争者之间的关系进行妥帖地处理，甚至在一定程度上考虑化竞争者为合作者，深入开展可跨界协同合作发展，也逐渐成为在无人经济商业模式创新过程中企业在应对竞争者风险相关问题时可以深入考虑的要点。

（4）供应商风险

FV 公司在进行无人经济商业模式创新的过程中所有可能遇到因为供应商而产生的相关风险主要是以企业选择供应商后供应商所交付使用的产品或者所提供的服务类产品等相应方面质量以及企业在选择供应商时所应支付的代价等两方要素作为主要来源。企业并不只是单纯独自一家处于市场环境之中，在正常经营运行过程中离不开上下游企业的跟进与相随，在 FV 公司进行无人经济商业模式创新过程中，企业对上游供应商所提出的需求只会有增无减，故此如若相关上游供应商对企业提供的服务或交付的产品不能满足其在进行无人经济商业模式创新过程中的基本需求时，相应的供应商风险就将应运而生。供应商对企业提供的服务或交付的产品的过程中为了攫取更多的利益，FV 公司在进行无人经济商业模式创新的过程中也会尽可能地使自身利益最大化，而这两方的自身利益优先考虑的想法与可能采取的相应措施就有可能在一定程度上产生不可避免的冲突，如此冲突亦会成为供应商风险的来源之一。

四、FV 公司无人经济商业模式创新的宏观调控与微观透视

FV 公司在对其无人经济商业模式创新过程中的风险进行控制的行为在一定程度上与传统企业进行风险管控制约行为有比邻之处，在一定程度上可以借鉴其先进经验与具体操作措施，然而无人经济商业模式创新尚属新兴技术所发展而来的新型模式创新，具有其特有的新颖性等特点，正因如此在对 FV 公司无人经济商业模式创新风险进行管控的过程中亦会产生许多与传统方式所相异之处，所以在对 FV 公司无人经济商业模式进行管控的具体过程中应当采取与之一致相适配的操作方法，以期 FV 公司在面对相关风险时能够拥有良好且高效的应对方式与能力。

（一）FV 公司无人经济商业模式创新市场风险管控

市场之于企业，就如同大海之于航船，大海对航船意味着生存，同时大海也会导致航船的覆灭。企业在经营运行的过程中所遭遇到的市场风险就像是大海中有可能导致航船覆灭的因素，对于此类风险，企业有必要保持对其发生的预警心理，对其进行有效的预防与管控制约。

FV 公司在进行无人经济商业模式创新的过程中所有可能存在的市场风险包括消费者风险、合作者风险、竞争者风险及供应商风险等，对于相关风险，FV 公司在选择进行应对的过程中，需要重视以下几方面。

1. 重视消费者

消费者是企业盈利的来源，是企业的衣食父母，没有消费者就没有企业生存的空间，所以企业要重视市场中的消费者，以最严谨的态度向消费者提供最好的服务，尽最大努力市场之于企业，就如同大海之于航船，大海对航船意味着生存，同时大海也会导致航船的覆灭。企业在经营运行的过程中所遭遇到获取到更多消费者的信任与青睐，以保障企业在市场中拥有良好的生存能力，就 FV 公司而言，应当在发扬以往经营过程中的优势，在 FV 公司具有相当程度优势的有机农产品有机食品的产品的基础上，继续加大相关产品

对消费者的输出，并继续按照公司原有计划开展向功能保健食品方向进行发展，以及向相关消费者推广普及 FV 公司所采用的"云图店"无人经济商业模式，实现消费者能够在最大程度上对 FV 公司相关产品以及 FV 公司所进行的无人经济商业模式创新产生兴趣并进而接受，从而实现 FV 公司无人经济商业模式创新的成功。市场风险就像是大海中有可能导致航船覆灭的因素，对于此类风险，企业有必要保持对其发生的预警心理，对其进行有效的预防与管控制约。

2. 重视企业合作者与竞争者

企业合作者是企业在市场中生存发展的又一大助力，企业向消费者提供的服务与产品在某种严格意义上也包含着企业与合作者的合作产物。在经营运行过程中与合作者建立良好的协同合作关系，维持与合作者关系平稳运行发展，可以在极大程度上保障企业的活力；竞争者方面，企业在市场中存在竞争者的重要因素之一是其所提供的产品与服务在一定程度上具有高度相似性的特点，基于这方面来考虑，如何处理好企业与竞争者之间的关系将成为解决竞争者风险的关键要素之一，没有永远的对手只有永恒的利益，竞争者不单纯只是竞争者，在条件允许的情况下企业可以考虑开展与竞争者之间的合作，也是解决竞争者风险可以考虑的方式之一。

（二）FV 公司无人经济商业模式创新财务风险管控

现阶段 FV 公司在进行无人经济商业模式创新的过程中所有可能遇到的财务相关方面的风险综合来看主要是来源于 FV 公司在进行融资活动相关方面。这就要求 FV 公司自身在发展中要更加关注到企业在发展过程中如何进行有序良好且高效的融资活动，FV 公司相关人员应当考校如何发展企业融资能力，从而使 FV 公司在发展无人经济商业模式创新过程中免去相关方面后顾之忧。

与此同时，FV 公司要发扬自身在以往经营运行过程中的优势，利用前期 FV 公司所研发生产的"绿香芽"系列有机蔬菜类产品以及国内首创国际领先的天然功能性植物饮品等相关产品进行进一步推广并正式应用于无人经济商业模式云图店之中，从而在最大程度上攫取到最多的利润，在最大程度上保证 FV 公司无人经济商业模式创新顺利高效地开展与进行并在此过程中尽可能地不影响到 FV 公司现有产业进行正常经营运作。

且在 FV 公司进行无人经济商业模式创新的过程中有必要对 FV 公司整体的财务现状进行充分的深入分析研判，以保证 FV 公司不会因为相关财务风险引起的问题在进行无人经济商业模式创新的过程中遭遇到不必要的困扰。

（三）FV 公司无人经济商业模式创新管理风险管控

FV 公司在进行无人经济商业模式创新的过程中所面临的企业进行管理方面的风险主要是由进行无人经济商业模式创新所带来的企业结构、企业文化、领导者主观意愿以及员工个人素质等方面综合引起的，对此，FV 公司可以尝试采取以下措施对进行无人经济商业模式创新的过程中所面临的企业进行管理方面的风险进行防范管控制约。

（1）重视企业对管理组织进行动态结构调整

FV 公司进行无人经济商业模式创新的过程中商业模式的改变势必会使得企业造成部门与工种相应地发生改变，甚至会对企业产生新组织部门的需求，而以上所述改变会对企业员工造成一定程度上的影响，企业组织的构架方式决定了以上改变是否能被员工所接纳承受，而员工的态度在一定程度上决定了 FV 公司能否将无人经济商业模式创新顺利继续下去。故此 FV 公司进行无人经济商业模式创新的过程中为了规避相关风险需要对企业组织结构进行一定程度上的调整，并在调整的过程中将之与员工的心理期望值相适配并进行相应修正。

（2）重视企业员工素质培养

FV 公司进行无人经济商业模式创新的过程中对公司内部每一位成员有效高效的良好的参与、与支撑支持都有着相当程度上的需求，而企业员工作为企业重要组成部分其个体自身素质不仅代表着员工个人在工作方面相应能力的高低，也在一定程度上反映着企业各方面的能力，如企业业务能力及服务水平等相干方面。故此 FV 在进行无人经济商业模式创新的过程中有必要将企业内部相关从业人员个人素质方面因素列为重点要素进行持续关注。FV 公司可以通过组织企业内部相关从业人员进行相关方面的培训与学习等方式来提高企业内部相关从业人员在所需方面的基本素质与素养，重点展开思想道德品质方面教育，积极弘扬正能量，激励企业内部相关从业人员参加相关活动，以期让公司与个人同时有所提升进步，从而减少相关风险在 FV 公司进行无人经济商业模式创新的过程中对 FV 公司造成影响。

（3）建立学习型组织

现阶段无论是对 FV 公司还是我国整体市场来说，无人经济商业模式创新都是仍处于尚未发展完全阶段的新兴事物，无人经济商业模式创新在未来仍保留有相当程度的发展空间，而种种这些对企业以及企业之中的相关从业人员都有继续进步的硬性要求——"世上没有什么是不变的，不变等于死亡"——这就要求企业以及企业之中的相关从业人员需要在发展过程中不断开展学习活动，只有通过持续性地进行学习活动，才能使得企业与企业之间的相关从业人员能够获得足够的知识或信息与高速发展的市场环境相适配，从而对企业自身获得更加良好高效的掌控能力，提高企业整体素质与活力。以上种种对 FV 公司在进行无人经济商业模式创新过程中都提出了新需求，在这种情况下 FV 公司需要建立学习型组织以满足来自各方面对 FV 公司提出的需求，学习型组织能够对以上所涉及方面提供良好的解决方式，并拥有充足的能力将问题转化为企业发展的新动力。

（4）FV 公司无人经济商业模式创新政策风险管控

目前，无人经济商业模式所存在的各个行业仍归类于新兴产业，在整个大环境中还是有一定的盲点存在于在法律法规的制定中，如基于网络空间移动互联网络领域及电子商务方面的法律法规不健全等，国家对在基于网络空间技术作为平台的商业活动等相关商业模式及相关行业方面的法律法规制定亟待规范与完善，政府在对各行各业的监管中本就留存有一定的盲区，对无人经济商业模式相关行业进行监管活动的过程中更是如此，这就要求企业在发展过程中提高自身对于政府所制定相关法律法规以及推行政策的要素的敏感性，及时掌握相关动向，以期使得自身企业在进行无人经济商业模式创新过程中企业的发展能够与国家相关所制定相关法律法规以及推行政策所适配。

而在政府政策支持方面，无人经济商业模式创新对政府政策所提供给予的政策支持和保护在相当程度上有着依靠性，所以在这方面 FV 公司在进行无人经济商业模式创新的过程中有必要对政府所鼓励支持的方向、项目等做出有较强针对性的整体发展进行计划，从而寻求到政府在相关方面提供的机遇支持与优惠政策，FV 公司曾经与青海省门源县县政府展开深入合作，共同构建成立的脱贫攻坚项目合作，在当地建立有机农产品种植基地，为当地贫困人员提供工作机会，从而获得了青海省门源县政府的支持，在一定程度上让企业发展得到了有力的进步。现阶段 FV 公司进行无人经济商业模式创新的过程中也更加要注重政府政策支持，从而避免在进行无人经济商业模式创新所带来的创新风险。

（四）FV 公司无人经济商业模式创新技术风险管控

无人经济商业模式是依托于基于网络空间技术、大数据、人工智能等技术应运而生的新型商业模式，FV 公司在进行无人经济商业模式创新的过程中与基于网络空间技术、大数据、人工智能等技术息息相关，对于 FV 公司来说，在无人经济商业模式创新过程中对于技术有着不可或缺的需求，在 FV 公司进行创新过程中对无人经济商业模式进行构建的根本基石也包括技术资本。技术风险是 FV 公司进行无人经济商业模式创新过程中所必将面临的重点风险之一，企业需要在相关方面努力减少因技术风险对企业造成损失的可能，而在应对技术风险的过程中，企业有必要着重注意以下几个方面。

（1）重视相关信息数据安全

FV 公司基于无人经济商业模式创新所选择的云图店商业模式从本质上来说依然是依托网络空间技术所进行的，而近年来随着网络空间技术发展的日新月异，越来越多的数据信息安全问题暴露在了公众的视野之中。基于此，FV 公司在进行无人经济商业模式创新的过程中有必要成立专门的组织部门来对相关信息数据安全进行保障性工作，确保 FV 公司在进行无人经济商业模式创新的过程中消费者、企业自身、合作伙伴等重要数据信息不会因为相关风险而泄漏造成损失。

（2）重视基于网络空间技术的无人经济商业平台的开发与维护

FV 公司基于无人经济商业模式创新所选择的云图店商业模式在构建过程中主要还是会相对较多地依赖网络空间信息技术等相关高新科学技术的研发与实际应用。云图店作为一种基于网络空间技术的无人经济商业平台，不仅是为消费者提供服务的平台，更是 FV 公司在进行无人经济商业模式创新过程中企业形象对全新完美呈现，而重视基于网络空间技术的无人经济商业平台的开发与维护，能够使得公司在进行业务活动的过程中因业务处理而产生的风险得到良好且高效的管控与制约，同时也是对选择在 FV 公司所提供平台进行消费的消费者的尊重和对企业自身形象的有力证明。

（3）加大技术的研发投入

除了对无人经济商业模式交易平台进行开发与维护外，若有余裕 FV 公司还可以考虑在一定程度上加大对技术研发进行投入。无人经济商业模式的出现仍然处在发展的早期阶段，在日后的发展中仍有相当程度的发展空间，而为了更好地应对与迎接无人经济商业模式创新发展成熟的时代，FV 公司作为选择无人经济商业模式创新的企业有必要加大企业在相关领域对技术的投入与研发。

第二节 联想集团经济管理创新发展案例分析

联想成立于 1984 年，是在我国改革开放初期成立，联想集团在改革开放的过程中能一直顺应市场趋势不断地进行自我调整。联想集团的管理在不断引入西方先进管理经验的同时，并根据所处环境特点进行本土化的创新。通过对联想经济管理创新的分析，可以清晰地看到在我国市场化改革过程中企业管理创新是如何形成的。

一、联想发展历程

（一）初创起步阶段

1984 年 11 月 1 日，一家名为中国科学院计算所新技术发展公司的企业成立了，这个企业是由一群几乎完全不懂管理的技术人才创建的，联想集团由此起步。公司于 1986 年开发出了第一批产品—联想汉卡，并将其应用到六个领域之中。1988 年，联想与香港导向公司、中国技术转让公司一起合资，在香港设立了分公司。

1990 年联想获得了 PC 生产许可证，并开始生产联想品牌的 PC 机。1991年，联想进行了"国有企业民营制改革"，并在硅谷建立了技术研发中心，从而得以与香港的技术研发中心形成技术递进的研发舰队。在这个阶段，由于电子产业的市场发展还处于缺乏竞争阶段，属于新兴市场，局限于经验，联想和其他大多数中国企业一样，管理方式较为粗放。

（二）国内兴盛阶段

1994 年，联想跟随时代潮流在香港上市，成为一家标准的上市公司，但是，此时联想在市场上的业绩却在逐步地下滑，经济也随着下降。上市后的联想集团看准市场机会，根据市场需求和发展动向设置了微机事业部。随后，杨元庆改变了联想原有计划经济体制下的管理体制，开始以市场需求作为导向，对公司人员进行严格的业绩考核，并精简冗余人员和没必要的岗位设置，同时将原有的销售渠道由直销改为分销。进行管理改革后的联想公司，又在市场销售端进行了进一步的价格改革，以"为更多的人提供可以接受的电脑"为目标不断地以更低的价格推出质量优异的电脑。如此，联想电脑市场份额不断增大，并于 1999 年荣登亚太市场 PC 市场销量榜首。同年，联想推出了网卡、交换机等产品，立志成为以互联网为核心的产品和服务的供应商。

2000 年，在新世纪的第一年，联想看到了互联网在未来生活中的巨大作用和重要地位，于是，进行组织变革，将联想分拆为联想集团和神舟数码集团。此后，联想又进行了进一步的深化改革，将公司依照产品和服务两个维度为标准构建多元化体系，并将其组织架构分成六大业务群组。随后，联想推出了关联应用技术战略，使得公司 ERP 上线，公司管理进入信息化时代。此时，联想集团在发展过程中已经积累了相当丰富的管理经验，在渠道流程方面的建设成效显著，但管理的国际化管理经验还是有所欠缺。

（三）走向国际阶段

在我国加入 WTO 之后，对外贸易和交流不断增多，联想顺应国家发展和改革的趋势，于 2003 年采用"Lenovo"标志，并准备进军海外市场。随着我国改革开放的深入，越来越多的国内外企业在国内发展起来，联想为了能够形成自己的竞争优势，于 2004 年进行重大业务重组。联想放弃原来的多元化战略，开始将自己的精力集中在核心业务——PC 业务上面。联想一方面采用分销策略，向小中低价电脑进军以占领市场份额和服务社会，另一方面则采取直销的商业模式向大客户提供产品和服务。

2005 年，联想收购了 IBM 的 PC 业务，试图进一步通过产品化改革提高自己的核心竞争力。2009 年，联想管理层发生较大变动，之前退休的柳传志复出，并进行战略管理的改革，对新兴市场和成熟市场实行不同的业务战略。2011 年，联想继续进行产品和技术的创新，推出了联想多机型平板电脑"乐Pad""乐 Phone"。这个阶段，联想将 IBM 的流程管理资源——业务变革经理制纳入到组织体系内，并作为管理整体框架的一部分，在提高运营效率方面起到了积极的作用。联想的管理在实践探索中趋于国际化。

（四）国际领先阶段

2012 年，联想跟随趋势，对智能手机、数字电视等进行进一步的创新研究，联想携其智能电视 K91 等二十余款新品参加了国际消费电子展（CES），一举斩获了 23 项大奖，领跑全球。

2013 年第二季度起，联想超越了惠普，位居世界 PC 电脑制造商的第一位，员工总数达 4.2 万人，年营业额逾 300 亿美元。到 2015 年，联想的海外收入占比已超过总收入的 50%，是名副其实的世界级企业，深受国内外用户喜爱。

根据 IDC 的统计数据，从 2021 年开始至 2024 年，消费 loT、商用 loT、企业设备（含服务器、存储、网络设备）、智慧服务（含传统 IT 服务、云服务、边缘设备服务、终端设备服务）复合增长率均在 10%以上，远高于 PC 几个点的增长率，其中智慧服务的复合增长率将达到 17.5%。

2021/22 财年是联想中国创造历史的一年，获取稳定增长的业绩均受益于过去 5 年持续的战略转型变革，以及坚定的贯彻执行。其间并不容易，刘军在内部信中将过去 5 年的转型历程，比作一次艰难的长征之路，他在内部邮件中说："2022 年，是'日出东方战略'（内部战略转型名称）推出的第五个年头，不知不觉间，这条变革的长征路我们已经走过千山万水，翻越了无数的'娄山关'和'腊子口'。"

五年转型变革至今，联想中国已形成稳定的"3S＋PC"双曲线增长结构。而更难得的是，双曲线架构的日渐成熟，进一步夯实了联想一直布局的新 IT 架构，使得"端—边云—网—智"全栈全要素的服务能力更加强劲，这就为联想中国开启"科技赋能中国智能化转型"新使命，储备了坚实的力量。

二、企业经济管理创新规划流程

（一）企业经济管理创新规划流程的整体思路

在确定管理创新的基本理论时，可以依照一般行动的基本逻辑思路来进行思考，首先要明白管理创新要针对什么进行创新，也就是企业的管理者要选定管理创新的视角和切入点，以此为入手点进行局部的管理创新或者由此为开端进行全局性创新，然后就要思考在此切入点上如何实行具体的创新行动。在解决和弄清楚上述问题之后，企业就应当开始考虑内外环境和内外需求以进行更加细致的分析。

（二）基于企业经营环境的企业经济管理创新规划流程分析

任何企业的经营都是在特定的内外环境下进行的，若要规划企业管理创新，就必须对其所在的内外经营环境特点做出具体的分析，而这一点对于企业做出何种管理创新具有非常重要的作用和意义。影响企业管理运行的环境是多方面的，可以粗略地分为外部环境、内部环境。其中，外部环境主要包括企业经营的宏观环境、产业环境、竞争环境和市场需求，而内部环境则包括企业所拥有和制的资源、企业具备的各种能力。

在企业外部环境分析过程中，首先要对宏观环境进行分析，一般采用PEST分析方法。其主要的分析要素是政治和法律因素、经济因素、社会和文化因素以及技术因素。通过对宏观环境这四方面的分析，把握环境的现状和趋势，从而寻求企业可以利用的机遇，并避开环境中的不利因素所带来的威胁。

在对宏观环境进行分析的基础上，重点对企业所处产业的独特环境进行分析。虽然总体的宏观环境至关重要，但是最紧密相关、最关键的因素是企业所在的某个或某些行业。所谓的行业即为一大批生产相同类型的产品或提供相同类型服务的企业所组成的具有一定竞争关系的集合。在行业分析过程中，首先要对产业的演变过程有一个清楚的认识，从而能够了解到当前的行业状况，及其所处的生命周期中的哪个阶段，如此才可以决定管理创新的方向，这就要用到产品生命周期分析。几乎所有的行业都要经过导入期、成长期、成熟期和衰退期四个主要阶段，虽然不同产品的生命周期具有这样或那样的不同，其各个时期的到来有长有短，转变的时间点也不尽相同，但是基本都要经过这四个阶段。在对行业所处的生命周期阶段做判断时，要对几个市场指标做考量，以此来对比分析得出结论，主要的考量指标包括：顾客特征、产品状况、风险状况、竞争者数量、利润率和投资需求。

在对宏观环境进行分析的基础上，重点对企业所处产业的独特环境进行分析。虽然总体的宏观环境至关重要，但是最紧密相关、最关键的因素是企业所在的某个或某些行业。所谓的行业即为一大批生产相同类型的产品或提供相同类型服务的企业所组成的具有一定竞争关系的集合。在行业分析过程中，首先要对产业的演变过程有一个清楚的认识，从而能够了解到当前的行业状况，及其所处的生命周期中的哪个阶段，如此才可以决定管理创新的方向，这就要用到产品生命周期分析。几乎所有的行业都要经过导入期、成长期、成熟期和衰退期四个主要阶段，虽然不同产品的生命周期具有这样或那样的不同，其各个时期的到来有长有短，转变的时间点也不尽相同，但是基本都要经过这四个阶段。在对行业所处的生命周期阶段做判断时，要对几个市场指标做考量，以此来对比分析得出结论，主要的考量指标包括：顾客特征、产品状况、风险状况、竞争者数量、利润率和投资需求。

在确定了行业所处的生命周期阶段之后，就要进一步地确定行业的最终资本回报率以及企业在行业中的竞争优势，以此来决定通过何种管理性创新能够提高企业的资本投资回报率。其中，在对竞争力进行分析的过程中用到了波特的五力模型。

五力模型涉及五种驱动力，它们分别是潜在进入者的进入威胁、替代品的替代威胁、供应者和购买者的讨价还价能力及产业内现有企业的竞争，他们可以决定企业最终盈利能力。在这五种竞争力中，潜在进入者一方面会通过瓜分市场从而使本企业的市场份额相对减少，另一方面会减少企业的垄断（或集中）度而减少超额利润；替代品的进入和增多会因为能够满足消费者同样或类似的需求而降低企业的市场销量，减少其利润；供应商和购买商的议价能力从产业链的上游和下游两个方向影响企业的利润空间，随着上下游企业议价能力的增强，企业的利润空间逐步缩小；同行业的竞争直接影响企业市场份额的占领，并直接影响企业市场战略的实施，从而影响其盈利。

分析完产业内竞争优势之后，应当对竞争环境进行分析，即对与企业进行竞争的每一个企业进行单独分析。在这一分析过程中，可从两个角度进行分析：一是从个别企业的角度去观察竞争对手的竞争实力，二是从产业竞争结构的角度观察和分析企业所面临的竞争格局。对于竞争对手的分析，主要通过分析其未来目标、现行战略和潜在能力来推演每一个竞争对手所拥有的竞争能力和未来的管理竞争策略。对于产业竞争结构的分析，主要是对产业内的竞争对手划分战略群组，通过战略群组的划分了解本企业与哪些企业处于相同的战略管理群组内，由此可以采取相应的管理策略取得群组内竞争优势，以获取较高利润。

在影响企业管理的诸多因素中，除了竞争对手和宏观政策因素外，市场需求是直接与企业的管理战略挂钩的，因为它最直接地影响企业营销管理的有关决策。市场需求分析，可以从市场需求的决定因素和消费者两个角度来进行。市场需求的决定因素主要包括产品价格，消费者收入水平、偏好、预期及相关产品的价格。通过对这些因素的单独和交叉分析能够判断一种产品的市场状况。对消费者的分析主要从消费者细分、消费动机和消费者需求三个视角进行。消费者细分主要指消费者市场细分，地理因素、人口因素、心理因素和行为因素构成了其主要的维度。消费者动机主要研究消费者的选择和他们喜欢的品牌，他们最看重的产品和服务，消费者的目的及动机的变化。消费者需求领域则主要研究深藏于消费者内心的购买欲望，通过产品或服务的创新来引导消费者的需求，以此走在同行业的前列。通过对消费者的细分研究确定本产品所处的市场阶段，从而确定本企业应采取何种销售管理。

对企业外部经营环境有一个详尽的了解之后，为了对企业进行合理的管理创新，必须对其内部环境再做相应的分析。对于内部环境，首先分析企业所能掌握和控制的资源，从其资源的稀缺性、可模仿性、可替代性和持久性四个方面分析企业资源对企业竞争优势的影响。对于某一企业，其所掌握的资源越具有稀缺性，可模仿性越差，可替代性越低且持久性越强，则这种资源带来的竞争力越强。在企业资源分析的基础上，要分析企业配置资源的能力状况，主要就是指管理能力，包括研发管理能力、生产管理能力、营销管理能力、组织管理能力和业务组合能力。各种能力的分析，主要依照价值链分析法进行。通过各种能力在最终盈利中的贡献大小来考察各种能力的大小，并发现可以改进的地方。内部环境的分析主要就是着眼于资源和能力管理两个方面，通过对资源和能力管理的考察以发现可供企业进行管理创新的切入点。

（三）经济管理创新规划的流程确定

所谓创新，就是在顺应趋势的情况下，以非常规、非传统的方式创造出新的机遇并解决问题。在管理创新的过程中，基于对企业所处的外部环境和内部环境的分析来确定企业管理创新的模式。通过对企业所处的内外环境的分析，企业将根据外部环境、企业所拥有的核心能力和关键能力、企业可以掌握和控制的资源以及在行业内的社会和市场需求来确定企业的市场定位和市场目标。当企业确定了其在未来一段时间内的奋斗目标之后，就要进行整个组织的管理创新模式确定。具体来说，管理创新模式的确定阶段需要分解、执行和完成不同的管理流程创新任务。一般情况下，管理流程创新任务有六个：坚持方向、选择道路、拓展市场、筹集资源、提高效率和优化环境。

在确定管理创新规划流程时，一定要以组织的目标作为导向，以组织内部的能力、资源和外部环境作为基础，通过逐步地完成任务的过程来实现对组织管理的创新，这将是一个持续探索和反复的过程。

（四）形成并实施评价经济管理流程

在确定了管理创新规划流程之后，就要形成一个系统化的实施方案，以便进行系统化的创新。在这一阶段需要运用各种方式进行创造性的思考和构思，以期运用全新的方式、方法去解决具体问题。同时，提出管理创新过程中所必需的创新条件、创新原则和创新目标，使得管理创新规划流程拥有一定的约束，并据此对实现规划流程的各种具体实施路径进行比较、筛选、综合、再优化，直至通过可行性评估，以期形成一个能操作的、具体化的管理创新规划流程实施方案。

当形成管理创新规划流程多种实施方案后，就要根据企业的目标对其进行筛选，以选定最后的要实施的创新方案，然后就进入管理创新最重要的阶段——方案实施阶段。在方案的具体实施阶段，管理创新的组织者需要在确定的创新目标指引下执行方案，并要控制方案实施的过程，而随着方案目标的完成，企业就完成了自己的企业管理创新规划流程构建，这时要通过不断的反馈和评价来进行进一步的改革和创新，使管理创新实现由创新思想到创新行动再到创新思想的持续不断的循环。

三、联想集团经济管理创新

（一）经济管理之观念的创新

从管理观念的角度来看，联想集团起初只是一家应市场化改革而生的国有企业，而后不断的发展成一家非常具有竞争力的上市公司。企业的管理理念一直都是跟随市场变动，绝不困于一隅，当其市场或技术乃至战略布局出现任何的不适应市场变动时，都会做出迅速而有力的调整。

1. 联想集团战略布局的选择

联想集团起初只是在经营汉卡业务，当发现 PC 电脑市场巨大时，立即调整自己的战略方向，将 PC 业务引入公司战略。而后随着改革开放进入中度阶段，市场中出现多种投资机会，联想开始进行多元化的战略布局，意图在市场中做大。但是，随之而来的剧烈变动的市场化改革，使得更多的企业涌现出来，多元化战略只会分散精力而不利于形成核心竞争力，此时联想毅然调整战略，开始缩减自己的业务范围并试图形成自己的核心业务。在这一系列的战略改革的过程中，联想一直在进行适应变革要求的战略管理创新。下面细分析一下联想四次重大的战略管理创新。

（1）联想第一次重大的战略抉择点是 1990 年左右，从以汉卡为主打产品，并对国外计算机品牌进行代理转型为自主的 PC 电脑制造商。这一举措决定了日后联想的成功，而在这种战略选择的背后，隐藏的是对原有联想整个战略产品经营模式和产品选择上的一种突破。而这种从帮别人卖电脑，到自己生产电脑的突破，是在做渠道成功之后，对原有渠道的利用延展，这使得联想在进入新行业之初具有较为成熟的渠道实体和经营经验。

（2）联想第二次的重大战略选择是 1994—1996 年的单一化。联想集团逐渐缩减过去程控交换机、打印机等多方向的研发出口，1994—1996 年期间开始以贸易为企业发展的重点，并于 1996 年正式宣布由"技工贸"到"贸工技"的战略转换。事实说明，这一曾在联想企业史中备受争议的战略决策，有效巩固了联想在 PC 电脑关联业务方面的成功。知名战略专家姜汝祥积极地评价这一选择，认为其不仅紧紧抓住了时代带来的机遇，也因为联想把它的发展定位在人的能力发展上体现了联想的伟大。正是由于基于现实，认清了企业自身的优势所在，甚至在当时不惜架空研发部门，才使联想 PC 产品的生产规模得以快速增长，并始终保持了中国 PC 市场第一的地位。

（3）在 2001 年，可以左右企业命运的第三次战略抉择发生了。围绕自有品牌以及分销代理两个核心业务，联想组建了新联想集团与神州数码集团。众所周知，选择好的企业接班人是企业发展的关键步骤，而对杨元庆、郭为在分拆后的集团的职务任命表明了柳传志的选择，此次业务的分拆被多数人认为是为解决此问题所做出的正确决策。

（4）杨元庆执掌联想后的两个举措可以算作是第四个战略抉择。第一个是 2002 年底推出的"关联应用战略"，是为了缓解单一 PC 电脑业务的压力而利用第二层面业务来增加潜在现金流收益，进而将关联应用结合成一个整体。第二个举措即是 2003 年的品牌更新，新标志 Lenovo 表明了中国企业对成长为世界级品牌的渴望，同时我们可以看到，但这实际上也是联想在转型时刻不得不做出的选择。

从以上四次战略选择可以看出，联想超强的战略规划能力与其创始团队的高瞻远瞩和对于国内外环境变动的准确把握是息息相关的。同时，进行适应改革发展要求的管理创新也是联想集团上下的一种整体思维。

2. 观念创新与新技术相融合：产品组合管理创新

联想首先运用自己的技术优势进行汉卡的生产，从而走入市场并将其创造性地运用到六大领域中，而后根据市场发展和市场需求将 PC 业务引入公司战略中，并对 PC 业务进行进一步的市场改革创新以获得更多的市场份额，随后借助改革开放中国加入 WTO 与世界接轨的契机，开始将自己的业务拓展到国外并进行相应的本土化管理创新，最后，紧跟新技术发展的潮流，将数字电视、智能手机和平板电脑业务也引入自己的业务组合中，进行产品组合管理创新。由于在每个发展时期，联想公司的产品组合管理均显示了较强的特色，如初期在中国 PC 市场成长期的单一产品线策略，到现在成熟期的与新兴数码产品的横向组合策略等，下文将探讨一下联想集团产品组合管理创新的魅力所在。

2005 年春，IBM 的 PC 业务被联想收购。联想公司笔记本的强项主要突出于易用性设计、消费化应用等，而与之互补的 IBM 的强项则在于可靠性、安全、紧凑性的设计，因此两个团队的协作无疑能使产品的整体设计能力有较大的提升。

而在品牌建设上，由于联想公司原来定位于中低端市场，而 Thinkpad 品牌更偏向于高端品牌，各自的品牌价格区间很难在消费者已经认可的情况下有所突破。在对 IBM 的 PC 业务收购完成后，联想公司的品牌彻底有能力覆盖由低端到高端、从消费到商用、从政府到企业的各类消费群，形成了一个完备的战略覆盖面。由以上分析可知，联想利用兼并迅速提升了产品的技术含量和品牌知名度。

联想管理层善于把握市场动向，并能积极进行管理创新来跟随市场步伐，无疑经济管理创新的理念已经深深地烙在联想中。

（二）经济管理之制度的创新

联想集团的制度创新颇具特色，关于企业产权、市场营销方式的制度创新更是通过体制框架的规定，为管理技术创新、文化创新提供了行为的规范。

（1）市场制度创新——引入直销

从 1999 年到 2004 年，戴尔等公司在中国 PC 市场份额的上升让联想感到了威胁，杨元庆感叹道："最让联想感到羞耻的是，经常看到丢单，却看不到对手在哪。"而联想公司并没有被压力所吓倒，而是敏锐地捕捉到戴尔公司的全新的直销模式的可借鉴之处。如果说直销模式是以熟人关系为纽带的营销模式的话，由于其能更好地洞察客户的需求，是与中国传统的社会关系模式之间有很高的契合度的。而由于联想的强项在于渠道营销，在于有众多的渠道合作伙伴，其对客户的需求感知能力和反馈速度，不但由于信息链的拉长而不能快速响应，而且会受到合作伙伴本身资源和能力、素质的限制。

因此，在信息技术迅猛发展，政府机构、企事业单位的信息化平台亟待搭建的时期，系统复杂程度、实施难度都决定了这些客户更加希望与生产厂商建立直接联系，这包括信息平台搭建的服务方案、个性化定制的产品和服务、大宗采购等，这一系列的市场变化决定着联想必须相应地进行管理理念的创新，才能跟得上时代的发展和进步。

联想自从 1997 年开始，一直占据着国内 PC 市场第一的宝座，但是尽管相对来说戴尔的市场份额仍然不及联想的一半，但是联想公司专门成立了公司高管陈绍鹏牵头的"DELL 研究项目组"对如何应对强敌进行战略规划。联想公司首先了解到了直销模式短板—这种直销模式并不适合中国三线城市以下的广阔市场，而联想原有的渠道销售的模式则更为适宜。因此，联想集团在管理理念上提出了重大的创新——将戴尔的长处和自身长处结合的管理理念"双模式"。

业界普遍认为，走渠道的交易型业务模式和主攻大客户的关系型模式两者根本就难以兼顾。而且进行尝试的，在 PC 市场里鲜有成功者。而无论结果成功与否，联想公司在这个战略的选择当口，以自己的胆略和气魄做出了一个正确的选择。这种双模式的营销方式背后，隐藏的是合作网络的选择与变换、内部价值链的重组和整合、产品和服务的内容和方法的变化、目标客户和渠道的重新划分和界定等诸多难题，联想公司在克服了重重的困难之后，不但在中国的市场份额稳步上升，在国际市场上也节节攀升，2009 年达到了全球份额的 8.9%，而截至 2014 年，联想的 PC 销量占全球市场份额的近 20%。2021/22 财年，PC 业务方面，在"以客户为中心"的转型战略持续引领下，业绩稳健，PC 销量市场份额和销售额市场份额创历史新高，分别达到 39.7% 和 42.6%。

战略的制定和变化决定了商业战争的胜利和走向。联想集团双模式，表面上看是营销模式牵动的组织生产、采购供销、产品服务全方位的管理创新，其本质上仍需要审慎地分析市场变化与对手策略后的针对自身条件状况的管理思想理念的创新转变。

（2）企业制度创新——以企业股权改革为例

早在 1993 年，联想从中国科学院院下属所办公司升级为中国科学院院办公司时，就向中国科学院提交了企业人员占有分红权的方案。此时的联想已经意识到了产权问题的重要性。在 1995 年分红权的分配比例获得批准后，直到三年后联想正式更名，分红权变为股权的计划开始实施。此时，企业的管理层和员工真正地成为了企业的主人。

随之，在 1999 年，联想开始在集团内部推行员工持股计划，明确了功绩员工、管理中坚和未来留成的比例分配。股权分配的 45% 作为联想未来留成的方案，兼顾了对早期创业人员的历史贡献回报和企业未来发展的风险、发展预期，是比较公平、合理的。正是因为有了产权制度上的改革创新，才彻底激活了联想管理团队，解决了是否提拔年轻人进入高层、财务如何控制和老同志如何顺利退下来三大难题，联想成为中关村成功企业产权制度改革的最成功的案例。

2009 年，中国泛海控股集团以低于市场的代价入股联想。但联想进行的股权社会化的改革正值世界范围的经济危机过后，此时企业的经营面临一定的困难，社会资本的进入正当其时。此时，柳传志接替中国科学院的曾茂朝任联想控股的董事长，中国科学院拥有绝对控制权的格局被打破，企业经营改革拥有了更大的闪转腾挪的空间。

2015 年，联想控股提交了 IPO 招股书拟赴香港联合交易所上市。在讲话中，柳传志坦言到联想的股权制改革之于企业的重要性，从完全的国有资产转变为股份制公司，联想才有动力、有计划地走到了今天。

（三）经济管理之企业文化的创新

联想的企业文化就是不断创新的文化，这在其 30 余年的发展过程中从未改变。在"做学问"到"做市场"的转变过程中，联想依靠渐进式的管理创新思路，逐步完善自己的经营理念、方法。与企业发展过程同步，联想文化建设也呈现出罗伯特·奎因模型中所说的"创新导向—目标导向—规则导向—支持导向—高层次创新导向"的螺旋式的发展历程。

1. 创新导向

联想成立之初，创始人全是科技人员，对管理、销售等一窍不通。此时，不但在产品研发、生产上，联想要结合市场需求进行提升、创新；整个的管理方式、方法、流程的探索都是在摸索中创新的过程。这个创新导向的企业文化更多体现在企业初创者的个人行为魅力之中。

2. 目标导向

在企业刚刚起步后，联想内部流行的话——"要把 5%的可能变成 100%的现实"体现了创业环境、压力下一种坚定不移的决心。这个阶段，联想企业文化体现的更多的是目标导向，即在生存压力下排除万难，不惜一切达成目标。

3. 规则导向

进入 20 世纪 90 年代中后期，联想度过了布满荆棘的创业期，开始追求更加持续、稳定的发展。此时联想开始讲"管理三要素"、讲"做事三原则"，从更加强调目标转变为更加强调规则。杨元庆曾谈到，企业持续发展离不开员工行为、业务和管理方面的规范。规则导向下的新员工"人模子"、总经理室的固定"早餐会"等体现了联想在发展壮大过程中，将管理流程化的企业文化氛围。

4. 支持导向

随着联想发展规模越来越大，在规则导向下的企业文化下多部门、矩阵式管理组织沟通时所暴露的问题就越来越明显。对于需要部门交叉协同的工作，同一个集团内的企业员工应更加强调团队协作的精神。因此，联想提倡企业内部"互为客户"，提出"亲情文化"管理、"称谓无总"等，旨在内部各子系统之间更好地相互支持，从而增进企业效率。

5. 高层次创新导向

"互联网＋"时代的来临让联想的企业文化的核心导向再次转向创新导向。面对苹果、三星等国际知名品牌的冲击，小米、华为等国内科技企业的崛起，联想只有依托个人电脑制造的优势，再次把产品创新、服务创新做好才能抢夺移动智能互联市场的先机。目前，联想研发团队的研发资金中，有约五分之一可以自由支配。这些资金保障了自由化的技术投入和研发。杨元庆表示，如果与公司战略相符，项目将优先被推进，到最后有可能被投资单独运营。这些无疑都体现了企业文化的创新性导向。

以上每一阶段的企业文化导向都是不同时期的特定行为核心准则，铸就了不同时期联想人富有特色的行为和灵魂风貌，构成了联想独特的文化形象。

（四）经济管理之技术的创新

1. 引入信息化技术的创新

三十多年的发展中，联想集团的管理技术方法从无到有，现在已经是国内一流的管理水平。其管理技术提升主要来源于不断地对外界先进管理知识、方法的吸收与转化。下面以 ERP 系统的实施为例，来探讨联想管理技术的创新。

ERP 中文译为"企业资源计划"，以管理会计为核心，将物流（物资资源管理）、财流（财务资源管理）、人流（人力资源管理）、信息流（信息资源管理）等全部集合成可跨地区、跨部门查询的实时监控数据，大大提高了企业管理的效率。ERP 早已不单单是一款软件，而是一种管理思想、模式。

对于新管理技术，联想经过反复权衡、考察后，于 1998 年开始实施企业的 ERP 系统。2000 年 1 月，联想 ERP 正式上线运行，成为国内第一例 IT 行业的 ERP 应用企业。时任联想集团副总裁的李勤曾谈到说，采购周期大大缩短、库存不再积压、财务指标上扬，这些都证明了 ERP 在联想的成功实施。

在联想实施 ERP 之后，财务结算时间缩短到了原来 1/20，报表产生周期、加班人次也大大减少，业务运作流程更加有效率。

正是由于管理技术的提升，联想才能进行更大规模的资源整合。以联想拆分业务和资产在香港上市为例，在一年的运作过程中业务仍有 40%的增长，ERP 系统两个月的时间就将庞大的管理系统拆分完毕。

2. 在实践中总结管理经验并创新

联想的管理技术绝不止于信息化，事实上，联想在实践中总结的管理经验才是联想管理技术和思想的精髓。柳传志于 2002 年作为内地唯一受邀的企业家在美国管理学会进行演讲，证明其实践管理哲学在国际上的影响力。

柳传志的"三件论"，做的"三件事"可以总结为——保质降成本，产品技术优，市场开拓能和销售渠道畅，学的"三件事"是建班子、定战略、带队伍。这都是在以最简练的语言将联想的管理实践浓缩到了哲学的高度。《柳问》一书作者张涛曾评价"三件论"：只要人还是管理的核心，这套以人为核心的管理理念就不会过时。

因此，总结联想的管理技术创新，在本质上，仍然是一种变与不变的结合一不变的是联想的管理哲学，变的是信息化、关系管理等管理的具体操作方法。

参考文献

［1］余升国，朱连心，张玉英. 宏观经济学［M］. 武汉：华中科技大学出版社，2012.

［2］麦文桢. 现代企业经济管理及信息化发展路径研究［M］. 北京：中国财富出版社有限公司，2020.

［3］朱伏平. 经济管理［M］. 成都：西南交通大学出版社，2018.

［4］陈通. 宏微观经济学［M］. 天津：天津大学出版社，2003.

［5］张赫然. 新形势下企业经济管理的创新路径探究与思考［J］. 商展经济，2022（22）：150-152.

［6］马正松. 信息技术在现代企业经济管理中的有效应用[J]. 中国市场，2022（33）：187-189.

［7］黄冠. 新形势下企业经济管理的创新策略［J］. 商场现代化，2022（21）：90-92.

［8］陈帆. 新农村"乡村振兴"背景下农业经济管理的策略［J］. 新农业，2022（21）：59-60.

［9］崔和军. 市场经济条件下企业经济管理模式分析[J]. 商展经济，2022（20）：147-149.

［10］刘红霞. 基层政府经济管理职能优化路径探析［J］. 中国产经，2022（20）：141-143.

［11］马春雨. 新形势下企业经济管理的创新策略研究［J］. 现代商业，2022（29）：87-89.

［12］杜泽云. 基于新形势下经济管理创新的途径和策略［J］. 商展经济，2022（19）：101-103.

［13］姜红. 新形势下企业经济管理模式探究［J］. 中国中小企业，2022（10）：117-118.

［14］卜晓丽. 乡村振兴视域下农业经济管理的优化策略研究［J］. 农村

实用技术，2022（10）：59-60.

[15] 曾秀玉. 探讨企业管理中经济管理的作用 [J]. 现代营销（上旬刊），2022（10）：100-102.

[16] 刘运资. 农业大数据在农业经济管理中的应用 [J]. 农业工程技术，2022，42（27）：29-30.

[17] 曹亦飞，叶立润. 物流经济管理模式分析 [J]. 物流工程与管理，2022，44（09）：147-149.

[18] 林锦. 新形势下企业经济管理的创新策略研究 [J]. 商展经济，2022（17）：141-143.

[19] 李晓婷. 现代经济管理中应用大数据技术的建议 [J]. 中国市场，2022（22）：194-196.

[20] 刘尊，孟魁. "互联网＋"对现代企业经济管理创新模式的影响研究 [J]. 商场现代化，2022（14）：76-78.

[21] 张作为. 白茶企业经济管理的风险控制对策研究 [J]. 中国产经，2022（14）：106-108.

[22] 张璐，符毅. 现代经济管理中电子商务的应用 [J]. 老字号品牌营销，2022（14）：85-87.

[23] 李婷. 提升农业经济管理信息化水平的策略分析 [J]. 中国集体经济，2022（20）：45-47.

[24] 牛心怡. 基于新农村建设环境下的农业经济管理优化策略分析 [J]. 现代化农业，2022（07）：72-74.

[25] 孟学东. 浅析农业经济管理对农村经济发展的促进作用 [J]. 财经界，2022（20）：29-31.

[26] 张学平. 乡村振兴视域下农业经济管理的优化策略分析 [J]. 农村经济与科技，2022，33（12）：152-154.

[27] 吴昊. 基于现代经济视域下煤炭经济管理创新分析 [J]. 内蒙古煤炭经济，2022（12）：85-87.

[28] 李春丽. 试析农业经济管理对农村经济发展的促进作用 [J]. 营销界，2022（12）：59-61.

[29] 王殿祎. 企业市场经济发展与宏观经济管理 [J]. 中国外资，2022（12）：139-141.

[30] 言娟，王陈璐，陈毅，徐羿，李想. 关于新形势下企业经济管理创新思考 [J]. 中小企业管理与科技，2022（12）：133-135.

[31] 胡春钰. 现代化经济管理视角下经济管理的发展 [J]. 大陆桥视野，2022（06）：92-94.

[32] 史湘娟. 新时期背景的医院经济管理策略探讨 [J]. 财经界，2022（17）：35-37.

[33] 郭辰希. 知识经济环境下企业经济管理分析 [J]. 经济研究导刊，2022（16）：4-6.

[34] 赖明东. 实现农业经济管理信息化发展的路径探索 [J]. 农村经济与科技，2022，33（10）：98-100.

[35] 程鸽. 农业经济管理信息化制约因素与对策分析 [J]. 智慧农业导刊，2022，2（10）：10-12.

[36] 李敏. 关于新形势下经济管理相关问题的思考研究 [J]. 营销界，2022（10）：93-95.

[37] 李庆旺. 健全农村经济管理机制　助力农村经济持续发展 [J]. 农业工程技术，2022，42（15）：64-65.

[38] 徐海晔. 建筑工程经济管理在工程管理中的应用 [J]. 工程技术研究，2022，7（10）：135-137.

[39] 张晶. 基于新农村建设的农业经济管理困境与对策 [J]. 农业科技与装备，2022（03）：76-77.

[40] 颜颖智. 乡村振兴背景下农业经济管理的优化策略研究 [J]. 甘肃农业，2022（05）：14-16.

[41] 王明明. 市场经济背景下的企业经济管理创新策略研究 [J]. 上海商业，2022（05）：132-134.

[42] 刘其武. 新形势下我国企业经济管理的创新策略分析 [J]. 投资与创业，2022，33（09）：198-200.

[43] 彭俊. 探究新形势下企业经济管理的创新策略 [J]. 现代企业文化，2022（14）：73-75.

[44] 段言. 基于现代企业经济管理模式的规范化策略研究 [J]. 现代营销（上旬刊），2022（05）：127-129.

[45] 王杨鑫，刘谋儒，褚馨茹，等. 新时代现代农村经济管理现状及对

策研究［J］. 新农业，2022（09）：95-96.

［46］陈明慧. 物流时代背景下企业经济管理创新路径分析［J］. 中国储运，2022（05）：188-189.

［47］谈敏. 企业经济管理中存在的问题及对策初探［J］. 金融文坛，2022（05）：6-8.

［48］密学军."互联网＋"对现代企业经济管理创新模式探析［J］. 商场现代化，2022（08）：86-88.

［49］王婧. 宏观经济管理在企业市场经济发展中的作用［J］. 商场现代化，2022（08）：101-103.

［50］石春艳. 目标成本管理在企业经济管理中的应用探讨［J］. 商场现代化，2022（08）：161-163.

［51］周佳一，王春尧. 基于信息化技术的企业经济管理措施［J］. 特区经济，2022（04）：142-145.

［52］王玉明. 信息化手段在农村经济管理中的有效应用［J］. 南方农业，2022，16（08）：228-230.

［53］张雪. 提升企业经济管理有效性的对策探讨［J］. 企业改革与管理，2022（08）：39-41.

［54］颜廷松. 农业经济管理与促进农村经济发展的相关性探析［J］. 黑龙江粮食，2022（04）：48-50.

［55］刘华春. 目标管理视角下企业经济管理的创新研究［J］. 商展经济，2022（08）：141-143.

［56］赵智红. 基于新农村建设环境下的农业经济管理探究［J］. 农家参谋，2022（08）：76-77.

［57］陆慧斌. 经济管理现代化及经济管理发展新趋势探究［J］. 商业文化，2022（11）：34-35.

［58］陈立孔. 企业经济管理困境及优化措施分析［J］. 老字号品牌营销，2022（07）：114-116.